国家出版基金项目
NATIONAL PUBLICATION FOUNDATION

"十三五"国家重点出版物出版规划项目—构建和谐劳动关系理论研究丛书

经济转型与
就业优先政策

China's Economic Development Transformation
and Employment Quality Priority Policy

王 阳 著

中国工人出版社

图书在版编目（CIP）数据

经济转型与就业优先政策 / 王阳著. — 北京 : 中国工人出版社, 2019.9
ISBN 978-7-5008-7268-9

Ⅰ.①经… Ⅱ.①王… Ⅲ.①就业政策－研究－中国 Ⅳ.①F249.20

中国版本图书馆CIP数据核字(2019)第 209211号

经济转型与就业优先政策

出 版 人	王娇萍
责任编辑	罗荣波　周子欣
责任印制	栾征宇
出版发行	中国工人出版社
地　　址	北京市东城区鼓楼外大街45号　邮编：100120
网　　址	http://www.wp-china.com
电　　话	（010）62005043（总编室） （010）62005039（印制管理中心） （010）82075935（工会与劳动关系分社）
发行热线	（010）62033018　62004002　62005996 （010）82081553（传真）
经　　销	各地书店
印　　制	天津嘉恒印务有限公司
开　　本	880 毫米 × 1230 毫米　1/32
印　　张	12.625
字　　数	300 千字
版　　次	2020年1月第1版　2020年1月第1次印刷
定　　价	78.00 元

目　录

绪 论

习近平总书记在党的十九大报告中指出，中国特色社会主义进入了新时代，这是我国发展新的历史方位。这个新时代，既是决胜全面建成小康社会、进而全面建设社会主义现代化强国的时代，又是全国各族人民团结奋斗、不断创造美好生活、逐步实现全体人民共同富裕的时代。劳动者对稳定就业、舒心工作和体面劳动的向往，就是新时代我们党和国家奋斗的目标。在中国特色社会主义新时代，我们党和国家的重大任务，就是更加关注人民对美好生活新的多样化需求，更加关注社会公平正义，更加注重多谋民生之利、多解民生之忧，着力使全体人民在共建共享发展中有更多获得感、幸福感、安全感，着力使全体人民享有更加幸福安康的生活，着力在实现全体人民共同富裕上取得实实在在的新进展。[①] 就业是最大的民生工程、民心工程、根基工程。努力让劳动者实现体面劳动、全面发展，是推动发展的根本目的。

一、劳动就业体制机制建设历程

在改革过程中，我国建立了较完整的劳动就业法律法规体系，建立起与市场经济体制相适应的积极就业政策体系和公共

---

① 中共中央宣传部．习近平新时代中国特色社会主义思想三十讲［M］．北京：学习出版社，2018：52－57，223－226.

劳动就业创业服务体系，逐步形成了统一的人力资源市场，建立健全了劳动就业法律法规体系，为未来劳动就业工作奠定了坚实基础。

（一）通过市场手段解决就业问题的破冰和探索（1978—1992 年）

改革开放初期，我国经济建设面临严重困难，大量企业停产、半停产，勉强开工的企业也是生产效率低下。城镇就业渠道十分狭窄，但却面临知青返城的就业压力和新中国成立后生育高峰带来的就业高峰。与此同时，在人民公社体制和“以粮为纲”指导思想的束缚下，农村劳动力基本固定在土地上从事单一的种植业生产，林、牧、副、渔业受到限制，自谋生路被排斥。此一时期，解决城乡就业问题成为政府亟须面对的一个重要课题。

1. “三结合”就业方针打开城镇就业渠道

“文化大革命”期间，我国在劳动力安排上采取了城乡大对流政策，大批城镇知识青年下乡，同时从农村招收大约 1300 万人安排在城镇各行业①。“文化大革命”后大批知识青年返城，工作需要妥善解决，加上同期进入劳动年龄的城镇新生劳动力大量增加，工作也需要解决。大量知识青年集中回城就业，原有的统包统配制度难以解决，继而采取了三个主要措施，包括升学，恢复高考制度；号召职工提前退休，允许子女顶替；国营企业利用自身条件，以“全民办集体”的形式解

---

① 刘庆唐. 劳动经济论文集［M］. 北京：中国劳动社会保障出版社，2003.

决职工子女就业问题。

然而，上述措施很快就达到了极限。1980 年 8 月，中共中央转发全国劳动就业会议文件《进一步做好城镇劳动就业工作》，明确提出，在国家统筹规划和指导下，实行劳动部门介绍就业、自愿组织起来就业和自谋职业相结合的方针，即“三结合”就业方针。1981 年 10 月，中共中央、国务院发布《关于广开门路，搞活经济，解决城镇就业问题的若干决定》，重申了“三结合”就业方针，要求大力提倡和指导待业青年组织起来在集体单位就业，发展城镇劳动者个体经济，增加自谋职业的渠道。主要做法是，由过去主要依靠国有（全民所有制）单位安排就业转变为国有、集体、个体共同发展，并通过私营经济和外商投资经济扩大就业；由过去主要依靠发展工业特别是重工业吸收劳动力，转变为通过发展劳动密集型的第三产业和消费品工业扩大就业；由过去消极等待国家招工安置转变为鼓励劳动者积极创业，其中一个创举是依靠社会多方面力量和待业人员的积极性，兴办劳动就业服务企业；由过去单位依靠行政调配手段组织管理就业转变为运用行政、经济和社会服务相结合的手段促进就业。

“三结合”就业方针是对计划经济体制下就业形式的突破，不仅打开了国营、集体、个体经济三条就业渠道，也使政府统包统配的责任发生了一定变化，鼓励劳动者积极创业，也激发了劳动者作为就业主体的积极性。在“三结合”就业方针推动下，青年就业问题基本得到了解决。

2. 农村改革开辟多种经营和非农就业渠道

1978 年，安徽凤阳小岗村开始实行家庭联产承包责任制，拉开了我国农村改革的序幕。1980 年，中共中央召开省（自治区、直辖市）党委第一书记座谈会，会后印发了《关于进一步加强和完善农业生产责任制的几个问题》的通知，充分肯定了农民自己创造的“包产到户”农业生产责任制形式。家庭联产承包激发了农民生产积极性，有力促进了农业生产效率提高，大批农村劳动力得以释放，这为农村劳动力开展多种经营和参加非农就业提供了条件。1982 年开始，中共中央连续五年的“一号文件”均聚焦“三农”问题，提出改革农产品统购统销制度，疏通农产品流通渠道，并鼓励发展林、牧、副、渔等产业。

此一时期，农村劳动力非农就业的两个主要途径是乡镇企业和进城务工经商。其中，乡镇企业成为农村劳动力转移就业的主阵地。乡镇企业由社队企业发展而来——为了转移更多农村富余劳动力实现多渠道，国家从鼓励农村兴办副业开始，对社队企业给予了充分肯定和政策扶持，使社队企业不断发展壮大，从 1984 年开始称为乡镇企业。乡镇企业就业人数呈现逐年增加的势头，从 1978 年的 2826 万人增加到 1992 年的 10624 万人，增长了 275.9%。相比之下，农村劳动力进城务工经商是逐步实现的。农村劳动力乡城流动在 1984—1988 年才被允许。1984 年中央“一号文件”明确提出，允许务工、经商、办服务业的农民自理口粮到集镇落户，主要措施包括允许农民进城兴办服务业和提供各种劳务、允许企业招用国家允许从农村招用的人员、将劳务输出作为贫困地区劳动力资源开发的重点、允许民间劳务组织和能人进入贫困地区劳务市场。1989 年，农村劳动力的盲目流动受到控制。由于农民大规模流动带来交通运输、社会治安等方面的负面效应，以及整顿经济秩序造成了城市和乡镇企业新增就业机会减少，使得政府对农村劳动力流动政策进行了局部调整，主要措施包括严格控制“农转非”过快增长、建立临时务工许可证和就业登记制度、重点清退来自农村的计划外用工等。

（二）踏上市场经济新阶段的劳动就业体制重建（1993—2002年）

1993年，党的十四届三中全会设计了一幅继续深化改革、建立社会主义市场经济体制的总体蓝图，标志着我国进入全面推进市场经济的新阶段。《中共中央关于建立社会主义市场经济体制若干问题的决定》正式使用了“劳动力市场”概念，提出要改革劳动制度，广开就业门路，更多地吸纳城镇劳动力就业，鼓励和引导农村剩余劳动力逐步向非农产业转移和地区间有序流动，市场改革方向和目标确立。

1. 初步建立法律制度和管理服务两大体系

1995年《中华人民共和国劳动法》（以下简称《劳动法》）实施，结束了新中国成立45年来没有劳动法的历史。《劳动法》作为第一部全面调整劳动关系、确定劳动标准的基本法，是我国劳动法制建设的重要里程碑。该法肯定了改革开放以来劳动就业体制改革的成果，以法律形式首次对改革开放后的新型劳动关系进行了确认，赋予了劳动者择业自主权和用人单位用人自主权，对进一步深化劳动就业体制改革、完善劳动力市场、建立现代企业制度起到强有力的推动作用和保障作用。在此期间，国务院及劳动部又先后颁布了一系列劳动法规和规章，包括《劳动监察规定》（1993年）、《关于实施最低工资保障制度的通知》（1994年）、《职业指导办法》（1994年）、《集体合同规定》（1994年）、《企业经济性裁减人员规定》（1994 年）、《工资支付暂行规定》（1994 年）、《未成年工特殊保护规定》（1995 年）、《国务院关于修改〈国务院关于职工工作时间的规定〉的决定》（1995 年）、《国务院关于深化企业职工养老保险制度的改革的通知》（1995 年）、《劳动部关于进一步完善劳动争议处理工作的通知》（1995 年）、《违反〈劳动法〉有关劳动合同规定的赔偿办法》（1995 年）等，初步建立了适应市场经济发展需要的劳动法律法规体系。

此外，劳动就业服务体系得以建立。为适应转变企业经营机制和深化劳动制度配套改革的需要，提高劳动者素质，促进待业职工再就业，1992 年《劳动部关于加强待业职工转业训练工作的通知》下发，提出职业介绍、生产自救、待业保险与转业训练工作紧密结合。1993 年以后，职业介绍所获得快速发展，民营和外资机构纷纷以市场行为加入职业介绍行业，定位服务不同层次的人群，劳动就业服务业呈现出快速发展的局面。1995 年以后，劳动部先后颁布《职业介绍规定》《职业介绍服务流程（试行）》，进一步规范和丰富了就业服务的内容。为缓解就业压力，调节劳动力供给，提高青年劳动者的素质和就业能力，1997 年劳动部开始在全国范围内有计划、有步骤地实施劳动预备制度试点。1998 年，劳动部推出《“三年千万”再就业培训计划》，即在 1998—2000 年 3 年内，组织 1000 万名下岗职工参加职业指导和转业培训。随着下岗职工在再就业服务中心 3 年协议期满，大部分再就业条件较好的下岗职工都能实现再就业，但部分年龄偏大、技能单一的人员仍然面临就业困难。2001 年 5 月，劳动和社会保障部下发《关于开展再就业援助行动的通知》，帮助下岗职工解决出中心后遇到的再就业和社会保障等方面的难题。

为贯彻中共中央、国务院《关于切实做好国有企业下岗职工基本生活保障和再就业工作的通知》关于“按照科学化、规范化、现代化的要求，大力加强劳动力市场建设”的指示，劳动和社会保障部组织开展了劳动力市场“三化”建设试点工作，确定100个再就业任务较重且就业工作具有一定基础的城市进行试点，加快市场建设和建立市场机制的步伐，在全国范围起示范作用。试点提出三大工作目标：一是初步建成城市劳动力市场信息网络，在再就业工作中充分发挥作用；二是初步建立起统一的劳动力市场管理、服务制度和业务规范，形成较好的劳动力市场秩序；三是健全职业介绍、职业指导、失业保险、职业培训有机结合的工作机制和服务网络，服务的效率和质量明显提高。经过近3年的努力，试点城市基本完成了预定任务。

2. 努力做好再就业服务和转移就业两大工作

实施再就业工程是妥善安置城镇国有企业富余人员的重要举措。随着国有企业转换经营机制、建立现代企业制度，为落实企业用工自主权，这一时期开始配套进行劳动制度改革，触及原先未进行实质改革的固定工制度，也就是要推进劳动力存量的市场化改革。把国有企业富余人员分流出去，为企业卸下人浮于事的包袱，是搞活固定工制度的一个重要环节。1993年，劳动部正式提出了再就业工程计划，并于次年初开始在上海、沈阳、青岛、成都、杭州等30个城市进行试点。1995年，国务院批准并转发了劳动部《关于实施再就业工程的报告》，再就业工程开始在全国范围内实施。再就业工程的重点对象是失业6个月以上、有求职要求的失业职工和6个月以上无基本生活收入的企业富余职工。

建立再就业服务中心是在上海市实施再就业工程的经验中总结出来的，并受到国家肯定和推广。1997 年 8 月，劳动部等部门联合下发《关于在企业“优化资本结构”试点城市建立再就业服务中心的通知》。1998 年 8 月，中共中央、国务院发布《关于切实做好国有企业下岗职工基本生活保障和再就业工作的通知》，要求各地凡是有下岗职工的国有企业，都要建立再就业服务中心或类似托管机构。再就业服务中心作为特殊时期的过渡性市场就业服务机构，有效缓解了大批职工下岗可能引发的社会震荡。进入再就业服务中心的对象，主要是实行劳动合同制度以前参加工作的国有企业正式职工，以及实行劳动合同制度以后参加工作，合同期未满的合同制职工中，因企业生产经营等原因而下岗，但尚未与企业解除劳动关系，没有在社会上找到其他工作的人员。在建立再就业服务中心的同时，构筑了“三条保障线”，即国有企业下岗职工基本生活保障、失业保险和城市居民最低生活保障，为不同的低收入群体提供基本的生活保障。

截至 1998 年底，所有有下岗职工的国有企业均建立了再就业服务中心，全国国有企业下岗职工 610 万人，其中进中心 604 万人，90% 以上领到了基本生活费。1998 年到 2001 年，全国国有企业下岗职工累计 2550 万人，绝大多数人先后进入再就业服务中心，按时领到基本生活费，先后有 1800 多万人通过多种渠道和方式实现了再就业。按照“三三制”原则，全国共筹集专项资金 847 亿元，其中中央财政补助 434 亿元。在社保体系不完善的情况下，国有企业下岗职工基本生活保障制度为保障下岗职工基本生活、促进国企改革、维护社会稳定发挥了重要作用。

与其同时，农村劳动力转移就业取得新突破。自1992年以来，农村劳动力流动的政策逐渐发生了变化，从控制盲目流动转向了鼓励、引导和实行宏观调控下的有序流动，并实施了以就业证卡管理为中心的农村劳动力跨地区流动的就业制度，对小城镇户籍管理制度进行改革。1994年8月，劳动部发布《促进劳动力市场发展，完善就业服务体系建设的实施计划》，其中一个重点是加强农村劳动力流动服务体系建设。同年劳动部颁布《农村劳动力跨省流动就业管理暂行规定》，对用人单位用人、农村劳动力就业和在各类服务组织中从事有关服务活动的行为提出了具体要求。1995年，中共中央办公厅、国务院办公厅发布了《中央社会治安综合治理委员会关于加强流动人口管理工作的意见》，对实行统一的流动人口就业证和暂住证制度做出了规定。1997年11月，国务院办公厅转发了劳动部等部门《关于进一步做好组织民工有序流动工作的意见》，进一步提出了要加快劳动力市场建设，建立健全劳动力市场规则，建立完善的劳动力市场信息服务系统，加强对劳动力市场的监管，维护劳动力市场的正常秩序。1998年10月，《中共中央关于农业和农村工作若干重大问题的决定》发布，提出为了适应城镇和发达地区发展的需要，需要进一步引导农村劳动力合理有序流动。2000年1月，劳动和社会保障部办公厅出台了《关于做好农村富余劳动力流动就业工作的意见》，提出要建立就业信息预测预报制度，促进劳动输出产业化，发展和促进跨地区劳务合作，开展流动就业专项监察，保障流动就业者的合法权益。2001年，“十五”计划《纲要》提出要打破城乡分割体制，逐步建立市场经济体制下的新型城乡关系。随着城乡就业壁垒的逐步打破，农村劳动力转移绝对规模和相对规模都逐步扩大。根据国家统计局的数据，1998—2001 年，我国农村转移劳动力数量分别为 13806 万人、13985 万人、15164 万人和 15773 万人，占农村劳动力的比重分别为 28. 16%、28. 55%、30. 99%和 32. 13%。

（三）面向实现充分就业的积极就业政策的实施（2003—2012 年）

2003 年以后，以全面建设小康社会为目标，推进充分就业被列上日程。党和政府首次提出就业是民生之本、安国之策的施政理念，继而强调就业是经济社会发展的优先目标和保障改善民生的头等大事，制定实施积极的就业政策。围绕此一时期实施的三轮积极就业政策，到 2012 年党中央开始实施更加积极的就业政策进行集体学习，我国促进就业工作进入了一个新的阶段，充分体现出以人为本和科学发展的原则。把就业摆在了比经济社会发展更加重要的地位，强调就业是经济社会发展的优先目标和保障改善民生的头等大事，并在就业理念上改变了被动应付就业压力的局面，主动实施了三轮积极就业政策，解决了体制转轨遗留的就业问题，从容应对经济形势变化带来的就业压力。

1. 为就业工作提供坚实的法律和制度保障

2002 年 9 月，中共中央、国务院召开全国再就业工作会议，会后下发了《中共中央　国务院关于进一步做好下岗失业人员再就业工作的通知》，在全面总结我国就业再就业工作经验的基础上，针对当时和今后一个时期就业再就业的新形势和新特点，围绕解决下岗失业人员的再就业问题，提出了积极的就业政策。根据通知精神，劳动和社会保障部、国家计委、国家经贸委等部门和单位，制定出台了8个配套文件，细化了资金管理、税费减免、小额担保贷款等扶持政策的操作。这些文件使《关于进一步做好下岗失业人员再就业工作的通知》的规定具体化，共同构筑了积极就业政策体系的基本框架。

2004年，国务院发布了《劳动保障监察条例》，总结了10多年来劳动保障监察工作的经验，规范了劳动保障监察程序，明确了劳动保障行政部门、用人单位和劳动者在劳动保障监察工作中的权利与义务，强化了劳动保障监察执法手段。

2005年，国务院下发《关于进一步加强就业再就业工作的通知》，确立了新一轮积极就业的政策体系。根据新形势和新任务，国务院再就业工作部际联席会议制度调整为国务院就业工作部际联席会议制度，充实了成员单位，完善了议事规则。中央明确，此后3年重点解决好体制转轨遗留的下岗失业人员再就业问题，同时努力做好城镇新增劳动力就业和农村富余劳动力转移就业工作，有步骤地推进城乡统筹就业，提高劳动者素质，探索建立市场经济条件下促进就业的长效机制。

2007年2月，国务院颁布《残疾人就业条例》，指明了残疾人就业的基本方针，界定了残疾人就业的责任主体，提出了促进残疾人就业的一系列要求，明确了残疾人就业的主要方式，建立了促进残疾人就业的激励机制。

同年6月，《中华人民共和国劳动合同法》颁布实施。这是自《中华人民共和国劳动法》颁布实施以来，我国劳动和社会保障法制建设中的又一个里程碑，对于更好地保护劳动者合法权益，构建和发展和谐稳定的劳动关系，促进社会主义和谐社会建设，具有十分重要的意义。《中华人民共和国劳动合同法》坚持了《中华人民共和国劳动法》确立的劳动合同制度的基本框架，包括双向选择的用人机制，劳动关系双方有权依法明确各自的权利和义务，依法规范劳动合同的订立、履行、变更、解除和终止等。同时，又对《中华人民共和国劳动法》确立的劳动合同制度做出了较大修改，使之进一步完善，包括加重了用人单位不订立劳动合同的法律责任、对劳务派遣进行了规范、加大对试用期劳动者的保护力度、在用人单位与劳动者订立无固定期限劳动合同方面提出更高要求、根据实际需要增加维护用人单位合法权益等内容。

同年8月，《中华人民共和国就业促进法》颁布实施。这是继《中华人民共和国劳动合同法》之后，我国劳动保障法制建设取得的又一重大成果。《中华人民共和国就业促进法》将促进就业的各项政策措施法制化、制度化，对于扩大就业、减少失业，提高就业质量和水平具有重要作用。特别是从法律角度明确了“劳动者自主择业、市场调节就业、政府促进就业”的方针政策，建立了市场就业、平等就业和统筹就业的基本制度，提出了规范人力资源市场和就业服务及就业援助的措施，为我国就业促进工作提供了坚实的法律保障。

同年12月，《中华人民共和国劳动争议调解仲裁法》颁布实施。该法确定了劳动争议调解和仲裁的范围、程序、机构、人员和处理机制等内容，为协调劳动关系、处理劳动争议、维护当事人的合法权益提供了程序上的法律保障。

2008年初，《国务院关于做好促进就业工作的通知》下发，明确了积极的就业政策与法律衔接的有关规定，并对进一步做好就业再就业工作提出了明确要求。

2008年以来，我国先后发生四川汶川特大地震、青海玉树地震、甘肃舟曲泥石流等重特大自然灾害，与此同时，国际金融危机蔓延，世界经济大幅衰退，我国经济也受到严重冲击，就业工作面临严峻挑战。党中央、国务院果断决策，采取灵活审慎的宏观经济政策，实行积极的财政政策和适度宽松的货币政策，扩大内需，拉动消费，提高城乡居民特别是低收入群体的收入水平，促进经济平稳较快增长，以更多地拉动就业，在保持经济增长的同时，实施更加积极的就业政策。从2008年9月底到2009年2月初，国务院为做好就业工作先后出台了4个文件，包括1个综合性文件和3个专门文件，涉及促进创业带动就业、高校毕业生就业、农民工就业等相关政策；国务院就业工作部际联席会议有关部门联合制定了3个文件，涉及减轻企业负担稳定就业、实施特别职业培训计划、开展就业服务系列活动等相关工作。这些政策措施形成了为应对危机而稳定和扩大就业的新政策体系框架。在更加积极的就业政策的支持下，在各部门、各地区的努力工作下，我国就业形势保持了基本平稳。

2012年2月20日，中共中央政治局就实施更加积极的就业政策进行第三十二次集体学习，明确提出要把促进就业放在经济社会发展的优先位置，实施更加积极的就业政策，努力实现社会就业更加充分。同时强调要切实落实就业优先战略，切实支持劳动者多渠道就业，切实做好重点人群就业工作，切实加强就业服务和管理。

2. 为全体劳动者创造平等有序的就业环境

统筹城乡劳动者就业持续推进，城乡一体化的劳动力市场逐步建立。2003年，《国务院关于做好农民进城务工就业管理和服务工作的通知》要求取消对农民进城务工就业的不合理限制，对农民工和城镇居民应一视同仁，并切实解决拖欠和克扣农民工工资问题，改善农民工的生产生活条件，做好农民工培训工作，多渠道安排农民工子女就学，加强对农民工的管理服务工作。2004 年，《国务院办公厅关于进一步做好改善农民进城就业环境工作的通知》下发，要求清理和取消针对农民进城就业等方面的歧视性规定及不合理限制，开展有组织的劳务输出，完善对农民进城就业的职业介绍服务，做好对农民工的咨询服务工作，加强对农民进城就业的培训工作，切实维护农民进城就业的合法权益。

2004 年，《中共中央国务院关于促进农民增加收入若干政策的意见》明确提出，进城就业的农民工已经成为产业工人的重要组成部分。2006 年，《国务院关于解决农民工问题的若干意见》印发，标志着我国农村富余劳动力转移工作进入了一个新阶段，将农民工工作提上了重要工作日程。意见提出，农民工问题事关我国经济和社会发展全局，维护农民工权益是需要解决的突出问题，解决农民工问题是建设中国特色社会主义的战略任务。意见涉及农民工工资、就业、技能培训、劳动保护、社会保障、公共管理和服务、户籍管理制度改革、土地承包权益等各个方面的政策措施。同年 3 月，为加强对农民工工作的组织领导，国务院农民工工作联席会议制度正式建立。同年 7 月，劳动和社会保障部、国家发改委、财政部和农业部联合下发《关于印发统筹城乡就业试点工作指导意见的通知》，明确了统筹城乡就业试点工作的目标、主要任务，在成都、嘉兴等 27 个地区启动试点，在开发就业岗位、提高素质能力、实现公平就业和促进稳定就业方面加大了工作力度。

2008 年金融危机发生后，我国出现农民工“返乡潮”，为稳定农民工就业，国家出台了一系列有针对性的政策措施。

2008 年，《中共中央关于推进农村改革发展若干重大问题的决定》提出，要统筹城乡劳动就业，加快建立城乡统一的人力资源市场，引导农民有序外出就业，鼓励农民就近转移就业，扶持农民工返乡创业；加强农民工权益保护，逐步实现农民工劳动报酬、子女上学、公共卫生、住房租购等与城镇居民享有同等待遇，改善农民工劳动条件，保障生产安全、扩大农民工工伤、医疗、养老保险覆盖面，尽快制定和实施农民工养老保险关系转移接续办法；统筹城乡社会管理，推进户籍制度改革，放宽中小城市落户条件，使在城镇稳定就业和居住的农民有序转变为城镇居民；推动流动人口服务和管理体制创新。同年 12 月，《国务院办公厅关于切实做好当前农民工工作的通知》下发，要求采取多种措施促进农民工就业，加强农民工技能培训和职业教育，大力支持农民工返乡创业和投身新农村建设，确保农民工工资按时足额发放，做好农民工社会保障和公共服务，切实保障返乡农民工土地承包权益。

此外，人才市场和劳动力市场得以整合，各类劳动者可以平等享受就业服务管理。法律制度体系的健全完善，为人力资源市场发展和劳动就业服务体系完善提供了保障。原人事部、劳动和社会保障部先后颁布了《人才市场管理规定》（2001 年施行，2005 年修正）、《就业服务与就业管理规定》（2008 年）、《中外合资人才中介机构管理暂行规定》（2003 年）、《关于〈中外合资人才中介机构管理暂行规定〉的补充规定》（2008 年）、《中外合资中外合作职业介绍机构设立管理暂行规定》（2001 年）、《流动人员人事档案管理暂行规定》（1996 年）以及《境外就业中介管理规定》（2002 年）等。

《人才市场管理规定》和《就业服务与就业管理规定》对

人力资源服务机构的审批设立、从事业务范围、监管等作出了详细规定。从业态类型来看，两部规章分别对人才中介服务机构和职业中介机构从事的业务范围作出了规定，意味着上述业务范围纳入了管理制度中。从公共和私营人力资源服务机构管理角度来看，《人才市场管理规定》未对公共和私营机构作出明确区分，原则上采取一视同仁的管理政策。《就业服务与就业管理规定》对劳动保障行政部门举办的公共就业服务机构和经劳动保障行政部门审批的职业中介机构分别作出管理规定，其中对公共就业服务机构的业务范围、资金来源等作出了规定，并规定政府部门不得举办或者与他人联合举办经营性的职业中介机构；另外，对经营性职业中介机构的设立条件、审批过程、业务范围、禁止从事业务、罚则等作出了专门规定。

人事部与劳动和社会保障部合并以后，为稳步推进人才市场、劳动力市场的逐步整合和统一规范人力资源市场的建设，加强人力资源市场管理，2010 年，人社部下发《关于进一步加强人力资源市场监管有关工作的通知》，对明确监管职责、统一换发许可证、做好新设立服务机构的审批工作、加强人力资源市场监督检查、指导和鼓励经营性人力资源服务机构积极参与社会公益服务、推动经营性人力资源服务机构诚信服务、做好调查摸底工作、做好人力资源市场信息发布工作等方面作出具体部署。2011 年，下发了《关于加强统一管理切实维护人力资源市场良好秩序的通知》，要求进一步做好人力资源市场统一管理工作，依法查处和打击非法中介行为，切实维护劳动者和用人单位合法权益，确保市场良好秩序。

上述部门规章和文件对服务机构设立和行为准则、劳动力市场和人才市场监管、两部合并后的整合问题作出了比较详细的规定，对维护市场秩序、促进机构和行业发展发挥了重要作用。人才市场和劳动力市场开始整合，覆盖城乡的公共就业人才服务制度和体系基本形成，公共就业人才服务体系发挥重要作用。

（四）实现更充分和更高质量就业的就业优先战略（2012—2020 年）

就业是最大的民生。党的十八大以来，以习近平同志为核心的党中央着眼于实现中华民族伟大复兴的中国梦，协调推进“四个全面”（全面建成小康社会、全面深化改革、全面依法治国、全面从严治党）战略布局，把人民过上美好幸福生活作为治国理政的核心理念，高度重视民生建设，要求提高就业质量和人民收入水平。

1. 在新的战略高度认识和把握就业问题

党的十八大报告明确提出，要推动实现更高质量的就业，并将就业更加充分作为全面建成小康社会的重要目标。同时，十八大报告对就业工作确定了新目标、提出了新要求、制定了新方针，为做好新时期的就业工作指明了方向。总目标是“就业更加充分”；总要求是“推动实现更高质量的就业”；总方针是劳动者自主就业、市场调节就业、政府促进就业和鼓励创业；总基调是实施就业优先战略和更加积极的就业政策。工作重点是促进以高校毕业生为重点的青年人和农村转移劳动力、城镇困难人员、退役军人四大群体就业。十八大报告第一次将促进就业上升到新的战略高度，明确提出实施就业优先战略和更加积极的就业政策。十八大以来的 5 年，深入贯彻以人民为中心的发展思想，就业状况持续改善，城镇新增就业年均

1300 万人以上。

党的十九大对就业工作提出了更高的目标和要求，为做好新时代的就业工作指明了方向。总目标是“实现更高质量和更充分就业”；总要求是“提高就业质量”；总基调是坚持就业优先战略和积极就业政策。工作重点是大规模开展职业技能培训，注重解决结构性就业矛盾，鼓励创业带动就业。提供全方位公共就业服务，促进高校毕业生等青年群体、农民工多渠道就业创业。破除妨碍劳动力、人才社会性流动的体制机制弊端，使人人都有通过辛勤劳动实现自身发展的机会。完善政府、工会、企业共同参与的协商协调机制，构建和谐劳动关系。

在我国经济发展进入新常态的关键时期，2015 年 4 月，《国务院关于进一步做好新形势下就业创业工作的意见》发布，围绕深入实施就业优先战略、积极推进创业带动就业、统筹推进高校毕业生等重点群体就业、加强就业创业服务和培训等，提出了具体政策措施。2017 年 4 月，《国务院关于做好当前和今后一段时期就业创业工作的意见》发布，针对部分地区、行业、群体失业风险有所上升，招工难与就业难并存的结构性矛盾加剧，新就业形态迅速发展等情况，围绕坚持实施就业优先战略、支持新就业形态发展、促进以创业带动就业、抓好重点群体就业创业、强化教育培训和就业创业服务等，提出了具体政策措施。上述两项政策成为指导新形势下就业创业工作的纲领性文件。

此一时期，鼓励创业被纳入了就业方针。党的十八大报告提出，要贯彻劳动者自主就业、市场调节就业、政府促进就业和鼓励创业的方针，第一次将鼓励创业纳入就业方针。新的就业方针进一步明确了劳动者、市场、政府在促进就业中应发挥的作用。党的十九大报告对创业提出了新的更明确的要求，鼓励企业家、农民、高校毕业生等青年群体、农民工和台湾同胞等各个方面、更多的社会主体投身创业和多渠道就业创业。

为鼓励创业，国务院出台了一系列重要的政策措施，也是对积极的就业政策的延续和完善。2013 年 10 月，国务院常务会议部署改革注册资本登记制度，以进一步简政放权，构建公平竞争的市场环境，调动社会资本力量，促进小微企业特别是创新型企业成长，进而带动就业。2014 年 11 月，《国务院关于扶持小型微型企业健康发展的意见》发布，从资金支持、财税优惠、创业基地建设、促进企业信息互联互通等 10 个方面提出一系列政策措施，扶持小微企业（含个体工商户）健康发展。2015 年是创业政策频繁出台的年份。3 月，《国务院办公厅关于发展众创空间推进大众创新创业的指导意见》发布，要求加快发展众创空间等新型创业服务平台，营造良好的创新创业生态环境。5 月和 10 月，《国务院关于大力发展电子商务加快培育经济新动力的意见》和《国务院关于促进快递业发展的若干意见》相继发布，就放宽电子商务市场主体登记条件、将网络从业人员纳入保险、引导创投基金支持等作了相应规定，同时针对快递业专业人才队伍建设、落实就业创业和人才引进政策、快递从业人员参加相关职业培训和职业技能鉴定、按规定给予补贴等提出具体要求。6 月，《国务院关于大力推进大众创业万众创新若干政策措施的意见》发布，从 9 大领域 30 个方面明确了 96 个政策措施。6 月，国务院召开常务会议，确定实施“三证合”登记制度改革，方便创业创新。7 月，《国务院关于积极推进“互联网 +”行动的指导意见》

发布，提出“互联网+”创业创新、“互联网+”协同制造等11个具体行动。8月，《国务院关于印发促进大数据发展行动纲要的通知》发布，明确要加快大数据部署，深化大数据应用，使开放的大数据成为促进创业创新的新动能。9月，《国务院关于加快构建大众创业万众创新支撑平台的指导意见》，从创新发展理念，着力打造创业创新新格局；全面推进“众创”，释放创业创新能量；积极推广“众包”，激发创业创新活力；立体实施“众扶”，集聚创业创新合力；稳健发展“众筹”，拓展创业创新融资等方面对优化政策扶持，构建持续发展环境提出要求。11月，《国务院办公厅关于简化优化公共服务流程方便基层群众办事创业的通知》发布，要求解决困扰基层群众“办证多、办事难”等问题，提高公共服务质量和效率。2016年9月，《国务院关于促进创业投资持续健康发展的若干意见》发布，针对培育多元创业投资主体、多渠道拓宽创业投资资金来源、加强政府引导和政策、扶持完善创业投资相关法律法规、进一步完善创业投资退出机制、优化创业投资市场环境、推动创业投资行业双向开放、完善创业投资行业自律和服务体系等提出具体要求。2017年7月，《国务院关于强化实施创新驱动发展战略进一步推进大众创业万众创新深入发展的意见》发布，针对加快科技成果转化、拓展企业融资渠道、促进实体经济转型升级、完善人才流动激励机制、创新政府管理方式等提出具体要求。

2. 将重点群体就业摆在突出重要的位置

2013年5月，《国务院办公厅关于做好2013年全国普通高等学校毕业生就业工作的通知》下发，要求深入落实高校毕业生就业政策，拓宽高校毕业生就业渠道，鼓励高校毕业生自主创业，加强高校毕业生就业服务，开展就业帮扶和就业援助，大力促进就业公平。2014 年 5 月，《国务院办公厅关于做好 2014 年全国普通高等学校毕业生就业创业工作的通知》下发，提出要聚焦重点难点，继续把高校毕业生就业创业摆在就业工作的首要位置和整个经济社会发展的重要位置。从 2012 年开始，人力资源和社会保障部每年初下发做好当年高校毕业生就业创业工作的通知。国务院相关部门先后制定下发了关于做好高校毕业生就业创业金融服务、就业实名统计、离校未就业高校毕业生就业促进计划、技能就业专项活动、就业见习计划、求职补贴发放等相关政策文件，为提高高校毕业生的技能水平和就业创业能力提供政策保障，促进其尽快实现就业和稳定就业。

2013 年 6 月，为进一步加强对农民工工作的组织领导，国务院决定成立国务院农民工工作领导小组。国务院农民工工作领导小组办公室设在人力资源和社会保障部，承担领导小组日常工作。专门为某类人群成立国务院工作领导小组是少见的，足以说明党中央和国务院对农民工工作的重视程度。

2014 年 9 月，《国务院关于进一步做好为农民工服务工作的意见》发布，对于维护农民工权益、有序推进农民工市民化、促进从根本上解决农民工问题具有十分重要的意义。

2015 年 6 月，《国务院办公厅关于支持农民工等人员返乡创业的意见》发布，提出了促进产业转移带动返乡创业、推动输出地产业升级带动返乡创业、鼓励输出地资源嫁接输入地市场带动返乡创业、引导一二三产业融合发展带动返乡创业、支持新型农业经营主体发展带动返乡创业等主要任务，要求健全基础设施和创业服务体系，加强具体的政策措施。

2016年4月，针对近年钢铁、煤炭行业化解产能过剩，需要大批安置职工的现实要求，国家发改委等7个部门联合发布《关于在化解钢铁煤炭行业过剩产能实现脱困发展过程中做好职工安置工作的意见》，提出支持企业内部分流、促进转岗就业创业、符合条件人员可实行内部退养、运用公益性岗位托底帮扶等方式多渠道分流安置职工，并妥善处理劳动关系，加强社会保障衔接。

二、新时代着力实现高质量就业

改革开放40年来，我国基本完成了劳动就业体制改革转轨，通过实施有针对性的政策措施，充分调动了用人单位和劳动者的工作积极性。在改革各个阶段，陆续解决了大量新生劳动力、农村富余劳动力和国企下岗职工的就业问题，就业形势总体稳定。在劳动力资源丰富同时就业总量压力大的情况下，实现了城乡就业人数稳步增加。1978年，我国城乡就业总人数为40152万人，2016年增加到77603万人，增加了37451万人。同时，就业结构优化。城镇就业人数比重最终超过乡村就业人数比重，第三产业就业比重逐步占多数，非公有制经济就业人数逐步占据主体。1978年，三大产业的就业比重分别为70.5%、17.3%和12.2%，第一产业就业人数占据绝大多数。到2016年，三大产业的就业比重分别为27.7%、28.8%和43.5%，第一产业就业比重下降42.8个百分点，第二产业和第三产业就业比重均上升，尤其第三产业就业比重增长了31.3个百分点。此外，多样化就业形式迅速发展。1978年，国有单位和集体单位就业人数比重为99.8%，到2016年，国有单位和集体单位总就业人数比重只有16.0%，其他所有制经济体制就业人数和比重大幅增加，尤其是私营企业和个体就业人数最为显著，2016 年私营企业和个体就业人数占城镇总就业人数的 50.0%。劳动合同签订率和履行质量不断提高，2016 年末全国企业劳动合同签订率达到 90% 以上。劳动关系和谐稳定。

（一）稳就业、促就业成效显著

2018 年，在经济运行总体平稳、结构调整和转型升级持续推进、发展质量不断提高，以及各项稳就业、促就业政策持续发力的大背景下，我国就业延续总体平稳态势，就业质量有所提升。

1. 就业指标呈现积极变化

第一，城镇新增就业人数达到近年同期的历史新高。城镇新增就业人员自 2013 年以来，首次在第三季度提前完成了全年预期的目标 1100 万人。截至 2018 年 12 月底，全国城镇新增就业 1361 万人，比 2017 年同期增加 10 万人，连续 6 年保持在 1300 万人以上，完成全年目标的 123.7%，达到近年来的历史新高。年末全国就业人员 77586 万人，其中城镇就业人员 43419 万人。2018 年，城镇失业人员再就业 551 万人，就业困难人员实现就业 181 万人。全年农民工总量 28836 万人，比上年增加 184 万人，增长 0.6%。其中，本地农民工 11570 万人，增长 0.9%；外出农民工 17266 万人，增长 0.5%。

在就业总量增长的同时，就业结构持续优化，第一、第二产业就业人员比重下降，第三产业就业人员比重稳步提升。在第三产业内部，信息传输、软件和信息技术服务业，水利、环境和公共设施管理业，教育、卫生和社会工作，文化、体育和娱乐业等新兴服务业就业人员数量增速较快。

第二，城镇登记失业率和调查失业率创近年来新低。2018年城镇登记失业率延续2017年的表现，连续四个季度都保持在4%以内，四个季度的城镇登记失业率分别为3.89%、3.83%、3.82%和3.80%。2004—2018年四个季度城镇登记失业率的变化如图0.1所示，2018年四季度的城镇登记失业率是自2004年以来的最低水平。2018年的各月全国城镇调查失业率保持在4.8%~5.1%，实现了低于5.5%的预期目标。10—12月，全国城镇调查失业率分别为4.9%、4.8%和4.9%。其中，12月份的全国城镇调查失业率（4.9%）比2017年12月下降0.1个百分点，比2018年11月微升0.1个百分点，连续4个月稳定在5%以下。12月份的31个大城市城镇调查失业率为4.7%，比2017年同月下降0.2个百分点。

2018年1—12月全国城镇调查失业率的变化如图0.2所示，除7月份、10月份与2017年同期持平外，其他月份均低于2017年同期水平，11月份、12月份均比2017年同期低0.1个百分点。分年龄看，25—59岁劳动年龄人口作为参与社会经济活动的主力军，其调查失业率继续稳定在4.4%的较低水平。高校毕业生的就业状况总体好于往年，20—24岁本科及以上受教育程度人员的失业率比上年同期下降2个百分点。

第三，就业质量有所提升。一是城乡居民工资性收入继续稳步增长。2018年，全国居民人均工资性收入15829元，增长8.3%。农民工月平均收入3721元，比上年增长6.8%。二是劳动力市场活跃度提高。人社部100个城市公共就业服务机构的市场供求数据显示，2018年第四季度求人倍率达1.27，比2017年同期提高5个百分点，表明劳动力市场供求保持动

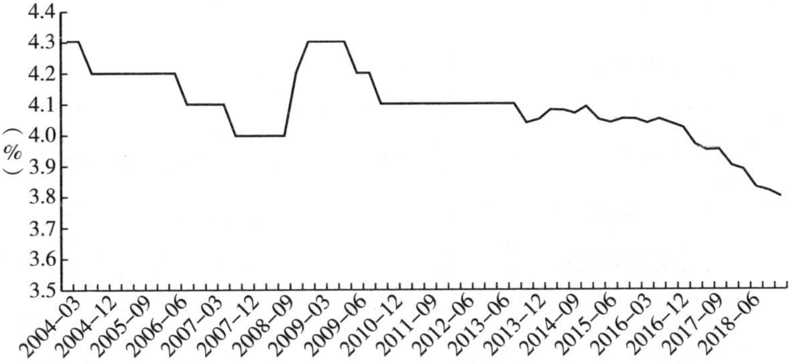

图 0.1　2004—2018 年四个季度城镇登记失业率的变化

资料来源：中经网统计数据库。

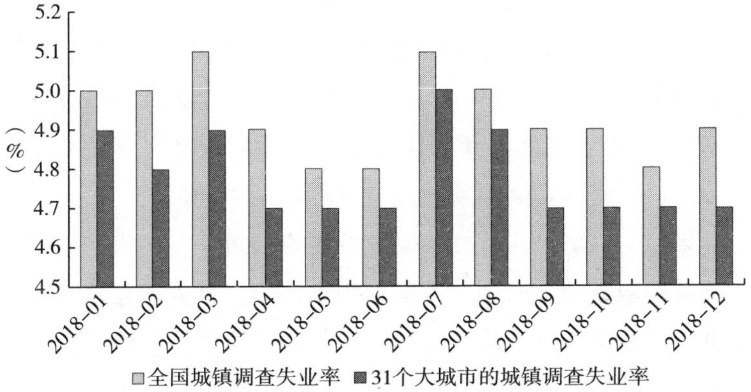

图 0.2　2018 年 1—12 月全国城镇调查失业率的变化

资料来源：国家统计局。

态平衡，用人单位的招聘需求增长快于求职人数的增长。三是工作时间保持稳定。2018 年，周工作时间不足 35 小时的就业不充分人员比重较 2017 年有所下降。四是就业人员的工作稳定性增强。2018 年，城镇企业就业人员劳动合同签订率保持在较高比例，在签订的劳动合同中，长期劳动合同的占比有所提高。

2. 稳就业具有诸多有利条件

第一，经济总量扩大创造了更多就业岗位。2018 年，我国加强经济政策和就业政策协调，着力增强经济发展创造就业的能力，在制定经济和社会发展战略时，把是否有利于就业作为优先考虑的因素，经济增长为就业增长提供了更加坚实的支撑。“十三五”时期以来，国内生产总值每增长 1 个点，对应的城镇新增就业人数则增加 190 万人，比“十二五”时期平均增加了 30 万人。比较 2013—2018 年四季度国内生产总值增速和城镇新增就业人数，如图 0.3 所示，城镇新增就业人数保持了持续增长的向好势头。2015 年，我国国内生产总值增长率 6.9%，城镇新增就业人数 1312 万人，但是 2018 年，国内生产总值增长率小幅降至 6.6%，城镇新增就业人数已经攀升至 1361 万人。虽然 3 年间国内生产总值增长率下降了 0.3 个百分点，但是城镇新增就业人数却增加了 49 万人。

第二，经济结构优化带动就业规模的进一步扩大。第三产业尤其是服务业具有强劲的就业吸纳能力，其就业容量平均高于第二产业 20% 左右，在提供就业岗位上发挥着极其重要的作用。2018 年，我国第三产业增加值达 46.96 万亿元，比 2017 年增长了 7.6%，占国内生产总值的 52.2%，比 2017 年提高了 0.3 个百分点。与第二产业相比，服务业劳动密集程度高，吸纳就业能力更强，从而使经济增长拉动就业的能力不断增强。这意味着，吸纳同样数量的就业人员，经济的高增速不再是最必需的，反而发展的质量和效益则更加重要。

第三，简政放权激发创业热情和市场活力。随着“放管服”改革深入推进、各项支持民营企业发展壮大的政策措施

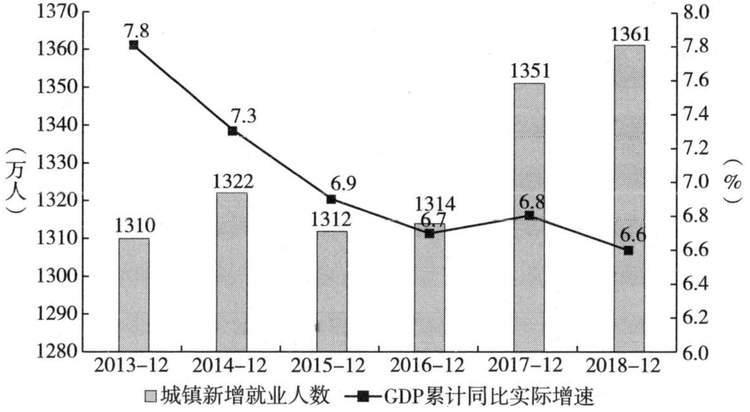

图 0.3　2013—2018 年四季度国内生产总值增速和城镇新增就业人数的比较

资料来源：中经网统计数据库；国家统计局网站。

落实，营商环境持续改善，市场主体大量增加，民营经济活力增强，成为拉动就业增长的重要力量。2018 年 12 月，城镇私营企业和个体工商户就业人数比上年同期分别增长 5.7% 和 6.7%，增速分别高于城镇就业人员 3.4 个百分点和 4.4 个百分点。2018 年，我国新增企业达 670 万户，全国新登记企业比 2017 年增长了 10.3%，平均每天新登记企业 1.84 万户，创业带动就业倍增效应持续显现。

第四，积极就业政策效力进一步发挥和大力推进就业工作。2018 年，围绕稳就业、促就业，国务院出台《国务院关于做好当前和今后一个时期促进就业工作的若干意见》（国发〔2018〕39 号），国家发展改革委等 17 部门联合印发《关于大力发展实体经济积极稳定和促进就业的指导意见》（发改就业〔2018〕1008 号），国家发展改革委等 19 部门联合印发《关于发展数字经济稳定并扩大就业的指导意见》（发改就业

〔2018〕1363号），国家发展改革委印发《关于提升公共职业技能培训基础能力的指导意见》（发改就业〔2018〕1433号），人社部、国家发展改革委等3部委联合印发《关于推进全方位公共就业服务的指导意见》（人社部发〔2018〕77号）。一系列政策文件支持企业稳定发展，鼓励就业创业，积极实施培训，强化就业服务，及时开展下岗失业人员帮扶。此外，实施失业保险援企稳岗和支持技能提升。2018年，共有68.1万户企业享受到了197.7亿元的稳岗补贴，惠及职工6445万人。

（二）中国促进就业的主要经验

高度概括中国促进就业的经验包含以下四点。

1. 形成就业与民生关系的理念

2002年9月，党中央、国务院从战略和全局的高度，深入分析了经济发展、国有企业改革、结构调整和就业工作的形势，提出了“就业是民生之本”① 的理念。党的十九大报告进一步阐释了就业在民生中的地位，提出了“就业是最大的民生”的判断。从“就业是民生之本”到“就业是最大的民生”，国家将就业问题提升到战略和全局的高度来认识和处理。

在“就业是最大的民生”理念指导下，做好就业工作，就要重点处理好以下五个方面的关系。第一，要正确处理发展经济和扩大就业的关系，通过发展经济扩大就业，通过扩大就

---

① 江泽民．就业是民生之本［C］．江泽民文选（第3卷）．北京：人民出版社，2006：504－513.

业推动经济发展，实现发展经济与扩大就业的良性互动。通过发展经济来扩大就业，是解决就业问题的根本途径。在研究经济社会发展规划时，要把就业问题作为重要内容统筹考虑。

第二，要正确处理经济结构调整和扩大就业的关系，使经济结构调整和劳动力结构调整协调推进。社会生产力水平的多层次性和所有制结构的多样性，是中国社会主义初级阶段的重要特征。因此，在提高产业科技含量的同时要重视发展劳动密集型产业，在增强国有经济竞争力的同时要加快发展多种所有制经济，在培育一批大型企业集团的同时要大力发展中小企业，充分发挥各种产业和企业在吸纳劳动力就业方面的作用。

第三，要正确处理深化改革和扩大就业的关系，坚持减员增效和促进再就业相结合、职工下岗位分流和社会承受能力相适应的原则。要全面理解和正确贯彻“鼓励兼并、规范破产、下岗分流、减员增效、实施再就业工程”的方针，统筹考虑减员增效和促进再就业。企业职工下岗分流，要充分考虑财政、企业、职工和社会保障的承受能力，量力而行。国有企业要积极挖掘内部潜力，发展多种经营，改制分流，多渠道安置富余人员，能不推向社会的尽量不推向社会，更不能简单地向社会一推了之。实行企业关闭，要切实做好职工的安置工作。

第四，要正确处理城乡经济协调发展和扩大就业的关系，把引导农村富余劳动力转移和解决农业、农村、农民问题紧密联系起来。在重点做好城镇下岗失业人员再就业工作的同时，要统筹兼顾城镇新增劳动力和农村富余劳动力的就业工作。通过发展农村经济，积极稳妥地推进小城镇建设，发展乡镇企业和服务业，为农村劳动力开辟更多生产门路和就业门路。对进城农民工要公平对待，合理引导、完善管理、搞好服务，组织和引导农村富余劳动力有序流动，加强信息服务和职业培训，维护农民工的合法权益。

第五，要正确处理完善社会保障体系和扩大就业的关系，通过实行“两个确保”解决保障基本生活的当务之急，通过促进再就业解决下岗失业人员的根本出路，通过完善社会保障体系为深化改革和扩大就业提供保障。就业工作和社会保障，要整体部署、协调推进。要进一步完善社会保障体系，建立和完善“三条保障线”，同时要建立健全养老保险和医疗保险，并逐步走上法制的轨道，为深化改革、促进发展、保持稳定提供重要保证。

2. 采取综合手段解决就业问题

做好就业工作，始终是国家工作中一项重大而紧迫的任务，要有针对性地采取一些综合性的经济社会政策措施来解决就业和再就业问题。[①] 包括以下四个政策：

第一，多渠道开辟就业门路。其主要面向六个领域：一是调整产业结构，大力发展第三产业；二是调整所有制结构，鼓励发展就业容量大的个体、私营、外商投资、股份合作等多种所有制经济；三是调整企业结构，发展有市场需求的中小企业；四是充分发挥劳动力资源优势，积极发展具有比较优势和市场需求的劳动密集型产业和企业；五是适应企业用工需求和就业方式变化，鼓励下岗失业人员通过非全日制、临时性、季节性、弹性工作等灵活多样的方式实现就业；六是面向国内、国外两个市场，对内鼓励跨地区劳务协作，对外实施“走出

---

① 张左已．做好新时期就业和再就业工作的强大思想武器［N］．人民日报，2002-10-18.

去”战略，努力开拓国际劳务市场。

第二，完善和落实促进再就业的扶持政策。其主要着力于以下四个方面：一是通过实行税费减免和小额贷款政策，支持下岗失业人员自谋职业；二是通过实行社会保险补贴和税收减免政策，鼓励服务型企业吸纳下岗失业人员；三是通过实行再就业援助，帮助就业困难对象再就业，对从事社区公益性岗位工作的，实行社会保险补贴和岗位补贴政策；四是通过实行免征所得税政策，鼓励国有大中型企业通过主辅分离和辅业改制的措施分流安置富余人员。

第三，改进就业服务，加强再就业培训。进一步健全公共就业服务制度，落实免费职业介绍和免费再就业培训。加快劳动力市场信息化建设，为下岗失业人员及时准确地提供就业信息。大力加强再就业培训，形成以培训促进创业、以创业促进就业的良性机制。

第四，加强对就业的宏观调控。要把控制失业率和增加就业岗位作为国家和各地区宏观调控的重要指标，将其纳入国民经济和社会发展计划。

3. 构建体系化的促进就业政策

促进就业政策主要包括五个方面的内容。一是以提高经济增长对就业的拉动能力为取向的宏观经济政策。主要是通过保持较高经济增长速度，调整产业结构、所有制结构、企业结构等，扩大就业总量、创造就业岗位。二是以促进重点群体就业为取向的扶持政策。主要是运用税费减免、资金信贷等优惠政策杠杆，将所创造的岗位优先用于吸纳重点群体就业。三是以实现劳动力与就业需求合理匹配为取向的劳动力市场政策。主要是通过强化就业服务和职业培训的措施帮助劳动者了解需求信息、提高就业能力，缓解结构性失业问题。四是以减少失业为取向的宏观调控政策。主要是通过严格规范企业减员、建立失业预警制度等措施，减轻社会失业压力。五是以既能有效地保障失业人员基本生活，又能积极促进就业为取向的社会保障政策。上述五项内容在层次上依次递进、各有侧重；在内容上相互配套、缺一不可；在功能上相互支撑、相互促进，构成了促进就业政策的基础架构。

这种体系化突出体现在政策制定和实施中的五个结合，具体如下：

第一，实行积极就业政策与宏观经济政策更加紧密地结合。针对金融危机使就业矛盾更加尖锐突出的特点，国家出台的系列宏观经济政策中，明确了保增长、保稳定、保民生的核心是保就业，把就业作为经济好转的“晴雨表”；明确提出在扩大内需和发展经济中注重促进就业增长，建立政府投资与扩大就业的联动机制。不少地区在安排政府投资和重大项目时，也制订了扩大就业的计划和目标，一些中西部地区注重挖掘本地外向度低、劳动密集型企业的潜力，实现了就业增长。从中央到地方都形成了关注就业，将就业政策与宏观经济政策更加紧密结合的氛围。

第二，扩大就业与稳定就业相结合。2002 年以来，中国结合实践制定实施了积极的就业政策，以扩大和促进就业为首要任务，解决了大量国有企业下岗职工的再就业问题，为国有企业的改革和结构调整奠定了基础。金融危机发生以来，我国首次出现就业岗位净减，保企业和稳定就业被摆在了突出的位置。政府明确提出稳定的目标和政策措施，实现了稳定就业与扩大就业的并举。在稳定就业方面，通过“五减四缓三补两协商”政策来保企业、保岗位，通过特别培训计划稳定企业职工队伍，以降低就业存量的减少，通过社会保险补贴来稳定灵活就业人员的就业。在政策注入的同时，还鼓励企业承担社会责任，通过轮班工作、在岗培训、协商薪酬等多种方式稳定劳动关系，鼓励企业不减员、不裁员。在扩大就业方面，通过政策扶持，广开就业门路，重点解决困难就业群体的就业，以实现就业岗位的增加。

从就业和社会保险的角度率先出台的稳定就业政策不仅稳定了企业的就业，也带动了其他宏观经济政策加强对企业的保护和支持。如出台了财政补贴消费、减税、退税、信贷支持和产业发展等减轻企业负担、促进产业发展的政策，极大地增强了企业走出金融危机的信心。

第三，实施短期应急对策措施与形成长效机制相结合。短期应急政策主要是针对金融危机对就业的冲击出台的。如对困难群体直接发放一次性生活补贴；允许困难企业缓缴社会保险费最长不超过 6 个月；阶段性降低社会保险费率，使用失业保险基金支付困难企业的社会保险补贴和岗位补贴。这些政策对于缓解危机冲击、降低企业成本、帮助困难群体都是直接、快速和有效的。此外，政府还推出了关系长远发展的就业政策。如特别培训计划虽是为应对金融危机影响而专门实施的，但从长远来看，该计划致力于为劳动者储备技能，提高其就业、再就业和创业能力，促进劳动力资源的有效配置，适应就业市场未来的需求。又如公共服务能力建设，包括机构体系建设和服务能力建设，对改善公共就业服务质量、健全公共就业服务体系功能、提高运行效率具有长远意义。

第四，政府引导与市场调节相结合。在应对金融危机的政策中，政府制定的政策继续遵循了“劳动者自主择业、市场引导就业、政府调节就业”的原则，实现政府引导与市场调节相结合。在强化政府促进就业责任的同时，注重通过发挥市场机制的作用来促进就业。

第五，中央政策资金投入与发挥地方主动性相结合。为应对金融危机对就业的冲击，中央制定了相应的政策，同时允许地方在不触动税收等红线的基础上，制定本地区的具体政策措施，中央解决就业问题的要求明确，就业投入大大增加，政策措施含金量大；地方积极性高、主动性强，政策结合实际，政策效应良好。

4. 探索经济波动下的就业机制

作为一个从计划经济体制向市场经济体制转轨的新兴经济体，在如何应对大规模长时间的经济波动带来的就业危机方面，中国还缺乏实践的经验。在科学发展观的思想理论指导下，为应对此轮金融危机，党和政府初步探索出了市场体制下应对经济波动的就业机制。这种机制主要体现在以下四个方面。

第一，突出重视就业在应对危机中的作用，将促进就业作为解决经济社会危机的核心环节，明确就业优先的原则。

第二，形成了由政府主导，通过扩大公共投资和制定公共政策，来引导和鼓励企业在稳定和促进就业中发挥主体性作用，同时加强公共服务，疏通就业障碍，鼓励和支持社会成员自主创业，拓展就业空间，形成稳定和促进就业的合作机制。

第三，形成特殊时期稳定和扩大就业的一整套政策体系。在不到半年的时间里，国务院制定出台就业方面的1个综合性文件和3个专门性文件，国务院就业工作部际联席会议有关部门及时出台减轻企业负担等3个文件，之后一系列配套的政策和具体实施细节相继推出，逐步形成了应对危机、稳定和促进就业的完整政策体系。

第四，形成合理的资源配置机制。在应对危机过程中，就业资源配置方式的一个明显特征就是多样化：既有通过积极财政政策和宽松的货币政策进行的直接投资，也有通过减税和社会保险费缓缴、减免政策进行的间接投资；既有通过直接发放消费券的方式，也有通过政府购买服务的方式；既有公共财政直接投入建设基础项目和民生工程的方式，也有通过公共资源进行市场配置的方式。

（三）下一步促进就业的重点举措

继续实施就业优先战略和更加积极的就业政策，完善和落实各项稳就业的政策措施，着力解决结构性就业矛盾，做好重点群体就业创业工作，运用“互联网＋”发展新就业形态，促进多渠道就业，进一步支持以创业带动就业，实现经济发展和扩大就业的良性互动，确保就业形势稳定向好。

第一，进一步巩固制造业对稳就业的基础性作用。大力发展智能制造等高技术制造业，促进新技术、新装备在生产过程中的应用；推动互联网企业与生产制造业企业共同发展；加大力度降低制造业企业融资负担，进一步降低金融涉企经营性收费，严肃查处各种乱收费，取缔非法的中介收费。

第二，更大力度实施减税降费行动。落实和完善企业研发费用加计扣除、创新技术企业扶持等普惠性政策，鼓励企业增加创新投入；严肃查处针对民营企业的乱收费、乱罚款、乱摊派等问题；切实降低企业物流成本；加大对小微企业融资、税收等方面的优惠政策。

第三，提高劳动就业创业服务水平。加强信息化、标准化建设；推动就业服务同互联网技术深度融合；大力完善职业教育和培训体系。继续组织开展多层次、多形式的公共就业服务活动；维护人力资源市场秩序，推动人力资源服务业发展。

第四，做好重点群体就业工作。深入实施三年百万青年见习计划；统筹做好去产能职工、农村转移劳动力、退役军人、城镇困难人员等各类群体就业的问题。全面落实终身职业技能培训制度，开展面向高校毕业生、农民工、去产能企业职工等重点人群的职业培训行动计划。

第一章

实现更高质量就业是政府的责任

党的十八大报告提出，“推动实现更高质量的就业”。这是继党的十六大报告提出“千方百计扩大就业”、党的十七大报告提出“实施扩大就业战略”之后，我国关于就业理念和实践不断深化的结果，是推动新的发展的战略抉择，影响更加深远。就业是民生之本，实施更加积极的就业政策，推动实现更高质量的就业，既是国民追求幸福生活的共同愿望，也是当前实现就业优先战略和包容性增长的内在要求。因此，在十八大报告的指导下，注重就业质量是当前及未来就业实践和理论研究的核心主题。

第一节　市场失灵与政府职责

根据传统有效市场理论，失业问题是不应该存在的，那么他们总应该能够找到工作，失业的工人同样，如果所有的雇主能够降低他们的标准，那么他们也都应该能够找到工人。戴蒙德、莫特森和皮萨里德斯的研究成就在于对这一理论的否定和突破，他们的研究结果认为，找到合适的工作需要付出不菲的成本。所谓合适的工作，应该是一个与劳动者的技能和能力匹配，并能支付体现价值的合理薪酬的岗位。事实上，无论是找工作还是招人，都是需要昂贵的成本的，而寻找（工作或员工）的过程，他们称之为“冲突”——可以使市场效率低下。

有时候，政府的政策可以减少低效率的情况，但是有时候它们可以使事情变得更糟，提供失业福利能够防止从事了错误工作的人们陷入绝望之中，但是提供过多的失业福利又可能导致“冲突”的时间变得更长，超过实际需要。为此，《市场观察》（Market Watch）专门刊登了一篇题为《诺贝尔经济学奖青睐市场失灵理论》的评论文章，文章指出，3 位经济学家均被表彰深入研究了失业问题，因为这是一个“合乎时宜的话题”。[①] 这说明，对于经受了金融危机重创的欧美国家来说，失业现象已经成为突出重要的经济社会问题，同时也说明市场失灵理论又有了新的发展并再一次被广泛接受。

一、各国经济社会中广泛存在市场失灵的现象

提出市场失灵的西方经济学家认为，市场经济并不是完美无缺的。一方面，市场经济有一定的局限性，市场经济活动只是人类社会的一个主要方面，市场不可能解决经济社会中的一切问题；另一方面，由于某些干扰，市场机制不能正常地发挥调节作用，造成资源配置失误或浪费性使用，影响社会发展目标的实现，导致市场经济中资源配置缺乏效率。

市场失灵理论认为，完全竞争的市场结构是资源配置的最佳方式；但在现实经济中，完全竞争市场结构只是一种理论上的假设，理论上的假设前提条件过于苛刻，现实中是不可能全部满足的。由于垄断、外部性、信息不完全和在公共物品领

---

① 腾讯网：诺贝尔经济学奖青睐市场失灵理论 . http：//finance. qq. com/a/20101012/000902. html.

域，仅仅依靠价格机制来配置资源无法实现效率－帕累托最优，因此出现了市场失灵的情况。

第一，非完全竞争的存在。西方经济学家对市场经济理想的描述是建立在完全竞争条件之上的，但市场秩序时常被破坏，市场结构时常被改变，尤其是垄断的存在，抑制了市场机制的有效运作，妨碍了经济效率的提高。张伯伦、罗宾逊夫人考察了垄断和垄断竞争条件下的生产者行为，将垄断现象置于市场内生的地位来考虑，也就是说，垄断直接影响市场运行的结果，正是市场本身的运行，产生了资源的集中，从而使垄断成为研究市场失灵的第一个着眼点。但 20 世纪 70 年代以来，由于垄断理论的发展，人们对垄断现象的认识也进一步加深。许多人认为，适度的垄断甚至比自由竞争更有利于资源配置。这牵涉到规模经济问题和研究与开发（Research & Development，英文首字母缩写是 R&D）的重要作用。于是，在市场失灵理论这个范围内，对垄断谈得少了，而相应更集中于外部性和公共品，甚至在泰勒·科恩所编著的《市场失灵理论》一书中，直接认为市场失灵的两个特征就是外部性和公共品。外部性和公共品强调存在于市场之外的、市场运行规则无法对他们发生作用的某些社会经济关系。

第二，经济的外部性。简单地说，当某一种消费或生产活动对其他消费或生产活动产生了不反映在市场价格中的间接效应时，就存在外部性，或称溢出效应。换句话说，企业或个人在生产或消费中产生了利益或危害，而行为者却未因此得到报酬或支付赔偿。由于这种效应是在有关各方不发生交换的意义上，价格体系受到的影响是外来的，存在没有经济报偿的“交易”。在市场经济里，外部性使个人的成本和利益与社会的不一致性，因此，对个体是最优的决策，对社会便不是最优的。人们的经济活动既有积极的外在性（即使他人受益），又有消极的外在性（即使他人受损），而市场本身不具有自发机制迫使经济活动者考虑这种损失。厂商为生产某种产品直接投入的是私人成本，但却使别人受害、付出代价，构成社会成本。因此，在处理经济外在性时，市场失灵了。所以，外部经济效应使完全竞争市场失去效率性。

所谓公共品，意指一个人对某些物品或劳务的消费并未减少其他人同样消费或享受利益，如国防、路灯、无线电广播等。公共品通常具有非竞争性与非排他性特征。非竞争性意味着某个人对一种物品的消费并不妨碍别人对该物品的消费；非排他性是指对一种物品未付费的个人不可能被阻止享受该物品的好处。公共品的存在，导致两种现象：一是搭便车问题，免费享受公共物品而不付费，致使供给方在市场条件下，无从获得其优化配置生产的收益指标；二是偏好显示的不真实，消费者不愿意表达自己对公共品的真实主观需求状态，致使公共品生产者无法确定其需求。萨缪尔森在《公共支出的纯理论》、巴托在《市场失灵的剖析》中，运用传统的均衡分析方法，得出公共物品的生产在市场条件下无法得到确切均衡解的结论。

新的市场失效理论则从信息论的角度提出，不完全信息和不完备市场使市场失效问题普遍存在。信息不对称是指交易一方掌握另一方所不能观测或无法验证的信息或行动。不完全信息造成不完全的市场竞争，可能会给生产者一种刺激，使他们把某些东西生产得太多，而把另一些东西生产得太少。信息不对称的现实与传统市场模型，即新古典模型的两个假设——

“完备市场”和“竞争性市场”之间存在矛盾，而且“完备市场”的假设本身也与“竞争性市场”的假设存在矛盾。如果考虑信息成本大于零，即信息不对称，市场经济是不能实现帕累托效率的，这都可能导致竞争性市场的无效率。斯蒂格利茨指出了这些信息问题所引致的后果，如不完备的信息以及不对称的信息使得市场机制具有不完备性；信息的不对称也严重地限制了交易的机会；信息的不对称导致逆向选择和道德风险问题的出现；信息的不完全导致缺乏竞争的不完全市场等。

除了这些与市场本身有着直接内在联系的因素的存在导致市场失灵的出现，一些研究者从更广泛的范围研究了导致市场失灵的因素，比如法国学者罗奈·勒努阿从以下六个方面分析与市场失灵相联系的市场局限性：

第一，市场有政治上的界限。尽管政治民主可以保护和促进市场经济的发展，但是市场与政治民主并没有直接的联系。虽然市场经济与资本的所有制形式无关，但是任何资本主义国家都不会让外国资本完全控制对国民经济具有重要意义的部门。这种政治上的界限不是由市场来确定的，只能由国家来确定。

第二，市场有分配上的界限。市场本身并不能保证公平分配，因为它不能阻止纯租金的出现。纯租金只能由国家通过税收和货币等方面的政策来消除，市场是无法解决纯租金问题的。

第三，市场有社会化上的界限。社会化的发展暴露了市场短期行为的局限性。作为市场经济主体的企业所关心的只是消费者的直接需要以及物价、利率、汇率的变动等方面的情况，而对长期的经济发展不感兴趣。因此，像高速公路、高速火车、运河、机场等基础设施与公共设施以及基础科学研究等投资大、利润小和风险大的长期发展项目，就只能由国家来承担或组织，而无法由市场来调节。

第四，市场有伦理上的界限。首先，市场经济需要并创造了日益完善的社会保障制度，但这种制度并不是市场机制的产物。其次，社会伦理要求限制和取消某些市场，因为这些市场买卖引起了复杂的道德问题和法律问题。社会伦理问题都是市场无法解决的问题，也就是说，市场在社会伦理上有局限性。

第五，市场有生态环境上的界限。生态环境的平衡与生态环境问题，是不能交给市场去解决的。人类的生产活动必须与生态环境，例如土壤、植物区系、动物区系、大气等保持平衡，这种人类生产活动与生态环境的平衡必须由国家进行监督、管理和保护，而不能由市场调节。从人类社会的长期发展和可持续发展相结合的角度来看，必须坚持生态原则高于市场原则的立场，就是因为市场在生态平衡方面有局限性。

第六，市场有作用上的界限。市场在经济运行中具有多方面的积极作用，但是，市场并不能保护自身不产生消极作用。在经济运行的实践中，市场就像一把双刃剑，在发挥积极作用的同时，还会自发地产生一些消极的和破坏性的作用。例如，垄断的倾向、无效益竞争、过度投机、舞弊等市场行为，就是市场自发产生的消极作用因素。由于这些消极的和破坏性的作用是市场自发产生或由市场引发的，因而，无法由市场自身来加以解决，必须依靠国家的力量才能克服。这也是由市场自身作用的局限性所决定的。

二、政府干预是应对劳动力市场失灵的根本举措

1. 西方学者关于市场失灵应对之策的理论辨析

针对市场失灵问题，西方研究者从各自的价值立场和理论基础上提出了观点和政策建议，一些国家在这些理论支持下开展过各种应对的政策实践。从根本上来说，应对市场失灵的核心问题，是如何安排经济社会活动主体在资源配置权力、机制和方式的问题。围绕这一核心问题，理论家们在如何充分发挥市场、政府和社会三大部门的作用，在自由与平等的关系、权利与义务的关系等基本原则，以及其实现的具体技术路线上存在明显的意见分歧。总体来说，应对市场失灵的一个重要思路是“政府干预”。

提出政府干预思路的西方学者们遵循庇古的理论传统，认为市场并非万能，市场本身无法克服自身的缺陷，外部性问题不能通过市场来解决，必须借助于市场以外的力量，对市场的缺陷加以矫正，使资源配置达到最优，从而有了政府管制和调节的需要。按照这一思路，一些西方经济学家认为，导致市场失灵的每一个因素都暗含着政府在市场经济中的潜在作用。当市场失灵时，政府应主动出来治理市场的失灵，其手段和政策有宏观的，也有微观的。从宏观上来看，包括采取财政政策、货币政策、劳动政策、收入政策、公共服务政策，以及制定规则、维护市场秩序、提供信息、创造良好社会经济环境等；从微观上来看，主要包括价格管制政策、消费政策、产业政策、分配政策等。政府通过运用这些政策工具，正确处理平等与效率的关系，向社会成员提供就业机会和生活保障，提供医疗、教育、救助等基本公共服务，从而有利于社会公平目标的实

现，减少社会经济波动。现代广义的市场失灵理论又在狭义市场失灵理论的基础上认为，市场不能解决的社会公平和经济稳定问题也需要政府出面化解，从而使得政府的调控边界突破了传统的市场失灵的领域而大大扩张。值得一提的是，在应对市场失灵的政府路线中，也存在着一些具体内容的分析，包括政府对市场干预的程度、范围的讨论、对政府干预方式及其后果认知的区别等，概括而言主要是在两个方向上形成分歧：一是主张政府积极干预，在政府干预的程度、力度和范围领域上都采取积极的态度；二是主张政府有限干预，即政府对市场的干预应当控制在有限范围内，以防止政府的过度干预对市场产生负面效应。政府对于干预经济领域的扩张，一方面说明政府在市场经济中的作用越来越重要；另一方面政府的企业性质又要求必须对政府的行为加以规范，以提高政府的管理效率。

实际上，市场失灵理论在宏观和微观层面都对政策实践产生过重要而广泛的影响。宏观层面，主要表现为西方国家在不同经济发展阶段和状况下所采取的宏观政策思路，尤其在经济周期波动或重大经济危机时期，所制定和实施的经济干预政策，都体现了市场失灵理论的理论功能。微观层面，主要表现出针对造成市场失灵的各种具体因素和机制，形成了针对性的理论解释和策略。就政府与就业这一具体问题而言，围绕劳动力市场的供给、需求和机制等不同方面，在实践中也形成不同取向的政策思路和政策重点。

2. 政府促进就业是干预劳动力市场失灵的应有之义

劳动力市场失灵现象一直是现代劳动经济学关注的问题，也是各国政府就业政策的重要关注点和着力点。近年来，随着信息化和信息理论的发展，就业信息在市场中的失灵对就业的影响，成为研究者和政府部门的重要研究领域，建立公共就业信息服务网络在实践中方兴未艾。一些政府纷纷利用公共服务机构建立面向全民的就业信息服务网络，为劳动者提供就业信息，希望以此减少信息障碍和无效，降低职业搜寻的信息时间和成本，提高劳动力市场中的配置效率。

譬如，瑞典政府为了更好地实行人力资源的供需匹配，作为就业政策的最高管理机构，瑞典国家劳动力市场管理局早在1976 年就为当时遍布全国的 380 多个职业介绍所统一配备了网络技术设备。目前，在保证性能和质量的前提下，已扩展为8000 台以上的联网计算机系统，建立便捷翔实的就业网络平台。介绍所为每一名前来登记的失业者建立一个内容详尽的正式电子档案，并根据失业者工作、学习、生活的最新变化情况，同步更新“求职人员数据库”，以便使雇用单位通过该交互式平台及时引导、培训、筛选合适的雇工人选，乃至为整个产业结构的调整做好准备。除此之外，无论是在首都还是在边远地区的职业介绍所，求职者均可便捷地浏览“雇主数据库”及“岗位空缺数据库”，通过网络只需两三秒钟便可获取各种就业服务信息，从而寻找更加适合自己的工作。其中，职业需求状况、行业发展趋势（如岗位空缺信息预测）、空缺岗位用工要求、工资待遇、周边环境（交通与住房等）、教育培训等相关信息一应俱全，求职者甚至可以在网上直接进行实时的招聘咨询、测试申请或技能测试。

又如，日本政府对劳动力市场进行调节的最基本措施，是由《职业安定法》规定的分布在全国各地的公共就业保障办公室来实施的。公共就业保障办公室的主要职能就是就业指导和职业介绍。为了促进就业匹配，日本开始推行全社会的雇佣信息公开化，以解决用人单位和求职者的信息不对称问题。2001 年 8 月，日本在厚生劳动省主导下建立了“工作信息网站”。该网站集中了民间职业介绍机构等招聘信息和求职者的信息，从而使企业和求职者都能很方便地了解到自己需要的信息。①

市场信息理论在就业实践中的应用，实际上在两个方面产生了深刻的影响。首先，在“市场—政府”这一经典理论里，为认识与处理市场和政府两种力量在就业问题中的作用提供了新的理论视角，为政府介入市场，进行政策调控提供了理论依据。其次，从技术的层面对市场失灵的原因、路径和方式等方面进行了不断拓展研究和发现，为克服市场失灵现象，提供了分析思路和具体的政策建议以及技术支持。

从目前世界各国应对劳动力市场失灵的实践来看，可以从中得到以下三个重要的启示。一是政府公共部门充分发挥职能，是克服劳动力市场失灵的重要途径，尤其在劳动力市场存在严重分割的情况下，政府扩大劳动就业公共服务的供给，是消除市场隔阂的一个最有效途径；二是公共部门在应对劳动力市场失灵的过程中，既要注意避免出现“政府失灵”的现象，还要避免政府的公共政策行为过度介入而干扰劳动力市场的正常运行，影响了市场在资源配置上的基础性作用；三是公共部门应对劳动力市场失灵，既要重视信息技术和公共服务场所机构等方面的积极作用，还要重视在制度、机制、法律和政策等层面上消除妨碍劳动力市场作用的障碍。应当通过制度创新和

---

① 车维汉．日本就业政策特征分析及其对我国的启示［J］．经济研究参考，2002（89）：39 -44.

改善政策设计，帮助与支持劳动者自主就业和用人单位自主招工，提高公共服务和公共资源配置的有效性。

对于“政府促进就业”中“就业”的概念及其范畴的理解，应当不仅包括一般意义上的“就业规模”，更应当包括劳动者在工作岗位上的就业状况，即“就业质量”。在传统的劳动经济理论中，对就业的关注只限于就业数量方面。如均衡就业数量是劳动力市场中，劳动供给和劳动需求相等后暂时稳定的状态；充分就业是失业率处于自然失业率时的就业数量（曾湘泉、张成刚，2012）。在这种传统理论背景的理解下，就会盲目追求就业数量，忽略就业岗位上的工时长短、报酬多少、劳动环境等因素，用普遍比较低廉的劳动力成本实现充分就业，这难免会对社会造成极大风险，导致低生产率下的“充分就业”和社会福利的重大缺失（国福丽，2009）。同时，传统的劳动统计指标集中于就业和失业，这样简单的二分法无法反映就业质量对于就业者有利的就业特征。因此，从理论上来讲，对就业质量的研究就是对传统经济理论中充分就业及“就业—失业”二分法的反思（翁仁木，2016）。

第二节　就业质量的概念

一、国内外研究广泛探讨就业质量的概念

1. 国外研究普遍认为就业质量涵盖的内容很多

事实上，关于就业质量的讨论早在 19 世纪末期就已经开始，此后的相关研究陆续跟进，形成了就业质量的微观、中观和宏观三层释义。微观方面，就业质量（employment quality）的内涵体现在就业者的工作效率、就业者与职位的匹配程度、

薪酬激励等方面（Bergemann, A. & A. Mertens, 2014）。中观方面，就业质量主要涵盖劳动力市场的运行状况、资源配置效率，包括劳动力供求状况、公共就业服务质量（Bratberg, E. et al, 2010）。宏观层面的就业质量，最早来源于1995年国际劳工组织（ILO）提出的核心劳工标准，之后该组织在1999年提出了体面劳动（decent work）的概念，其含义是劳动者在自由、平等、保证安全和个人尊严的前提下，获得体面、高效的工作机会。体面劳动包括四个维度，即就业促进、劳动权益和劳动标准、社会保护、社会对话，并强调“就业是劳动者个人谋求发展，为子孙和家庭带来幸福，走向美好生活的一个意境和途径（ILO, 1999）”。这一概念涵盖了就业数量与就业质量两方面的内容，但从狭义上来说，主要反映的是就业质量的状况，因此作为就业质量的定义被广泛引用。

除了体面劳动，还有两个概念需要一并论述。第一，工作质量（Quality of work）。欧盟委员会一直致力于推广“工作质量”的概念，工作质量的提升作为社会政策议程的指导原则，认为工作质量是一个包含工作特点和广泛劳动市场在内的多维度概念，所谓工作质量，即良好的工作，不仅意味着关注和考虑有薪就业的存在，而且关注有薪就业的特点（Johri, R., 2005）。工作质量是一个相对的、多维的概念。在广义上，它涉及以下几个方面：（1）与就业相联系的客观特征：工作本身的具体特征和工作场所的具体特征。（2）就业岗位上人的特点：由就业者带给工作的特征。（3）就业岗位上人的特点和工作要求的匹配。（4）就业者对上述特征的主观评价（工作满意度）。因此，工作质量既包含单项工作的特点，也包含更广泛的工作环境的特点。

第二，高质量就业（High - quality employment）。就业质量是一个多维的、综合性的概念。而且，相对于“体面劳动”这一带有褒义色彩的目标来说，就业质量是一个更倾向于中性化的概念表述。根据就业质量的水平高低，可以将就业分为高质量就业和低质量就业。Fredrick（2007）首次定义了高质量就业，是指个人在其认为具有挑战性和满意感的工作的综合环境中获得谋生所需工资的能力。收入并非高质量就业的唯一衡量标准，就业质量具有阶梯性的双向流动性，即低质量就业的劳动者可能向高质量就业转移；而高质量就业的劳动者也可能向低质量就业转移。这反映了劳动力市场优胜劣汰的竞争法则，也反映了劳动力市场安全性和流动性的融合。

相对于体面劳动，就业质量是个中性词（Beatson，M.，2007）。国际劳工组织的“体面劳动”在含义上与高质量就业更为接近，因为在广义上体面劳动涵盖了就业的数量和质量两个方面，而狭义上体面劳动就是指就业质量，即高质量的就业。

此外，就业质量是涉及多种经济因素的综合概念。从劳动者的角度来看，就业质量包括所有与劳动者个人相关的要素，如劳动报酬、工作时间、工作环境、社会保障等。从国家、地区或行业的角度来看，就业质量包括工作效率、劳动贡献等概念，可以用就业率、劳动生产率等表示。所以从其包括的内容来看，就业质量应该涵盖就业的全部信息，如劳动质量、工作质量、员工工作生活质量、好工作和差工作等（The Quality Employment Indicators Project of the Canadian Policy Research Networks，2010）。从其代表的劳动力就业状态角度考虑，就业质量是指一种不仅充分就业而且高质量工作的状态，更强调经济发展、就业和社会政策之间的经济关系（Tangian, A., 2007）。从其基本特征考虑，就业质量应该是满足普遍接受的就业需求条件的特征组合（Bescond, D. et al., 2016）。也有研究认为，就业质量是一个多维度的概念，其讨论的主要问题可以从工作特征和劳动力市场两个方面分类（Ministers, H., 2006），所以就业质量可以看成同时满足企业和个人双方需求的工作机制（Anker, 2015）。

2. 国内研究从范畴、内容和过程等界定就业质量

在国内，政府还未对就业质量进行概念界定及测量，相关研究集中在学术界。作为一个涵盖宏微观经济范畴的概念，就业质量必然受到一国的文化、历史和特殊国情的影响。因此，加强体面劳动和就业质量的本土化研究至关重要。

从目前国内研究进展来看，大多通过对就业质量涵盖的内容进行阐述，进而给出就业质量的定义。从早期的计划经济体制下就业质量所具有的特征出发，杨宜勇（2000）重点研究了就业机会问题，其结果显示在计划经济体制下，行政级别、政治面貌和工龄等因素会影响就业质量，而教育水平不会对就业质量产生显著影响。而在市场经济体制下，教育水平是就业质量的重要影响因素，原因是劳动者主要依据自身所能提供的劳动边际生产率来获取收入及各项相关待遇，而人力资本正是劳动边际生产率的一个重要影响因素。李军锋（2003）认为，就业质量是反映就业机会的可得性、工作稳定性、工作场所的尊严和安全、机会平等、收入、个人发展等有关方面满意程度的综合概念。

刘素华（2005）认为，就业质量是反映整个就业过程中劳动者与生产资料结合并取得报酬或收入的具体状况之优劣程度的综合性范畴。通常，人们在微观和宏观两个层面上使用这一概念。从个体劳动者的角度来看，就业质量包括了一切与劳动者个人工作状况相关的要素，如劳动者的工资报酬、工作时间、工作环境、社会保障等均应包含其中。而当谈到某个范围，如国家、地区或行业的就业质量时，指的就是该范围内劳动者整体的工作状况的优劣程度，是从宏观意义上使用这一概念，它一般用反映该范围内劳动者工作状况的各要素的统计数据，如社会保险参保率、劳动合同签约率、平均工资等来表示。

杨河清和李佳（2007）则针对大学生群体，从评价就业质量的角度出发，建立了一个完整的指标体系，选取工作条件、劳动关系、社会保障三个维度描述就业质量，这也是对就业质量所涵盖内容的一种界定，具有一定的代表性。还有的研究从就业环境、生产效率、就业对经济生活的贡献度、职业社会地位、工资水平、社会保障、发展空间等角度来描述就业质量。由此，我们可以看出，在市场经济环境中考察就业质量，必须综合劳动力市场的相关信息，尤其是和劳动者个人选择工作有密切联系的要素，比如劳动报酬、工作稳定性、个人满意度等。

秦建国（2011）认为，就业质量是一个衡量劳动者在就业过程中的就业状况、各方面满意程度的综合概念，很难给它一个概括性的定义，一切影响就业的因素都会制约就业质量的提升。从微观角度审视，就业质量包括劳动者就业机会的可获得性，也就是从数量上来看的就业率；就业岗位的特点，如工作收入、工作地点、工作时间、工作环境等；就业的主观满意程度，如工作的稳定性、专业的对口性、劳动关系的和谐性、发展前景和社会保障的完整性等。从宏观层次探析，就业质量在很大程度上受到政府、社会和经济发展状况的制约。

信长星（2012）在总结国家新时期就业工作及其政策的基础上，提出更高质量就业的含义，即充分的就业机会、公平的就业环境、良好的就业能力、合理的就业结构、和谐的劳动关系等。

赖德胜和石丹淅（2013）认为，就业质量是个综合概念，包括多种因素。譬如，从劳动者角度来看，就业质量包括了所有与劳动者个人相关的要素，如劳动报酬、工作时间、工作环境、社会保障等；从国家、地区或行业角度来看，就业质量包括工作效率、劳动贡献等，有时也可以用就业率、劳动生产率等表示；从劳动者的就业状态角度来看，劳动者就业可细分为工资雇佣（wage employment）、自我雇佣（self－employment）和失业（unemployment）三种状态。

唐美玲（2013）认为，就业质量从个体层面来看，是对个体就业状况的综合评价，既包括客观的就业状况指标，也包括个体的主观感受和心理状态等指标。劳动科学研究所课题组（2013）认为，就业质量应该是一个主客观相结合、宏微观相结合的概念。从微观层面上来讲，就业质量是指就业者的主观感受和评价、就业者就业状况的客观表现。从宏观层面上来讲，它体现为一个国家或地区劳动力市场的运行情况和资源配置效率。

朱火云等（2014）将就业质量定义为：从就业环境与人力资本的匹配程度到劳动者进入工作岗位后所能获得的就业保护水平，以及社会为防范失业风险所提供的服务水平的逐渐递进的完整体系。

张凯（2015）将就业质量概念定义为：劳动者的基本需要在劳动过程中能够得到满足的程度。苏丽锋（2015）的研究显示，计划经济时期，人们在单位组织中的权力大小对资源的获取有直接影响，从而影响其就业质量，如行政级别、政治面貌和工龄等因素与人们在单位组织中的权力具有显著的关联，教育水平则对权力乃至资源的获得没有显著的影响。因此，当前在市场经济环境下研究就业质量必须考虑劳动者的人力资本水平。

从国内学者对就业质量概念的界定可以看出，就业质量是一个主客观相结合、涵盖宏微观的范畴，同时，劳动者的收入报酬是就业质量的核心内容。

二、国内外研究深入分析了就业质量指标选取

1. 国外研究主要提出了三类就业质量指标体系

目前，国际社会的不同组织从不同的角度考量，提出了体面劳动、工作质量、就业质量三类指标体系。其中，体面劳动指标体系在国际上比较有影响力。在 2003 年第十七届国际劳工大会的一般性报告中，第一次对体面劳动衡量指标和监测作了详细阐述。国际劳工局把体面劳动的概念定义为“促进男女在自由、公平、安定和尊重人格的条件下，获得生产性体面工作机会”。并对这一概念作了以下六个方面的阐述：一是工作机会，指每个人（男人和女人）都有参加工作的需求，工作包括各种形式的经济活动，即在正规和非正规部门中自谋职业，以及家庭从业和有薪就业。二是自由，指每个人都可以自由地选择职业，而不是被迫接受不可以接受的工作，像奴役劳动和童工等。三是生产性，指工人获得的工作不但可以养家糊

口，而且还为企业和国家提高竞争力和持续发展作出贡献。四是公平，指工人在找工作和工作中不受歧视并享有平等待遇，有能力处理好工作与家庭生活的关系。五是安定，指工人需要在健康生活和就业方面得到保护，退休领到养老金。六是尊重人格，指工人在工作中受到尊重，能够参与企业决策，自由参加对自己有利的组织。

国际劳工组织通过总部相关部门和各地区分局收集了大量的统计数据，并进行加工和整理，编制了一套可以衡量发展中国家、转型国家和发达国家“体面劳动”的主要指标体系，在西方理论界得到广泛认同的是6个维度、11个属性、51个指标。6个维度分别是：工作机会、在自由的条件下工作、生产性的工作、工作平等、工作安全和工作尊严。根据上述6个维度，又可将其发展为11个测量属性（就业质量的相关范畴），分别是：（1）就业机会；（2）不可接受的工作；（3）足够的收入和生产性的工作；（4）合理的工作时间；（5）工作的稳定性；（6）就业中的公平待遇；（7）劳动安全；（8）社会保障；（9）工作与家庭生活；（10）社会对话与劳动关系；（11）体面劳动的经济和社会因素。上述11个属性用若干指标来评价，进而产生体面劳动的51个衡量指标。

这11个属性的内容是国际劳工局对体面工作统计指标的概括，前10项表现了体面工作的一般特征；第11项经济和社会因素指标是对前面内容的补充，从经济和人口的角度来确定体面工作的水平。为了便于国际劳工局本部和地区分局以及各个国家对体面工作的程度进行测定，在每一项内容中又列出了具体的量化指标（吕红、李盛基和金喜在，2017：119）。具体指标见表1.1。

表 1.1　体面劳动的 11 个测量属性和 51 个衡量指标

测量属性	具体的衡量指标
一、就业机会	1. 劳动参与率 2. 就业人口占总人口的比例 3. 失业率 4. 青年失业率 5. 非农就业中有酬就业比例 6. 非农有酬就业中妇女就业比例
二、不可接受的工作	7. 有酬就业中儿童所占比例（按年龄划分） 8. 儿童在危险工作中所占比例（按年龄划分）
三、足够的收入和生产性的工作	9. 收入不足的比例（指收入低于 50% 中等工资或最低工资的就业人口所占百分比） 10. 某些行业的平均收入（可选择有代表性的行业）
四、合理的工作时间	11. 超时工作（占就业人口的比例，按就业形式分类） 12. 与工作时间相关的不充分就业（少于最低工作时间，寻求更多工作时间就业人口的百分比）
五、工作的稳定性	13. 工作期少于一年（少于一年工作就业人口的比例，按年龄和就业形式划分） 14. 临时工作（其工作被认定为临时性工作的就业人口比例） 15. 近期参与岗位培训的就业者比例（最近 12 个月内参与由雇主或政府提供或付酬的岗位培训的就业者比例） 16. 未来工作稳定性预期 17. 就业周期
六、就业中的公平待遇	18. 按性别职业分类（指由于性别导致的职业隔离，在以男性为主的职业中和以女性为主的职业中非农就业人口比例） 19. 经营和高层管理职业中女性就业的比例（非农就业中女性就业者比例） 20. 非农有酬就业中女性的比例 21. 某些职业中男女工资或收入比例 22. 其他指标中男女比例或男女差异

续表

测量属性	具体的衡量指标
七、劳动安全	23. 死亡事故发生率（每100000名就业者） 24. 劳动监察人员（每100000名就业者中监察者的数量） 25. 工伤保险覆盖率（享有此项保险的就业者比例）
八、社会保障	26. 公共社会保障支出（占地区生产总值的百分比，分总支出、医疗保险开支和养老保险开支） 27. 基本生活保障的公共开支（占地区生产总值的百分比） 28. 基本生活保障受益人口（占贫困人口的百分比） 29. 65岁以上享有养老保险人口占总人口的比例 30. 缴纳养老保险费的经济活动人口所占的比例 31. 月平均养老金（占中等或最低收入的百分比）
九、工作与家庭生活	32. 赡养受义务教育年龄以下子女的妇女就业比例（占20~49岁所有女性的比例） 33. 父母劳动保护的范围和时间 34. 父母生育保险 35. 适应家庭需要的工作灵活性
十、社会对话与劳动关系	36. 工会密度 37. 工资集体谈判覆盖率 38. 罢工和不进厂工作（每1000名就业者） 39. 工会会员参加选举和决策的程度 40. 参与工作场所决策的程度 41. 雇主/工人关系 42. 工会女性会员百分比 43. 女性工会领导人的百分比
十一、体面劳动的经济和社会因素	44. 单位就业者的产出（购买力平价水平） 45. 单位就业者的产出增长（全部和制造业） 46. 通货膨胀（消费物价） 47. 成年人口的教育（成人识字率和成人的中学毕业率） 48. 就业的经济部门构成（农业、工业和服务业） 49. 收入不平等（收入或消费最高10%与最低10%的比率） 50. 贫困人口（日均生活低于1美元或低于2美元的人口） 51. 非正规经济部门就业（非农或城镇就业的百分比）

针对表1.1列出的11个属性及其对应的指标，需要作以下具体的说明：

“就业机会”属性包括6个指标，其中，“劳动参与率”用来测定一个国家内适合工作年龄人口在劳动力市场的活跃程度。“失业率”是失业人员占劳动人口的百分比，工业化国家认为它是测定劳动力市场行情的重要指标。“青年失业率”被列为联合国新千年计划的48项指标之一，为年轻人提供体面工作被列为联合国新千年计划八大目标之一。“非农就业中有酬就业比例”主要反映发展中国家城市化过程中，非农经济不能及时吸纳进城寻找工作的农业人口的状况。

“不可接受的工作”属性包括2个指标，其中，“有酬就业中儿童所占比例（按年龄划分）”，可以更为精确地监测使用童工的严重程度及造成的影响，以制订逐步消除童工劳动的国际合作计划（IPEC）。在此基础上开发出下一个指标，即“儿童在危险工作中所占比例（按年龄划分）”。另外，强迫劳动也应是一项指标，在国际劳工组织第29号公约中已作了规定，但统计起来非常困难。因为这种形式的劳动是非法的、隐蔽的。所以，如何建立强迫劳动的指标还需进一步的研究。

“足够的收入和生产性的工作”属性包括2个指标。体面工作中最核心的问题是工人收入的水平，所以低收入职工的比例可以反映出这个国家体面工作的水平，具体的测量单位多用小时工资。行业平均工资或收入可以反映这个行业的工资走向以及该行业中不同工种的收入差别。选择行业参加工资调查要考虑到代表性，如女性为主的职业、男性为主的职业、贸易行业与非贸易行业、技术性和非技术性行业等以测定不同工种的工资水平、国际贸易水平和妇女就业的情况。

“合理的工作时间”属性包括2个指标。工作时间一直是国际劳工组织所关心的问题，1919年通过的第1号国际劳工公约就是关于工时问题的。虽然许多国家都有正常工作时间的规定，但超时工作依然普遍存在。超时工作是收入不足的信号，同时有损于体力和脑力的健康。根据各国工时调查分析，国际劳工局认为，超时工作指标可暂时定为每周60小时。在美国有10.8%的就业人口每周工作50~59小时，有7.8%的就业人口每周工作60小时或60小时以上。此外，从宏观经济分析，就业不充分与失业都是劳动力资源没有得到充分的利用。劳动统计归纳不充分就业有三点，即希望获得更多的工作时间、有能力工作更长的时间、现工作时间低于当地一般标准。

“工作的稳定性”属性包括5个指标。失去工作对大多数人来说都是很严重的事情，造成失业的原因是多种多样的。工作的稳定性是体面工作的重要内容，但其量化指标弹性很大。工作期可以反映过去就业的稳定状况，也可以预测将来就业是否稳定。由于收集的数据很有限，只能将就业人口工作期定为一年，在美国少于一年工作的就业人口为26.8%。另外，在许多国家，临时性工作和非临时性工作不以劳动合同为界，美国临时性就业人口为4.3%。今后，国际劳工局还将列出另外两个与工作稳定性相关的数据。一是未来工作稳定性预测，二是就业周期。

“就业中的公平待遇”属性包括5个指标。公平待遇指标主要反映男女职工在就业中的地位问题。当前，世界劳动力市场在很大程度上仍按男女性别划分，约一半的就业人口在同一性别支配的行业中工作，这些行业中80%的工人是同一性别。

这种情况表明不灵活的劳动力市场减少了就业机会，特别是妇女就业，同时也阻碍了经济的发展。在劳动力市场中，除了按性别划分会造成就业歧视，还包括种族、少数民族、宗教、社会背景等造成的就业歧视。随着经济全球化的发展，国籍和边缘身份而造成的就业不平等待遇问题将会引起更多的关注。

“劳动安全”属性包括 3 个指标。劳动安全指标主要是反映工作场所安全的水平，国家为加强生产安全管理的投入，工伤保险的覆盖面和造成不安全因素的超时工作。但是，由于一些国家不完善的统计报告系统直接影响了国际劳工局在世界范围收集到准确的工伤事故和职业病数据。2002 年国际劳工大会对工伤事故和职业病的记录和报告方法进行了讨论，以期改进这方面的工作。

“社会保障”属性包括 6 个指标。体面工作中社会保障的量化指标，主要反映其对就业职工和全体人口的覆盖范围和待遇水平。其中，公共社会保障开支是一项综合指标，它反映国家对全体公众再分配的重视程度。

“工作与家庭生活”属性包括 5 个指标。在许多国家，协调工作和家庭生活之间关系的政策是很重要的。由于妇女承担着家庭责任，因此这里面会涉及社会性别平等问题，特别是男女就业平等。国际劳工组织《有家庭责任的男女工人机会和待遇平等公约》（第 156 号）就这方面问题有详细的说明。为了能反映平衡有子女的父母工作与家庭生活之间的关系，还增加以下三项指标。一是父母工作/就业保护的范围和时间，二是父母生育保险，三是适应家庭需要的工作灵活性（小时、照看有病子女假、带孩子上班、因私使用电话）。

“社会对话与劳动关系”属性包括 8 个指标。体面工作中反映工人意愿和工人参与的指标很重要，包括工人与雇主直接接触的渠道和工人自己组织的方式，国际劳工组织第 87 号公约和第 98 号公约都有详细的说明。

“体面劳动的经济和社会因素”属性包括 8 个指标。在量化体面工作的过程中，必须考虑其社会经济环境，影响体面劳动持续发展的社会经济因素和条件。

基于此，国际劳工局建议各国应着手建立自己的体面工作主要指标体系。以此衡量各国体面工作的水平，并使之与实际工作相结合，不断地改进和提高体面工作的水平。

除了国际劳动组织，国外研究人员提出的体面就业指标维度，如表 1.2 所示，权利、就业、社会保障以及社会对话是体面工作的主要战略目标，所以设计时也主要从这几个角度考虑构建指标体系，比较有代表性的指标设计，如盖（Ghai，2013）的设计完全按照上述维度展开；博纳特（Bonnet，2014）等则分层面设计了体面工作的衡量指标；恩科尔（Anker，2015）将指标体系分为六个维度；班克德（Bescond，2016）等设计了体面工作不足（Deficit）的指标。横向比较来看，体面就业指标中的参与率集中代表就业机会，男女就业率的比值说明就业的公平性，基尼系数则主要表示收入分配的公平程度，而社会对话属于劳资关系的内容。值得注意的是指标中的劳动报酬、社会保障等内容，这些指标一方面反映了劳动者参与劳动后的人力资本回报率的高低；另一方面也反映了劳动力市场的发达程度以及为劳动者提供的社会保障条件，而人力资本的合理利用与劳动力市场发展之间的协调程度是就业质量的重要组成部分。

表 1.2　国外研究人员提出的体面就业指标维度

设计者	维度指标
盖（Ghai，2013）	基本权利（妇女参与率，男性/女性就业率的比值，在技术、管理和行政工作领域女性的比例）；就业（劳动力参与率、失业率、基尼系数）；社会保障（公众社会花费占地区生产总值的比例）；社会对话（工会密度）
博纳特（Bonnet，2014）等	宏观方面包括输入、过程和结果三个方面（劳动力市场保障、基础保障、岗位保障、工作保障、技能再造保障、收入保障、话语权保障）；中观层面是衡量工作地的状况；微观层面是衡量个人体面工作状况
恩科尔（Anker，2015）	工作机会、在自由条件下工作、多产性工作、工作公平、工作保障、工作尊严
班克德（Bescond，2016）等	最低小时工作报酬、过量工作时间、国家失业率、儿童不在校、青年失业率、劳动参与中的男女差异、没有养老金的老年人

资料来源：根据已有研究文献的内容整理得到。

上述体面劳动的衡量指标，具有一些共性的特点。① 一是体面劳动衡量指标关注所有人的体面劳动，尤其是弱者的体面劳动，这是体面劳动基本理念的特点所要求的。体面劳动衡量指标体系应尽可能建立在能覆盖所有人的数据指标基础之上。当然，这并不排斥体面劳动衡量指标体系在达成这一目标的具体手段上也采用分段、分层或分类搜集数据的方法，同时，也重点关注了弱者的体面劳动，如最低工资、女性体面劳动等。

二是相对指标与绝对指标相统一。体面劳动衡量指标中既有相对指标，也有绝对指标，这与其基本理念是相符的。一般

① 吕红，李盛基，金喜在．中国体面劳动——水平测量、评价及影响因素分析［M］．北京：科学出版社，2017：123－124.

认为，绝对指标可以更方便地评价那些对于所有环境下的工人都具有相同特质的体面劳动要素，而相对指标则针对那些对不同发展阶段有所区别的指标。例如，就业率与失业率这类绝对指标，对各发展阶段的国家的要求大致相同，而人均地区生产总值这种相对指标对不同发展阶段的国家来说，其差别则是比较大的。绝对指标可以直接用于国际比较，而相对指标则需稍做处理后才能用于国际比较。关于绝对指标与相对指标还有一种理解，认为绝对指标是反映某地区体面劳动水平的指标，而相对指标则是反映体面劳动结构的指标。

三是体面劳动衡量指标覆盖了所有发展阶段的国家。既然体面劳动是所有人的体面劳动，那么体面劳动也应针对所有发展阶段的国家。作为一种衡量全世界劳动者体面劳动的指标体系，应尽可能具有横向的可比性。应当注意，虽然各国体面劳动有其不同的衡量方法与要求，但这并不是说体面劳动在各国之间有可比性。同时，指标体系应尽可能覆盖世界上处于各发展阶段的国家，但这与数据的可得性不能相混淆，虽然体面劳动衡量指标也考虑数据的可得性，但数据是否容易取得与衡量指标是否科学之间不能完全画等号。

四是关注劳动者及其家庭的生活条件。体面劳动理念是充满人性光辉的理念，因而其衡量指标应关注劳动者的具体生活环境，这是体面劳动衡量指标的重要取向。例如，体面劳动衡量指标中应关注具体的工作收入、合宜的劳动时间以及劳动者家庭生活指标，如产假、非正常工作时间等，这些指标可以具体测量劳动者及其家庭的生活条件等状态。

五是注重社会背景的测量。体面劳动本身可以在各个方面推进社会发展，同时，也只有社会的全面协调持续发展，才能为体面劳动提供适宜的社会背景。健全的宏观经济政策、教育培训、终身学习及社会公平正义等，均为实现体面劳动提供良好的社会背景条件。

六是绝大多数衡量指标都向人们提供了一个可供考察的时间序列，从而可以更好地反映一国或地区的体面劳动的历史面貌，这对于正确描述体面劳动的现实状况以及及时总结经验、找到实践中的问题等具有重要的意义。此外，这一特点与体面劳动基本理念作为一个实现过程而非一种确定不变状态的特点也是相对应的。

另一个与衡量就业质量的内容最相关的指标是工作质量指标体系。欧盟（European Union）于 2000 年开始推广“工作质量”的概念，2001 年，欧盟公布了工作质量的指标，主要考虑了工作质量在广义上所涵盖的四个方面。如表 1.3 所示，工作质量考察的主要内容是岗位设置的科学性和劳动者的工作效率，反映了人力资本水平与工作岗位要求的匹配程度。

表 1.3　欧盟的工作质量指标维度

组织	指标维度
欧盟（EU，2001）	与就业相联系的客观特征，包括工作本身的具体特征和工作场所的具体特征、就业岗位上的人的特点、就业岗位上人和工作的匹配程度、就业者对上述特征的主观评价（工作满意度）

资料来源：根据已有研究文献的内容整理得到。

国际上广泛使用和接受的就业质量指标主要有欧洲基金会（European Foundation，EF）、加拿大、新西兰、联合国欧洲经济委员会（United Nations Economic Commission for Europe，UNECE）以及美国所建立的体系。如表 1.4 所示，欧洲基金会的就业质量指标体系由四个维度构成，并对每个维度进行细分，建立三级指标 13 个。该指标的构建侧重于劳动者对工作的评价，反映了就业满意度等信息，可以被称为就业质量的主体受益者指标体系。加拿大就业质量指标体系主要有 16 类维度指标，各指标统计时按照以下信息进行分类：性别、年龄、教育程度、是否大学毕业生、收入、企业人数、雇佣类型（兼职工作、全职工作、自雇佣、有偿工作）、行业类型、职业类型、地区、重新找工作的打算、每天自觉工作的意愿。该指标体系的二级指标较多，对就业质量的因素考察非常全面，主要采用问卷调查的方法获取数据。联合国欧洲经济委员会《就业质量测评报告 2010》对就业质量指标也作出了明确规定，该机构构建了 7 个维度的评价体系。美国则基于对大学生就业质量的研究，根据对大学毕业生的跟踪调查数据，建立了一套完整的评价指标体系，因为该调查分为 3 次，最长跟踪时间为 10 年。结合经验判断，在这个时期的研究已经属于对国家层面就业质量的评价研究了，只是研究的方式相对简单，对于问题的分析也比较粗浅。该指标体系分为 3 个评价维度，如表 1.4 所示。工作收入是一级指标，表明劳动者的人力资本回报是反映就业质量极其重要的一项内容，这一点在上述几种评价指标中也有所体现。最后，值得一提的是，加拿大非营利部门（Canadian Non - profit Sections，CNPS）的就业质量指标，其选取外部奖赏、内在动力、工作关系、工时、组织结构、技术使用和提升、工作设计以及健康和安全作为主要指标，下设 25 个二级指标，其中突出“尊重”“沟通”“信任”等对劳动者工作积极性影响较大的几个因素是其主要特点，这与非营利部门的经济属性和特点有密切关系。

表 1.4 国外有代表性的就业质量维度指标

组织或地区	指标维度
欧洲基金会（EF）	就业稳定性、技能和职业发展、健康与福利、工作和生活平衡度
加拿大	沟通机会和员工意见的影响力、工作中计算机的使用、工作报酬、工作稳定感、工作设计、工作环境、工作时间、工作关系、工作需求、工作与生活之间的平衡、薪水、技能培训、工会指标、国际比照、性别与工作质量、不同地区工作生活平衡程度的比较
新西兰	工作外在特征、工作内在特征、其他特征、更宽泛的劳动力市场状况
联合国欧洲经济委员会（UNECE）	劳动安全与规范、劳动报酬、工作时间及工作与生活平衡度、工作稳定性与社会保护、社会对话、技能培训与发展、员工关系及工作动机
美国	工作收入、工作稳定性、工作满意度
加拿大非营利部门（CNPS）	外部奖赏、内在动力、工作关系、工时、组织结构、技术使用和提升、工作设计、健康和安全

资料来源：根据已有研究文献的内容整理得到。

此外，国外的一些学者在研究就业质量时也给出了各自的就业质量的评价指标体系。根据田永坡和满子会（2013）的研究，鲁帕里·约荷瑞（2005）对新西兰的就业质量从薪酬、工作满意程度（对工作内容、提升机会、收入水平及社会保障的感受）、雇佣关系（信赖度、应承担的义务、员工对工作决策的影响、沟通）三个方面进行衡量，并且认为工作满意度已经取代工资成为衡量就业质量的主要指标。卢切·迪沃恩（Lucie Davoine）和克里斯汀·乙烯利（Christine Ehrel）（2008）通过回顾以前的研究，认为就业质量作为一个多维的概念，由四个基本评级指标来衡量：体面的工资和工资的不平等性、技能和培训、工作条件、兼顾工作和家庭的能力以及性别平等。这一指标综合了主观和客观指标，可以从动态和静态的角度对就业质量进行衡量。珍妮·莱斯赫（Janine Leschke）和安德·列瓦（Andrew Watt）（2008）提出的工作质量指标（Job quality index）包括6个子指标：工资、非正规就业率、工作与生活的平衡和工作时间、工作条件和工作保障、获得培训的机会和职业发展、集体利益的代表权和发言权。

2. 国内研究从层次、群体和因素等方面提出了多个指标体系

与国外相比，我国对就业质量的研究比较滞后。有学者对我国的体面就业质量衡量体系进行了研究，建立了包括就业、社会保障、基本权利和社会对话4个维度的体系结构，并利用调查数据对我国体面就业进行了评价（宋国学，2010）。赖德胜和石丹淅（2013）从宏观层面上对就业质量进行测度，建立了一个包括6个维度指标、20个二级指标和50个三级指标的就业质量评价指标体系，使用公开出版的官方的统计年鉴数据，采用主成分分析法对我国内地各地区2007年和2008年的就业质量状况进行了系统的实证研究，认为除少数经济发达省份外，全国就业质量的总体水平不高，大部分省份的就业质量指数较低。

劳动科学研究所课题组（2013）认为，建立适合我国国情的就业质量评价体系可以重点从5个维度进行评价：一是就业机会，重点考察新增就业、就业人口总量、劳动参与率、失业率、就业结构等因素；二是就业状况，包括工作本身的具体特征和工作场所的具体特征，是否能够使劳动者通过就业改善家庭生活，重点考察劳动者的工资薪酬和工资增长、社会保险覆盖及待遇、劳动者的工作时间、就业安全、禁止童工等因素；三是劳动关系，主要看劳动者就业权益是否得到充分保障，重点考察劳动合同覆盖率，是否有平等协商和社会对话机制等因素；四是就业能力，主要看劳动者是否得到有效的职业培训，从而提高职业技能水平及参与企业管理的能力；五是就业环境，重点考察劳动力市场基础作用的发挥、就业服务的覆盖面和质量、有利于劳动者就业创业的政策环境、劳动者的就业观念、就业公平等因素。

王阳（2014）将就业质量状况细分为劳动力市场、就业稳定性、工作安全性、就业保护、工资收入、社会保险和劳资关系 7 个维度，并选取 7 个具体的经济指标构建评价体系，构建了我国就业质量水平指数，使用1994—2012年全国样本数据，评估我国就业质量水平及解析当前主要的就业质量问题。朱火云（2014）从就业水平、就业能力、就业保护、就业服务 4 个维度，选取 11 个二级指标构建了我国就业质量综合评价指标体系，并对 2005—2011 年我国 30 个省（市、自治区）的就业质量及其地区差异进行评估。

其他的研究文献还重点关注了经济结构转型中的一些群体的就业质量。如杨河清和李佳（2007）、谭璐和陈志波（2009）建立了就业质量评价指标体系，对大学毕业生的就业质量进行测量。彭国胜（2008）、石丹淅等（2014）对农民工群体构建了就业质量评价指标进行测量。李军峰（2003）、张抗私和盈帅（2012）从性别的角度建立了就业质量评价指标体系，对我国女性的就业质量进行测量。如表 1.5 所示，对我国已有的研究文献关于就业质量指标设计作了归纳，分为全社会角度的和大中专毕业生角度的。

早期的文献对就业质量的影响因素研究，主要集中在毕业生所在学校的特征等方面，近年来有学者开始考虑就业问题对用人单位和社会的影响，加入了社会认可度这一指标，用来反映大学生就业质量的高低对其社会贡献大小的影响，而且认为指标数据主要应该从社会反馈得到。另外，结合我国经济发展的阶段性特征，还加入了自主创业率等指标，用来说明大学生就业对市场导向的适应程度。其他指标与上述研究的结果没有明显区别，大部分指标集中体现了就业机会、劳动报酬、社会保障、工作稳定性等方面的质量问题，但指标选取的角度有很大不同。

表 1.5　我国已有研究文献对就业质量指标的设计

目标群体	选取指标的角度	指标内容
全社会	体面就业（就业、社会保障、基本权利、社会对话）	劳动参与率、城镇登记失业率、失业人员中年轻人占比、工作收入低于生活保障的人员比例、基尼系数、工伤事故率、工伤死亡率、加班加点率、财政社保支出占地区生产总值比例、最低生活保障率、医疗保险覆盖率、养老保险覆盖率、生育保险覆盖率、工伤保险覆盖率、失业保险覆盖率、劳动合同签订率、儿童入学率、女性相对就业率、女性中有技能的岗位配置率、女性中管理和高层岗位配置率、残疾人就业率、农民工签订劳动合同的比例、特殊保护条款的女性覆盖率、工会密度、农民工中工会会员百分比、集体工资谈判覆盖率、集体合同覆盖率、三方协调机制覆盖率
大中专毕业生	就业前提；岗位状况；满意度；个人因素；高校因素；用人单位因素和社会因素；简单、可衡量、可获得、可靠、时效；宏观、微观；就业环境、生产效率、经济生活	就业率、工作条件、劳动关系、社会保障、聘用条件、毕业生供需比、薪金水平、就业结构、社会认可度、就业机会的可获得性、工作稳定性、工作场所的尊严和安全、机会平等、个人发展、就业单位的规模、工作单位声誉、工作环境舒适程度、工作与专业的关联程度、决策的参与度、培训机会和职业生涯前景、自主创业率

资料来源：根据已有研究文献的内容整理得到。

实际上，表 1.5 所列举的评价指标，还可以从其他的角度加以划分。具体的设想如下：第一种主要考虑就业的时间阶段特征，第二种主要从就业活动的相关主体来分析指标内容，第三种是从指标选取和计量的角度考虑问题，第四种注重指标的层次结构，第五种是从就业与社会、企业和家庭关系角度来考察就业质量。当然，这些选取指标的角度都蕴含了一定的经济理论与就业之间的逻辑关系，但是，仅仅从某一个方面考虑选取指标仍然很难将就业质量的全部内涵都容纳进来。所以，就业质量指标的选取应该考虑多个角度，以尽可能地建立全面的就业质量指标体系。

第三节　高质量就业与高水平生产率

一、衡量就业质量水平有多种方法

测算就业质量的基本思路是，用就业质量分项指标合成就业质量总指数。具体来讲，即由所选取的就业质量指标得分对应的权重（或者解释的贡献度）来计算总指数，这个权重可以是回归分析的系数，可以是主观判断的权重；也可以是利用统计方法计算得到的权重，其反映相应指标对总指数的贡献程度，决定指数合成中的量纲。因而对权重的计算过程应该客观严谨，按照计算权重的过程，可以将就业质量的测算方法归纳为以下几类。

建立线性回归模型，用就业质量指标作为解释变量对就业质量进行回归是考量就业质量指标贡献大小的方法之一。通常用平均工资等作为代理变量进行衡量，比如衡量大学生的就业质量，可以使用大学生就业起薪的平均工资作为代理变量。根据刘素华（2005）的研究，工资是大学生自身价值及社会对大学生贡献认可程度的反映，工资水平是衡量大学生就业质量的核心指标。大学毕业生数量、经济发展水平、高校教育经费投入、经济结构、大学扩招政策，建立回归方程可以较为客观地反映就业质量指标对就业质量的影响，但选取被解释变量的难度扩大，因为就业质量不是单一的概念，其涵盖的信息非常广泛，用工资等单一的变量来衡量就业质量会大大降低可信度，另外，即使选择多个变量来解释就业质量，也会因为解释变量之间存在的相关性而难以避免回归模型的内生性问题。

用打分法（德尔菲法）确定权重是另一个计算指标贡献的方法，它按照评价指标采用打分确定权重的方法，对每个等级的指标予以质和量的规定并进行相应的评分，最后，按照指标权重和所在类型的等级计算指标指数。打分法是最常见的方法，国内学者大多采用这种方法对就业质量进行评价。另外，层次分析法也是常见的计算权重的方法之一，层次分析法以专家的评判打分为基础，然后对权重进行合成计算，最终生成指数（柯羽，2007；方焕新等，2011），可见层次分析法中有主观判断打分的环节，所以也将其归入打分法。樊纲等（2009）用主成分分析法计算了我国市场化进程指数，赖德胜等（2011）也利用主成分分析法对我国 2007 年和 2008 年各地区就业质量评价体系的指标权重进行了测算。另外，简单算术平均法也是一种常用的方法，其优点是可以直接进行时间维度的结果比较，这主要见于对市场化进程（樊纲等，2009）、国家创新（纪宝成、赵彦云，2008）、中国经济社会发展（袁卫，2010）等指数的研究。简单算术平均法具有权重平均和确定的优点，有利于提高调整指标数量的灵活性，而且具有直观和可比性强等特点，适用于连续年份的就业质量测算与比较。

就业质量权重测算的客观方法有主成分分析法、因子分析法、熵值法和模糊层次分析法等。它们都是根据数据相关性进行统计分析的方法，具有分析过程客观、结果可靠的优点，但因子分析法需要较强假设，所以较少被使用，主成分分析法则因其计算过程客观、约束条件较少而被使用得更多。张瑶祥（2013）运用模糊层次分析法确定高校毕业生就业质量评价指标体系中各级指标的权重，并进行评价。郭琦（2015）用就业满意度、职业健康和可行能力评价就业质量等指标的多维度的分析方法，从各维度指标到综合就业质量的计算涉及加总方式的选择。潘琰和毛腾飞（2015）采用组合评价法对就业质量进行评价，从而弥补单一评价方法的局限。首先利用德尔菲法确定相关指标的权重，接着采用层次分析法再次确定各项指标的权重，然后将两种方法确定的权重加权平均，以此作为各项指标的最后权重，最后运用模糊综合评价法对就业质量进行评价。

二、就业质量是反映宏观经济和劳动力市场运行的重要指标

1. 国外比较多见的是就业质量状况国别评估报告

国外关于就业质量的研究历史较长，研究的内容深入系统，包含了就业质量释义、就业质量评价指标体系、就业质量的测算及与宏观经济的联动机制等诸方面。国外研究普遍认为，就业质量水平不仅可以反映宏观经济运行效果，还可以从深层次上揭示劳动力市场的发展程度，因此就业质量水平的评价问题是国际组织近年来关注的重点内容。根据就业质量的概

念界定，国际劳动组织、欧盟等组织开始对相关国家的就业质量进行评价（ILO ，2002；United Nations，2010）。典型的代表是《就业质量测评报告》，该报告每年一期，从 7 个维度（劳动安全与规范、劳动报酬、工作时间及工作与生活平衡度、工作稳定性与社会保护、社会对话、技能培训与发展、员工关系及工作动机）对 9 个国家（加拿大、芬兰、法国、德国、以色列、意大利、墨西哥、摩尔多瓦、乌克兰）的就业质量进行分析比较。根据各国的调查问卷和访问数据，该组织对就业质量的各个方面进行了统计，形成数据图表，并对各国不同年份的指标数据作了详细对比，给出各指标的变化趋势，综合成各国的就业质量综合评价报告。该报告对就业质量的分析主要基于经验做法，通过调查访问的方法不断调整指标，最后形成确定的评价维度，下设二级指标 55 个，在调查对象的选取上也尽量保证抽样的随机性，以保证数据的客观性和代表性。从 2010 年报告的结果来看，相关国家的就业质量都不同程度地受到了金融危机的影响，主要表现在劳动报酬和工作稳定性方面，其他指标总体稳定。同样的人力资本在不同经济发展阶段，获得的劳动报酬却明显不同，这直接影响了劳动者的就业质量。这主要归结于经济的繁荣和衰退对劳动力市场的直接冲击，改变了劳动力供求结构关系，最终导致劳动报酬水平的波动。

国际上比较规范的就业质量评价还有加拿大、新西兰、美国等国的评价，其评价的数据都通过问卷方式得到，并对独立指标进行统计分析，重点考察并体现了就业者自身对就业质量的满意度等信息。

2. 国内比较多见的是地区或群体就业质量状况评估

综观我国劳动力市场发展的阶段性特征，可以将我国的就业格局总结为三个主要的发展阶段。第一阶段是改革开放以前，在以国家统包统配为主的就业格局下，就业具有低水平的货币收入和全面的福利保险等特点。第二阶段是改革开放以后到 20 世纪 90 年代末期，国企发展，吸纳就业人数增加，同时非国有企业迅速成长，吸纳大量就业，期间虽然国企改革减员造成社会再就业矛盾突出，但这个阶段总体上就业质量提升较快。第三阶段是 21 世纪以来，经济结构转型加快，非正规就业、农民工就业、大学生就业、女性就业等问题凸显，就业质量稳中有升，但就业差异呈现增大的趋势，如行业收入分配、社会保障等因素差距迅速增大，造成就业不公平的问题。

国内关于就业质量的研究相对来说起步较晚，但发展比较迅速，对于就业质量的内涵、不同就业群体的就业质量指标体系探究的成果日益增多。从现有的研究文献来看，主要包括以下几个方面。

下岗职工再就业是我国国企改革过程中出现的阶段性就业问题。国企改革短期内给就业带来很大压力，影响了就业质量。从制度层面考虑，出现这样的问题是因为我国还存在劳动力市场制度不健全、劳动力流动制度障碍明显等因素，所以解决问题的办法应该主要依靠制度变革。但是，只有人力资本生产制度、流动制度和激励制度的共同有效调整，才可以从根本上解决下岗职工再就业的问题。比如，建立有效的人力资本激励制度，激励劳动力进行跨部门流动，逐渐降低制度性分割的劳动力市场之间存在的分割性收益，使主要劳动力市场和次要劳动力市场之间完成互联互通（赖德胜、孟大虎，2006）。

在经济发展的不同阶段，正规就业群体的就业质量是不断提升的，这可以在正规就业部门收入的不断提高和社会保障的逐步完善等方面得到印证。相比之下，非正规就业者的就业质量则经历了几个阶段：改革开放初期没有被正规部门吸收的劳动力开始自谋出路，大部分成为非正规就业人员，其就业质量问题也随之而来；90 年代中期以后，随着经济增长速度减缓，正规部门的就业人数减少，而包括农村进城务工人员和城市失业者在内的非正规就业人数大幅增加。总体来看，因为非正规就业者的工作技术水平较低，相应的工作稳定性也较差，发展空间小，社会保障不健全，因此就业质量较低（多丽梅，2007）。随着经济的发展，非正规就业的劳动者会随着劳动力市场制度的不断完善而逐步减少，但我国现阶段非正规就业中的矛盾还很突出，不仅影响了劳动效率，还会对社会稳定造成负面影响。

农民工作为我国经济发展过程中一个特殊的劳动群体，近年来其就业质量备受关注。在对农民工的就业质量和权益保护问题的相关研究中发现，劳动力市场供过于求、多元劳动力市场仍未改善、农民工自身受教育水平低等原因，导致了农民工就业质量低下（程蹊、尹宁波，2003）。另外，农民工由乡村迁移到城市，脱离了其熟悉的社会生活环境，导致社会资本缺失，使得农民工在城市的就业行为、就业保障、就业质量均不同程度地受到影响，进而影响农民工的生活质量（赵立新，2005）。虽然国家的最低社会保障等制度在不断健全，农民工等低收入群体的生活状况有所改善，但对收入差距的缩小并无明显效果（李实、杨穗，2009），所以横向比较，农民工的就业质量约束不仅不利于农民工的自由流动，还会降低就业的稳定性和社会融合度，从而影响就业质量。

对大学生就业质量的考察可以从就业满意度等方面入手。有研究发现，大学生不自主就业方式负面地影响了大学生就业满意度。大学生对就业起薪的期望越高，越难对其签约单位满意或满意程度越低；专业对口是大学生实现就业高满意度的关键，专业不对口会导致就业后的额外投入和对新工作的不适应感，从而降低大学生的就业满意度（涂晓明，2007）。还有研究从大学生专业选择的角度入手，发现专业选择可以在远期影响就业质量（孟大虎，2005），这可能是基于这样一种假设，即大学生选择专业和选择职业的偏好是一致的，选择了感兴趣的专业可以为选择职业服务并在就业后对工作的贡献更大。另外，从人力资本对大学生就业影响的视角入手，已有研究发现大学生要想获得更高的就业质量，必须挖掘人力资本的深度，从而拥有一个更高的人力资本质量（乔明睿等，2009）。

从性别角度对就业质量的研究得到的结论如下：农村妇女劳动力在农业经营中的报酬率高于男性劳动力，相反在非农业经营领域其报酬率明显低于男性劳动力（邢春冰，2006），而非农就业的就业质量普遍高于农业就业，所以农村女性的就业质量较低。另外，因为女性在劳动力市场中的地位是影响其就业质量的重要因素，所以社会经济的发展是提高妇女就业质量的基础（费红娟，2001）。从造成就业质量较低的起因来看，受教育程度、社会性别观念和性别歧视等因素是造成女性职工就业质量低于男性的主要原因（李军峰，2003）。还有研究发现，尽管经济发展迅速，但是经济发展对女性就业的促进作用被其他负面影响所抵消，虽然教育对女性就业有促进作用，但制造业等就业集中的行业并不要求教育程度很高，这也使得女性就业质量整体上提高不大（郝冉，2009）。就业质量的性别差异是国际社会高度关注的问题，其不仅反映就业质量，而且涵盖社会公平等其他因素，所以女性就业质量普遍较低的状况，对于就业质量乃至整个社会公平程度的提升都具有很强的政策导向意义。

但是，在国内就业质量指标体系研究中也存在一些不足。首先，在评价指标方面，已有研究中使用的就业质量评价指标多具有松散性和主观性，缺乏同时囊括就业环境、就业状况（就业机会、就业结构、就业效率、就业稳定性）、劳动者报酬、社会保护和劳动关系等方面的评价指标体系；其次，在数据方面，使用宏观数据（如各类年鉴数据）分析就业质量的研究相对丰富，而基于微观数据的研究缺乏，尤其是全国范围内的大样本问卷调查数据则几乎没有；最后，在研究内容方面，针对特殊就业群体的就业质量问题研究不断涌现，但缺乏对全国范围内整体上就业质量状况的关注，如区域、行业、职业等。

三、就业质量提升是提高生产率的重要源泉

基于前面的研究以及本研究所考察的对象，本文的就业质量定义既包括劳动者个人层面的就业质量，即工作岗位的环境、收入、稳定程度和发展前景；也包括宏观层面的就业质量，即就业的配置是否有利于促进经济增长。根据就业质量的影响因素及其政策相关性，重点考察就业岗位的社会保障程度、就业稳定性和劳动力的配置三个方面的质量及其对生产效率的影响。

1. 岗位的社会保障程度及其对人力资本积累和生产效率的影响

社会保障程度是影响劳动者就业质量的最直接和最重要的因素之一。当劳动者处于一个受到较好保护的工作环境中时，其工作环境更加稳定，较少后顾之忧，因而可以更加安心工作，有利于提高就业幸福感，提升就业质量。反之，在一个缺乏社会保障的环境下，劳动者面对今后在养老、医疗等方面更大的不确定性，其工作和生活质量本身更容易受到不确定性因素的冲击，不利于就业质量提升。

岗位的社会保障程度还与正规就业和非正规就业的划分密切相关。按照国际劳工组织（ILO）的定义，“非正规就业”是指在非正规部门的就业，非正规部门主要表现为自我雇佣、家族企业和微型企业等，其劳动关系大部分建立在临时性就业、家属或个人和社会关系上，而不是基于有保障的合同安排（蔡昉和王美艳，2004）。但近年来也有一种定义非正规就业的方法，即依据劳动者的社会保障程度，如果劳动者与企业签订有劳动合同，而且企业给予劳动者合适的社会保障，就属于正规就业者，否则属于非正规就业者（胡凤霞和姚先国，2011）。本章同样根据社会保障情况，即如果劳动者享有城镇职工养老保险或职工医疗保险，则属于正规就业。按照这一定义，如果劳动者只享有新农合或者城乡居民养老保险，则属于非正规就业。

从就业者个人来看，除直接的工资收入外，就业岗位所提供的保障程度是就业质量非常重要的方面。随着经济社会发展，社会保障水平总体不断提高，但不同就业单位所提供的保障程度有明显差别。特别是在正规就业和非正规就业之间，一个最主要的区别就是社会保障程度。不少研究发现，正规就业或者提供社会保障的就业更有利于提高人力资本水平，提高生产效率。Allen. Clark 和 Mc Dermed（1988）发现，养老保险覆盖群体的流动性较低，而良好的医疗保障有助于提高劳动者的健康水平，从而进一步提高他们的生产率。Bloom、Canning 和 Sevilla（2001）将健康作为各国，尤其是发展中国家经济增长的重要因素。从宏观方面来看，沈燕（2012）基于我国 1989—2008 年的数据，发现社会保障水平的提升有利于促进人力资本积累，有利于提高生产效率。

2. 就业稳定性及其对人力资本积累和生产效率的影响

一个高效的劳动市场应该是流动性和稳定性的高度统一，所谓流动性是指不同岗位之间的流动壁垒很小，劳动者可以方便、低成本地从一个岗位转移到另一个岗位工作，从而促进就业的优化配置。所谓工作稳定性，是指员工可以在同一家企业工作较长时间，不用经常在不同企业之间转移，从而可以有效地积累特殊的知识和经验。

劳动力市场的就业稳定性问题，一直是西方国家理论界和政策制定者关注的重要问题，如果就业人员不能获得高质量、稳定的工作，经常面临失业的危机，不仅会影响劳动者的收入水平和福利状况，还会直接影响企业的竞争力和质量的增长（翁杰等，2008）。技能、受教育水平等人力资本特征是决定收入水平的主要因素，而培训是提高劳动者技能的重要手段。在培训过程中，企业的培训起着重要的作用，而工作稳定性与企业的培训意愿密切相关。

发达国家普遍重视保持劳动力市场流动性的同时提高就业的稳定性。亨利 · S. 法伯（1998）发现“刚刚进入劳动力市场的人，很可能在从事一系列短时间工作之后方能找到较适应的工作，从此他将在这一岗位上工作较长的时间”，“在美国有一半以上新工作在第一年终止，但一半以上的美国人在其一生的某一阶段曾在一个工作岗位上工作 20 年以上”。

张祖平（2004）的研究发现，尽管企业年金限制了人力资本的流动，但并不妨碍企业年金发挥促进企业人力资本投资的作用，由于员工流动性降低，企业有更大的积极性去增加对员工的培训，从而有助于促进人力资本提升。李萍和谌新民（2012）基于东莞市的企业调研数据，认为要促进产业升级，必须从提高劳动者就业稳定性入手，促进劳资双方积极进行人力资本投资。罗楚亮（2008）的研究认为，稳定就业和非稳定就业人群之间的工资收入差距在 1995—2002 年有所扩大，而且在低收入人群中，就业稳定性所起的作用更大。

3. 劳动力配置对经济效率有重要作用

人力资源配置是指把不同的劳动者按照就业岗位的需求和劳动者自身的特征，把最合适的人配置到最合适的岗位上去。在市场经济下，这种劳动力的优化配置多数表现为劳动者通过自由流动或劳资双方的自我选择，实现岗位和人员的优化配置。但在实际情况中，由于信息的不对称性以及其他一些体制机制的约束和劳动力转换的成本，往往很难配置到一个较好的状态，因此通过制度优化，提高配置效率，对于提高就业质量具有重要意义。

从经济增长的供给方面来看，资本、劳动和全要素生产率是促进经济增长的三个要素。近年来不少学者对劳动力错配导致效率损失的程度进行了许多国别研究。

在实证研究中，很多学者发现了要素重置对全要素生产率具有重要作用。比如 Chang - TaiHsieh and Peter J. Klenow（2009）根据中国制造业企业的数据（1998—2005 年的工业生产年度调查数据）、印度制造企业统计数据（1987/1988—1994/1995 年财政年度数据）、美国普查局的制造业普查数据（1977 年、1982 年、1987 年、1992 年和 1997 年），研究 3 个国家制造业的全要素生产率分布情况及与资本和劳动力配置的关系。该研究结果发现，假如资本和劳动力可以完全自由化流动并达到最佳配置状态，那么美国制造业的全要素生产率可以提升 30% ~43%，中国可以提升 86% ~115%，印度可以提升 100% ~128%。如果达不到最佳配置，但能达到美国这个标杆的配置的话，中国全要素生产率可提升 30% ~50%，印度全要素生产率可提升 40% ~60%。由于资本相对流动性更强，因此这里面的效率提升潜力更多来源于劳动力的再配置。Micco 和 Repetto（2012）利用智利 1979—2007 年制造业企业数据，估计了劳动力错配程度以及导致制造业全要素生产率的损失程度，指出劳动力错配与货币政策和能源政策导致的经济波动性有关。

一些研究发现，中国各地区之间存在明显的劳动力素质差异，而且地区之间存在劳动力利用效率的差异。具体而言，中西部地区的劳动力利用效率相对较低，东部地区的劳动力利用效率较高，这不仅不利于劳动力资源的充分利用，而且也制约产业升级，还极大地阻碍了区域间的协调发展（梁泳梅、李钢和董敏杰，2011）。最新的比较研究发现，中国的人力资源存在严重的行业错配问题，表现在高素质劳动力集中在科学研究和技术服务业、教育、公共管理社会保障和社会组织、卫生和社会工作、金融业、文化体育和娱乐业。这些行业在中国大都为市场化程度较低的政府管制行业（中国经济增长前沿课题组，2014）。

国内学者多关注人力资本配置对经济增长的贡献方面的研究。一些研究测算了劳动力重新配置对经济增长贡献的分析，发现农村劳动力转移是促进国民经济增长的重要方面（刘秀梅和田维明，2005），还有研究测算了中国劳动力错配对全要素生产率的影响大小，估算了当前中国农业部门就业比重过大对全要素生产率产生的影响，结果显示，改革以来，劳动力错配对全要素生产率有着明显的负效应，以不同的指标计算，在－2%至－18%之间，并呈逐渐扩大趋势（袁志刚、解栋栋，2011）。

第二章

就业质量提高与经济转型升级

第一节　全面深入认识就业质量的重要意义

首先，就业问题一直是经济社会发展中的重要议题，保罗·斯崔特恩（Streeten P.，1981）指出，发展中国家的根本问题不是失业，而是贫穷或低生产率的就业。他同时指出，国际化造成的极度贫穷的人不是失业者而是那些工作艰苦而且效率低、报酬低的长时间工作者，这部分人被定义为“工作中的穷人”，这个概念的提出为就业质量的研究指明了方向。近年来，金融危机带来了全球就业危机，2008 年全球失业人口总数剧增至 2000 万人，全球失业总人口从 1.9 亿人增加到 2.1 亿人，而到 2009 年底全世界又失去 5100 万个工作机会。与此同时，危机还致使工资水平下降，对就业质量造成了严重影响。国际劳工组织发布的《2008/2009 全球工资报告》指出，受金融危机影响，2009 年全球实际工资增长进一步放缓，而工业化国家则出现负增长。时至今日，全球经济一直处于低迷状态，就业问题十分突出。国际劳工组织的最新数据显示，到 2018 年全球有 2 亿多人失业，比 2017 年增加 270 万人。国际劳动组织总干事 Guy Ryder 曾表示，“经济增长将继续令人失望。市场对其是否有能力创造足够的就业机会仍存担忧，更不用提创造高质量的工作了”。[1] 为了应对危机，我国采取积极的就业政策并取得了一定成效，《2017 年中国社会形势分析与预测》指出，2017 年中国城镇新增就业人口达 1350 万人，紧张的就业形势有所缓解，但是就业问题依然突出。《2018 年中国社会形势分析与预测》指出，当前用人需求有较大幅度回落，同时城镇化过程中的产业结构调整与人力资源配置的矛盾更加突出，2019 年就业形势或将更趋严峻，而且劳动人事争议数据持续攀升，就业质量问题已经成为经济发展中的新主题。

其次，对于一个国家来讲，研究就业质量是实现可持续发展的需要。就业质量是一个涉及多方面的综合概念，目前并没有一个统一的定义。例如，有的研究认为，就业质量一般可概括为职业社会地位、工资水平、社会保障、发展空间四大方面；有的研究认为，就业质量与体面工作有密切关系；还有的研究认为应包括三个方面：一是基于劳动就业环境的质量，就业者的劳动权益、工作的稳定程度和就业者的个人发展前景，二是就业者的生产效率高低，三是劳动就业对经济生活的贡献程度。如果某种劳动就业能够促进经济增长，就可以认为是高质量的就业。笔者认为，就业质量反映劳动者与生产资料结合的状况，包括工作的性质（此处指是否为自由、自愿地选择就业）、聘用条件、工资水平、工作稳定性、工作环境、社会保险和劳动关系等主要内容，其与就业数量一起，是综合反映就业“一体两面”的概念。就业质量不仅关系到劳动者的权益保护，其优劣还会直接影响就业数量。

---

① 国际劳工组织：2018 年全球失业人数达到 2 亿，创历史新高［EB/OL］. 搜狐网，2019－01－14，http：//www. sohu. com/a/124290634_ 119759.

20 世纪 70 年代以来，随着福利国家转型、经济全球化加快、信息化革命到来及人口老龄化等一系列经济社会变迁，在欧美一些国家，新的社会问题凸显，长期失业、公民相对剥夺增强、弱势群体边缘化、青年人失业、非正规部门就业质量低下等，无不令人担心失去工作，甚至认为“充分就业”的时代已经结束，经济社会环境的改变深刻影响了欧美国家经济社会政策的取向。传统经济理论对就业数量偏重关注，已不能满足劳动者多元化的就业目标，于是此一时期，美国、欧盟成员国等陆续开始进行就业质量研究，致力于提升和拓展劳动者从就业中可获得的效用和价值。我国过去 40 多年来，以低成本作为竞争优势的经济增长模式所导致的低就业质量，不仅加剧了劳资关系紧张，也致使劳动者技能增长缓慢。同时，伴随经济社会进步，特别是新生代构成劳动者主体，劳动者就业价值观向“干得体面”提升，就业质量是最关心的内容。低就业质量保证的低成本运作的经济增长模式已难以为继，运用社会政策提高就业质量必要且紧迫。

实际上，我们可以找到通过扩大就业和提高就业质量而减少贫困的方法，但是很难通过完整的定量分析来确定就业质量在促进和提高经济社会可持续发展方面的作用，因而在国家或者地区之间讨论人们在全球化过程中获得的经济和社会利益的多少、分配的科学性，对经济可持续发展至关重要。国际劳工组织（ILO，2018）认为，一个国家可以从经济和社会各方面平衡发展的全球化过程中，获得较大利益，进而推动国内更高质量的就业。因而，有必要通过获取新的数据，对就业质量与国家或地区经济社会发展之间的关系进行实证分析，以检验上述经济关系和观点。我们并不怀疑在经济和社会发展之间寻找一种平衡是可持续发展的基础，但是具体到组成经济社会的不同元素方面，则很难说清楚它们的关系究竟应该是什么样的，例如就业方面、基本权利、社会保障、社会对话等。实际上，困难就在于我们还没有找到这种平衡，或者说在就业质量与经济可持续发展之间应该维持的给定约束，而在此情况下，实证分析是必不可少的援助方法。

最后，就个人而言，提高就业质量才能实现高质量的生活。对工作特征、个人工作需求进行考察以建立详细的评估机制，推进经济增长更好地转变为较高标准的人类福利，以提高人们的生活质量。事实上，从就业质量的视角可以将工作特征描述为很多指标，包括工作体面程度、职业发展机会、工作生活平衡度等。将人口学特征与工作特征、经济增长结合起来，可以构成许多令人感兴趣的组合或模式，例如健康状况与劳动安全、劳动力的增加与劳动生产率、就业稳定性与短期雇用权、工作条件与高离职率、工会权限与工人劳动积极性、工作参与率与工作满意度等。另外，劳动者性别差异导致的就业质量方面的差异也被众多研究者提及，歧视成为这一方面的主要议题，显而易见，这也关系到经济社会发展对人们生活质量的影响问题。因而，对就业质量进行周密调研，并对相关数据进行综合分析，可以发现很多令决策者感兴趣的问题。不仅如此，在揭示简单的因果关系后，系统的就业质量研究还可以给出一个合理的方案并对其进行科学评估，包括政策的连带效果等，这一整套的研究结果必将成为经济理论和社会发展的有益补充，最终施力于劳动者生活质量的提高。

总之，解决就业问题的前提和根本是加快经济发展，实质是提高劳动力资源的充分开发和利用，这不仅与就业数量相关，更关系到就业的质量。就业质量评价提出的理论背景正是对充分就业和高质量就业的反思，因为与就业率相比，就业质量不仅能反映就业的数量，在一定程度上还能反映就业的优劣、结构、层次和性质。就业质量评价是根据相应指标对就业质量的高低进行科学判断的过程，国际社会对就业质量的研究从20世纪90年代开始，已经形成了较为成熟的体系，国内的研究主要着眼于大学毕业生这一特殊群体，对宏观的就业质量研究不多，尤其缺乏从就业质量的视角对我国近年来积累的人力资本进行高效开发利用的深入研究。就业质量一方面取决于劳动者素质，即经过教育、培训、工作等途径积累的人力资本水平，另一方面还取决于劳动力市场对人力资本的开发利用水平，二者协调发展才能实现高质量的就业。党的十八大报告指出，今后我国就业工作的主要目标是要"推动实现更高质量的就业"。而"更高质量的就业"，主要是指公平的就业机会、良好的就业环境、较高的就业能力、合理的就业结构、和谐的劳动关系等（信长星，2012）。那么如何发挥劳动力市场的调节配置功能，充分、高效地利用人力资本，以提高我国的就业质量？事实上，按照人力资本理论，劳动者已有的人力资本通过人在劳动力市场的适应性和表现作用于就业，尤其对就业质量中的就业能力、劳动报酬等因素产生直接作用，进而影响到工作效率和生活消费，最终波及整个经济运行效率。而且人力资本积累过程中还会形成个人职业的趋向和偏好，其最终效果也将体现在就业过程中，所以人力资本作为就业过程中最重要的要素，本应该是就业质量最关键的影响因素，但学界对此的深入研究却很少。因此，深入研究就业质量的影响机制和原理，制定相应的劳动力市场政策，对整个经济社会的发展具有重要意义。

第二节 客观科学评价就业质量水平

立足国内外文献对就业质量内涵界定及测量方法的研究进展，开发一套可以从国家、地区及行业层面反映劳动者就业状况或工作条件优劣、具有一定政策指向性的就业质量水平评价指标体系，考察新世纪以来我国就业质量水平变化，在实践上如何认识和解释我国就业质量水平偏低，怎样调整完善推动就业质量提高的体制机制，以及在当前及今后一段时期采取相对恰当的政策措施实现更高质量就业，是本章试图解决和回答的问题。

一、国内外研究者已经进行了一些有益探索

针对就业质量水平评价的研究，国外文献已经取得三个重要进展：一是建立了工作层面就业质量评价体系。已有文献使用了工作满意度、自由、公平、工作生活平衡度、个人尊严和安全等指标；二是形成了国家层面就业质量整体评估框架。如国际劳工组织使用“体面劳动”指标，欧盟委员会使用“工作质量”指标①，欧洲基金会使用“工作和就业质量”指标（Quality of job and employment）② 等。2010 年，上述三个国际

① 该指标既包含单个工作的特点，也包含更广泛的工作环境的特点，从内在工作质量、技能、终身学习和职业发展、性别平等、健康和工作安全、灵活性和安全性、劳动力市场进入和包容性、工作组织和工作—生活平衡、社会对话和员工参与、多样性和非歧视、整体经济表现和生产率 11 个维度共计 31 项测量指标。

② 包括职业和就业保障、健康和福利、技能开发、协调工作和非工作生活 4 个维度共计 13 个项目。

组织编制完成统一的“就业质量”（Quality of employment）指标体系，包括了劳动报酬、劳动安全与规范、工作时间及工作与生活平衡度、技能培训与发展、员工关系、工作稳定性与社会保护、社会对话七项指标，并发布了法国、德国、加拿大等9个国家的就业质量水平评价报告；[①] 三是开发了行业层面工作岗位质量评价指标——“就业质量指数” （Employment Quality Index，简称EQI）。加拿大帝国商业银行（CIBC）经济委员会开发的EQI包含相对就业补偿指数（Weighted Ratio of Employment in High - paying & Stability Industries to Jobs in Low-paying & Stability Industries）、就业稳定性指数（Ratio of Paid Employment to Self - Employment）和全职等量就业比重（Ratio of Full - Time to Part - Time Employment）三个分指标（指数），[②] 并建立了EQI月度发布制度。

国内文献集中在微观层面研究，并得出三个基本判断：一是要从主观和客观两个角度进行评价。二是要从微观和宏观两个层次把握评价的内容。前者要关注与劳动者个体就业状况相关的要素，如工作条件、稳定与安全、个人尊重、健康与福利、社会保障、职业发展等。后者要聚焦国家、地区或行业的就业质量，使用如社会保险参保率、劳动合同签约率、平均工资等统计指标。三是本土的评价体系不会等同于国外，但是两者的评价指标是能够开展比较分析的。

---

① 更深入的了解，可阅读：UNECE. *Measuring Quality of Employment*：*Country Pilot Reports* [EB/OL]. http：//www. unece. org/publica - tions/oes/STATS_ MeasuringQualityEmployment. E. pdf，2011 - 07 - 30.

② 更深入的了解，可阅读：Benjamin Tal. On The Quality of Employment in Canada，in CIBC World Market Inc. *Special Report*，March 8，2006，Toronto，Canada. http：//research. cibcwm. com/economic_ public/download/srpt_ eqi_ 03082006. pdf.

总体来看，我国多数研究文献提出的就业质量水平评价体系，倾向于选择客观指标和微观指标，对劳动者主观感受的评价不足，从国家、地区或行业的角度评价也不足。这并不利于整体、全面把握我国就业质量水平，也不能将有关研究结论和建议较为确切地转化为推动我国就业质量提高的政策措施。

评价就业质量水平的初衷是面向更高质量就业，因此评价维度要考虑劳动者可主观感受到的，并且是可以利用政策工具综合协调和推动改善的内容，那么至少应包括3个维度：一是劳动者的就业状况是否良好。好的就业状况可描述为劳动者就业机会充分，就业结构良好，就业的稳定性、工作的安全性得到改善。二是劳动者是否能获得公平、合理的劳动报酬。合理的劳动报酬可描述为劳动者通过就业能够获得合理的、稳步增长的劳动报酬，并且所获报酬能有效改善其家庭生活，体现劳动者自身的社会价值。同时，劳动者能享受到法律政策制度提供的、完备的和必要的社会保护，社会保险覆盖率不断扩大。三是劳动关系是否和谐稳定。和谐稳定的劳动关系可描述为劳动者的社会组织权和合法就业权益能够得到充分、有效的保障，劳动关系改善并趋向规范，劳动争议可通过有效途径解决。

二、构建我国就业质量水平指数

就业质量水平指数是对就业质量评价指标体系中全部具体指标进行综合评价后，以年为单位，将各具体指标的分值相加，进而得到的总分值。该指数值反映我国各年度就业质量整体水平及变动态势，并可利用其进一步预判就业质量实际值与目标值的差距。

首先，编制我国就业质量评价指标体系，并对全国样本数据作统计描述。按照代表性、适用性、可得性和有效性等指标选取的基本原则，将就业质量状况细分为劳动力市场、就业稳定性、工作安全性、就业保护、工资收入、社会保险及劳资关系7个维度，并选取7个具体的经济指标构建评价体系（表2.1）。该体系的特点是，对就业质量水平的考察，既重视劳动报酬，又关心就业状况及劳动关系，既注意评价内容的综合性，又要实现纵向的可比性，形成了多维、立体、动态的就业质量评价指标体系。

表2.1　我国就业质量评价指标体系

维度指标	具体指标（计量单位）	缩写表达
1. 劳动力市场	1.1 失业率（%）a	u
2. 就业稳定性	2.1 单位就业人数比例（%）	empru
3. 工作安全性	3.1 工伤事故死亡率（%）a	injr
4. 就业保护	4.1 人均周工作小时数（小时）a	timew
5. 工资收入	5.1 最低工资标准占平均工资比例（%）	minwr
6. 社会保险	6.1 社会保险覆盖率（%）	insur
7. 劳资关系	7.1 人均劳动争议案件发生率（%）a	case

说明：(1) a表示负向指标。(2) 社会保险覆盖率 =（职工基本养老保险覆盖率 + 失业保险覆盖率 + 职工基本医疗保险覆盖率 + 工伤保险覆盖率 + 女职工生育保险覆盖率）/5。(3) 根据现行政策规定，只要建立劳动关系，都应该参加“五险”。因此，每个险种的覆盖率计算办法是，使用该险种的参保人数作为分子，使用全国就业人员数作为分母。例如，职工基本养老保险覆盖率 =（城镇职工基本养老保险参保人数/全国就业人员数）×100%。(4) 人均劳动争议案件发生率 =（当期劳动争议案件受理数/全国就业人员）×100%。

其次，建立我国就业质量水平指数。七项具体指标的缩写表达如表 2.1 所示，使用 S_i 表示就业质量水平指数，公式（1）如下：

$$S_i = \varphi_u \times u_i + \varphi_{empru} \times empru_i + \varphi_{injr} \times injr_i + \varphi_{timew} \times timew_i + \varphi_{minwr} \times minwr_i + \varphi_{insur} \times insur_i + \varphi_{case} \times case_i \quad (1)$$

$$i = 2001, 2002, \cdots, 2017$$

最后，利用熵值法①确定我国就业质量评价指标体系全部具体指标的权重。熵值法避免人为主观影响，使指标的赋权更为科学，尤其适用于分析制度变迁对客观环境、系统结构等带来的影响。就业质量的提高，隐含了制度变迁对劳动者与生产资料结合状况的优化，符合方法使用条件。

第一步，将就业质量具体指标的量纲和数量级作正规化处理，获得横向的可比性和实用性。正向指标计算方法，如下公式：

$$\chi_{ij} = \frac{X_{ij} - min\{X_j\}}{max\{X_j\} - min\{X_j\}}$$

负向指标计算方法，如下公式：

$$\chi_{ij} = \frac{max\{X_j\} - X_{ij}}{max\{X_j\} - min\{X_j\}}$$

其中，χ_{ij} 为正规化处理后的指标，$max\{X_j\}$ 为所有年份的

---

① 熵值法是确定评价指标体系中各指标权重的一种客观赋权法，是源于客观环境所提供的原始信息来决定指标权重的方法，又如“聚类分析法”。熵值法在社会系统应用时是指信息熵，其数学含义与物理学中的热力学熵等同，是指系统无序状态的一种度量。一般认为，信息熵值与系统结构的均衡程度成反比，熵值越大表明系统结构越混乱，携带的信息越少，因此熵值的大小也即各指标的变异程度，可以根据熵值计算各指标的权重。除客观赋权法，指标权重还可使用主观赋权法，是根据主观的重视程度决定各指标权重的方法，如“Delphi 法”“AHP 法”。

指标值中的最大值，$min\{X_j\}$ 为所有年份的指标值中的最小值，i 为年份，j 为指标项。

第二步，计算第 i 年的第 j 项指标值所占的比重，使用 ω_{ij} 表示，其中 $\omega_{ij} = \frac{\chi_{ij}}{\sum_{i=1}^{m} \chi_{ij}}$，$m$ 为年数。

第三步，计算指标的信息熵值和信息熵冗余度。使用 e_j 表示信息熵值，计算公式为 $e_j = -\frac{1}{\ln m}\sum_{i=1}^{m}(\omega_{ij} \times \ln \omega_{ij})$，$0 \leqslant e_j \leqslant 1$，$m$ 为年数；信息熵冗余度用 d_j 表示，计算公式为 $d_j = 1 - e_j$。

第四步，根据信息熵冗余度计算具体指标的权重，$\varphi_j = \frac{d_j}{\sum_{j=1}^{n} d_j}$，$n$ 为评价指标体系全部具体指标的数量。

三、就业质量水平总体呈现稳中有升、逐步向好态势

使用 1994—2017 年全国样本数据，对表 2.1 中的七项具体指标作描述性统计分析，计算结果如表 2.2 所示，全部数据来自《中国统计年鉴（1995—2018）》《中国劳动统计年鉴（2002—2018）》《中国工会统计年鉴（2011）》《国民经济和社会发展统计公报（2005—2018）》《人力资源和社会保障事业发展统计公报（2001—2018）》《全国安全生产情况的通报（1994—1997）》《全国伤亡事故统计（2000—2002）》等公开出版物，使用 Stata12 进行全部计算。

表 2.2　具体指标及全国样本数据的描述性统计分析

具体指标	指标定义	平均值	中位数	最大值	最小值	标准差
失业率 u	城镇登记失业率（%）	4.08	4.10	4.30	3.60	0.16
单位就业人数比例 empru	城镇单位就业人员数/当年城镇就业人员数（%）	42.51	41.73	47.35	37.63	2.64
工伤事故死亡率 injr	工矿商贸十万就业人员生产安全事故死亡率（%）	2.63	2.40	4.61	1.07	1.12
人均周工作小时数 timew	城镇就业人员调查周平均工作时间（小时/周）	45.97	46.10	47.80	44.60	0.92
最低工资标准占平均工资比例 minwr	最低工资标准占城镇职工月平均工资的比例（%）	28.67	28.04	34.06	25.04	2.39
社会保险覆盖率 insur	城镇职工基本养老保险覆盖率、医疗保险覆盖率、工伤保险覆盖率、失业保险覆盖率、生育保险覆盖率的算术平均数（%）	19.18	19.16	31.01	9.46	7.04
人均劳动争议案件发生率 case	当期劳动争议案件受理数/当年全国就业人员数（%）	0.07	0.08	0.12	0.02	0.03

说明：全部七项指标的数据是 2001—2017 年，除了“人均周工作小时数”，其他指标的数据时间还可以追溯到 1993 年。“最低工资标准占平均工资比例”指标的数据是 2001—2017 年，各年份数值由当年全国各省、自治区、直辖市该指标值加权平均得到，权重为各省、自治区、直辖市当年就业人员数占全国就业人员数的比例。全国各省、自治区、直辖市历年数值由该地当年最低工资标准（平均值）除以城镇职工月平均工资得到。上海于 1993 年最早发布最低工资标准，1994 年北京、辽宁、浙江、福建、海南、贵州等地陆续发布最低工资标准，1995 年除吉林、黑龙江、西藏、甘肃外，各省、自治区、直辖市都发布了最低工资标准。

鉴于“人均周工作小时数”指标值的起始年份为2001年，故而立足2001—2017年全国样本数据，计算各年度我国就业质量水平指数。

依据公式（1），形成我国就业质量水平指数的计算公式（2）如下：

$$S_i = 0.1835 \times u_i + 0.1059 \times empru_i + 0.1286 \times injr_i + 0.1004 \times timew_i + 0.1451 \times min\,wr_i + 0.2063 \times insur_i + 0.1303 \times case_i \quad (2)$$

$$i = 2001, 2002, \cdots, 2017$$

据此，2001—2017年我国就业质量水平指数的计算结果如表2.3所示，由于对选取的指标作了正规化处理，就业质量水平指数的取值范围在（0，1）之间。图2.1绘制了2001—2017年我国就业质量水平指数值的变化趋势。

表2.3　2001—2017年我国就业质量水平指数

年份	具体指标的分值							我国就业质量水平指数
	失业率	单位就业人数比例	工伤事故死亡率	人均周工作小时数	最低工资标准占平均工资比例	社会保险覆盖率	人均劳动争议案件发生率	
2001	0.1835	0.0981	0.0421	0.0910	0.1451	0.0000	0.1303	0.6902
2002	0.0787	0.0730	0.0193	0.0816	0.1222	0.0038	0.1254	0.5039
2003	0.0000	0.0562	0.0000	0.0753	0.0819	0.0087	0.1183	0.3405
2004	0.0262	0.0467	0.0174	0.0722	0.0993	0.0206	0.1127	0.3952
2005	0.0262	0.0447	0.0276	0.0000	0.0483	0.0317	0.1039	0.2824
2006	0.0524	0.0407	0.0465	0.0170	0.0933	0.0464	0.1036	0.3999
2007	0.0787	0.0364	0.0567	0.0722	0.0630	0.0624	0.0983	0.4676
2008	0.0262	0.0297	0.0650	0.1004	0.0488	0.0792	0.0408	0.3903

续表

年份	具体指标的分值							我国就业质量水平指数
	失业率	单位就业人数比例	工伤事故死亡率	人均周工作小时数	最低工资标准占平均工资比例	社会保险覆盖率	人均劳动争议案件发生率	
2009	0.0000	0.0302	0.0803	0.0973	0.0000	0.0928	0.0428	0.3433
2010	0.0524	0.0000	0.0901	0.0251	0.0245	0.1083	0.0571	0.3576
2011	0.0524	0.0272	0.0992	0.0502	0.0440	0.1259	0.0594	0.4584
2012	0.0524	0.0375	0.1079	0.0471	0.0389	0.1403	0.0512	0.4752
2013	0.0524	0.1059	0.1123	0.0377	0.0595	0.1516	0.0475	0.5669
2014	0.0524	0.0966	0.1192	0.0377	0.0280	0.1604	0.0398	0.5341
2015	0.0524	0.0770	0.1286	0.0722	0.0458	0.1667	0.0240	0.5667
2016	0.0787	0.0604	0.1056	0.0534	0.0251	0.1758	0.0218	0.5207
2017	0.1049	0.0427	0.1079	0.0471	0.0243	0.2063	0.0000	0.5331

说明：在选定期内，就业质量水平指数的高低仅表示一个相对水平，而非一个绝对量，也就是说，改变选定期，同一年份的就业质量水平指数会有所不同。

通过计算 2001 年以来我国就业质量水平指数值，如表 2.3 和图 2.1 所示，2001—2017 年我国就业质量水平指数值总体呈现稳中上升、逐步向好的走势。就业质量提升的基本面稳固，尽管有个别几个“V 型”走势，但还是短暂的回调式波动，就业质量提升的趋势没有改变。从我国就业质量水平指数值的具体变化来看，2001 年为最高值 0.6902，2005 年为最低值 0.2824。2007 年出现一个小波峰，回升至 0.4676，随后又出现下降，2009 年降至 0.3433。但就业质量水平筑底态势明显，之后年份再次回升，2013 年升至第二高位 0.5669，2014 年小幅回落，2015 年再次回升到第三高位 0.5667，2016 年再

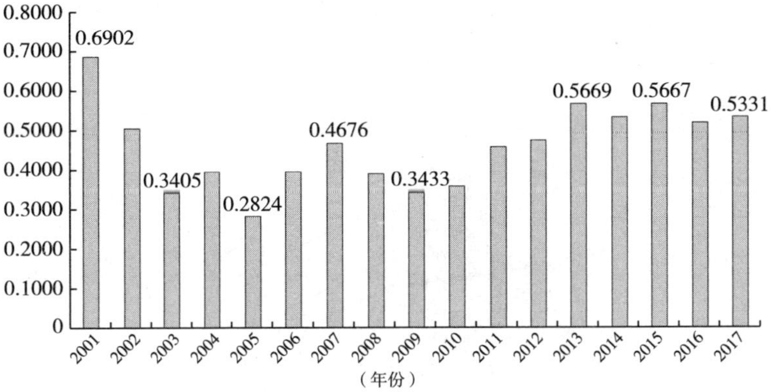

图 2.1　2001—2017 年我国就业质量水平指数值的变化

资料来源："就业质量水平指数"为本章计算结果。

次小幅回落，2017 年又再次回升至 0.5331。

此外，从七个就业质量具体指标对总体就业质量水平的贡献度来看，2001—2017年贡献度最大和最小的前三个指标都出现了变化。首先，2001 年，对就业质量水平贡献度最大的前三个指标依次是失业率（贡献度为 26.59%）、最低工资标准占平均工资比例（贡献度为 21.02%）和人均劳动争议案件发生率（贡献度为 18.88%），到 2017 年，对就业质量水平贡献度最大的前三个指标依次是社会保险覆盖率（贡献度为 38.69%）、工伤事故死亡率（贡献度为 20.25%）和失业率（贡献度为 19.67%）。2017 年七个就业质量具体指标对就业质量水平的贡献度比较如图 2.2 所示。与前者情况相似，2001 年，对就业质量水平贡献度最小的三个指标依次是社会保险覆盖率（贡献度为 0）、工伤事故死亡率（贡献度为 6.11%）和人均周工作小时数（贡献度为 13.19%），到 2017 年，对就业质量水平贡献度最小的三个指标（即倒数后三个指标）依次是人均劳动争议案件发生率（贡献度为 0）、最低工资标准占平均工资比例（贡献度为 4.55%）和单位就业人数比例（贡献度为 8.01%）。

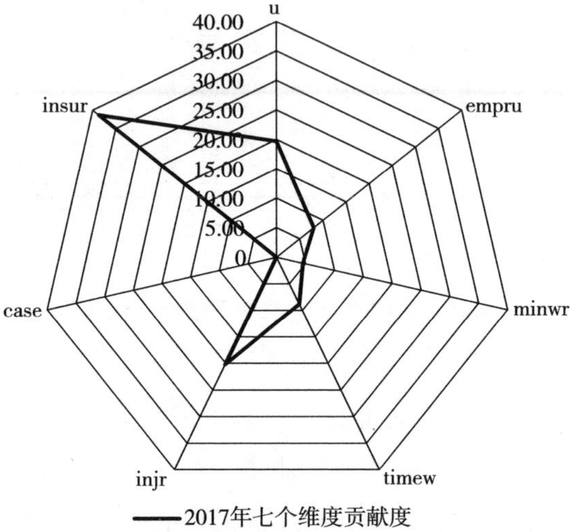

图 2.2　2017 年七个就业质量具体指标对就业质量水平的贡献度比较

说明：英文字母表示七个具体指标的缩写表达，具体参见表 2.1。

资料来源："就业质量水平指数"为本章计算结果。

第三节　对我国就业质量水平的判断

一、就业质量水平提升仍存在很大空间

经过上文的计算处理，我国就业质量水平指数在（0，1）的区间，其中，最大值 1 和最小值 0 都是极限状态。由于就业质量水平指数并无统一的评判标准，故而此处将最大值 1 定义为高水平，最小值 0 定义为低水平，并在（0，1）区间内分

为五等，公差为0.2，形成了就业质量水平指数参照的标准表（表 2.4）。基于此，对应表 2.4 的标准区间，就可以将2001—2017年就业质量水平指数值进行归类，判断历年就业质量水平状况，如表 2.5 所示，2001 年，我国就业质量水平指数值为 0.6902，属于 $0.6 < S_i \leq 0.8$ 的区间，因而该年就业质量达到较高水平。2003—2006 年的 4 年里，我国就业质量水平指数值先后为 0.3405、0.3952、0.2824 和 0.3999，都属于 $0.2 < S_i \leq 0.4$ 的区间，因而这 4 年就业质量仅达到较低水平。与前者情况类似，2011 年以来，我国就业质量水平指数值都属于 $0.4 < S_i \leq 0.6$ 的区间，2017 年就业质量水平指数值为 0.5331，即当前我国就业质量尚且达到了基本水平的状态，仍有很大的提升空间。

表 2.4　就业质量水平指数的标准值

就业质量水平状况	高水平	较高水平	基本水平	较低水平	低水平
就业质量水平指数 S_i	$0.8 < S_i \leq 1$	$0.6 < S_i \leq 0.8$	$0.4 < S_i \leq 0.6$	$0.2 < S_i \leq 0.4$	$0 < S_i \leq 0.2$

表 2.5　2001—2017 年我国就业质量水平状况的判断

年份	我国就业质量水平指数值	标准的区间	就业质量水平状况
2001	0.6902	$0.6 < S_i \leq 0.8$	较高水平
2002	0.5039	$0.4 < S_i \leq 0.6$	基本水平
2003	0.3405	$0.2 < S_i \leq 0.4$	较低水平
2004	0.3952		
2005	0.2824		
2006	0.3999		
2007	0.4676	$0.4 < S_i \leq 0.6$	基本水平

续表

年份	我国就业质量水平指数值	标准的区间	就业质量水平状况
2008	0.3903	$0.2 < S_i \leq 0.4$	较低水平
2009	0.3433		
2010	0.3576		
2011	0.4584	$0.4 < S_i \leq 0.6$	基本水平
2012	0.4752		
2013	0.5669		
2014	0.5341		
2015	0.5667		
2016	0.5207		
2017	0.5331		

资料来源："就业质量水平指数"为本章计算结果。

此外，以7个维度具体指标的现状值（2017）为依据，对标我国的标准值，乃至世界其他国家和地区，尤其是发达国家和地区（中高收入国家和地区）的同等或同类指标值水平或经验值①，比较发现我国就业质量各指标值存在一定的差距，显示出指标背后的就业质量状况堪忧。如表2.6所示，2017年，我国单位就业人数比例、最低工资标准占平均工资比例、社会保险覆盖率三个正向指标值，都明显低于标准值（经验值），而工伤事故死亡率、人均周工作小时数、人均劳动争议案件发生率三个负向指标值，都明显高于标准值（经验值），表明就业质量在上述维度上的水平偏低。尽管失业率和人均劳动争议案件发生率处于标准值（经验值）的取值

① 标准值及经验值主要参照最近年份世界中等偏上收入国家的平均水平，同时引用我国相关领域的法律法规、国家标准换算得到。具体指标的实际值同标准值或经验值越接近，则说明就业质量在此维度上的水平越高。

范围内，但是两者依然是反映就业质量水平不高的重要方面。

表 2.6　具体指标的现状值与标准值的比较

具体指标	现状值	标准值（经验值）
失业率（%）	3.9	国家统计局提出 2020 年“全面建设小康社会统计监测指标体系”,① 失业率在 3% ~6%。
单位就业人数比例（%）	41.55	根据《国际统计年鉴 2017》，2015 年世界国家城镇单位（全日制）就业人数占比平均为 51.7%，其中世界高收入和中等偏上收入国家都在 70% 以上。有研究显示，发达国家如美、英、法、德等国，非全日制（非单位）就业人数在就业总人数中的比重约为 7.9% ~29%，其中，荷兰最高，达到 29.1%；发展中国家一般也在 30% 以下，比例较高的墨西哥，约为 28%。②
工伤事故死亡率（%）	1.64	根据《国际劳工统计年鉴 2017》，2016 年世界多数高收入和中等偏上收入国家十万人死亡率在 2% ~6%。调整国外统计指标分子分母的统计口径③，与我国统计数据建立可比性。根据《国际统计年鉴 2017》，高收入和中等偏上收入国家工矿行业就业人员数比例平均约为 21.5%。因此，估算高收入和中等偏上收入国家“十万就业人员死亡率”在 0.4% ~1.3%。

① 可进一步参阅：文兼武．中国全面小康的指标与实践思考［R］．//舒富民主编．中国全面小康发展报告．北京：社会科学文献出版社，2006.

② 可进一步参阅：方晔．国外的灵活就业［J］．劳动保障通讯，2009（4）．

③ 我国工矿商贸事故不涵盖所有职业性伤亡事故（未将火灾、道路交通、水上交通、铁路交通、民航、农业机械、渔业船舶等领域的生产过程中的职业伤亡人员包括在内），导致该指标分子统计范围较分母中的第二和第三产业的统计范围要小，而国外该指标分子与分母的统计口径一致。

续表

具体指标	现状值	标准值（经验值）
人均周工作小时数（小时）	46.3	《劳动法》第四章第三十六条规定，国家实行劳动者每日工作时间不超过八小时、平均每周工作时间不超过四十四小时的工时制度。各国关于劳动时间的立法，在普遍实行8小时工作制的基础上，相继改革工时制度，将周工作时间由6天48小时缩减到5天40小时乃至35小时。国际劳工组织规定，每周工作时间为40小时。①
最低工资标准占平均工资比例（%）	26.55	《深化收入分配制度改革若干意见的通知》要求，到2015年绝大多数地区最低工资标准达到当地城镇从业人员平均工资的40%以上。按照国际惯例，最低工资标准一般是月平均工资的40%～60%。②
社会保险覆盖率（%）	31.01	实现劳动者社会保险全覆盖是我国社会保障体系建设的发展目标。③
人均劳动争议案件发生率（%）	0.12	按照世界银行2017年划分国家收入的标准，来自国际劳工组织（ILO）统计，2016年世界高收入国家人均劳动争议案件发生率均在0.02%以下，中等偏上收入国家在0.02%～0.2%。④

① 可进一步参阅：郭厚平．论我国劳动者休息权的法律保障［D］．安徽：安徽大学经济管理学院，2011：13－15.

② 可进一步参阅：刘金祥．调整最低工资标准科学性的探讨［J］．中国劳动，2010（12）；韩琳．最低工资标准评价及调整机制研究［D］．上海工程技术大学，2010：32－35.

③ 对于该目标的最新阐述，可进一步参阅：国务院发展研究中心课题组．民生为本——中国基本公共服务改善路径［R］．北京：中国发展出版社，2012：181.

④ 可进一步参阅：曹兆文．国际劳工组织体面劳动衡量指标探要［J］．人口与经济，2011（6）．

二、就业质量水平变化凸显“福利刚性”特征

以人均国内生产总值指数表示经济增长水平，比较我国就业质量水平指数和人均国内生产总值指数同期变化情况如图 2.3所示，发现就业质量水平的波动与经济增长水平的波动都存在一定的周期性，但两者的周期并非同步；就业质量水平的变化轨迹类似“W 型”，经济增长水平的变化轨迹类似“倒 V 型”，表明经济增长有利于就业质量水平提高，但是这种正向的带动效应存在 2—3 年的滞后期。2008 年以来，经济增长状况对就业质量水平的变化显示出了较强的预测作用。2001—2005 年，两者呈现相反的变动态势，受到就业和劳动关系政策改革的冲击，就业质量水平逆经济增长的态势而下降；2005—2010 年，两者走势趋同，经济增长水平的变化起到了预期就业质量水平变化的“信号”作用。

但是，制度和政策调整对就业质量水平的影响存在延迟性，2011 年，我国经济增长速度放缓，而就业质量水平仍然保持上升惯性。2010 年以后，人均国内生产总值指数明显回调，一方面是经济新常态下，经济增速有所回落，另一方面是供给侧结构性改革深入推进，局部地区和行业的波动有所加剧，经济指标出现下划滑，但就业质量水平指数继续保持稳中上升走势，显示出就业质量作为民生领域的最大“福利”，其总体的变动表现出了显著的福利刚性特点，尤其是在经济新常态下，“刚性给付”的状况并未受到太大的影响。

可见，新时代要进一步提升就业质量水平，一方面要注重稳定和落实现有的劳动就业政策，保持政策的延续性，另一方面应重点解决当前就业质量领域的突出问题、热点问题和难点

问题，有侧重、有选择地调整完善相关领域的政策措施。

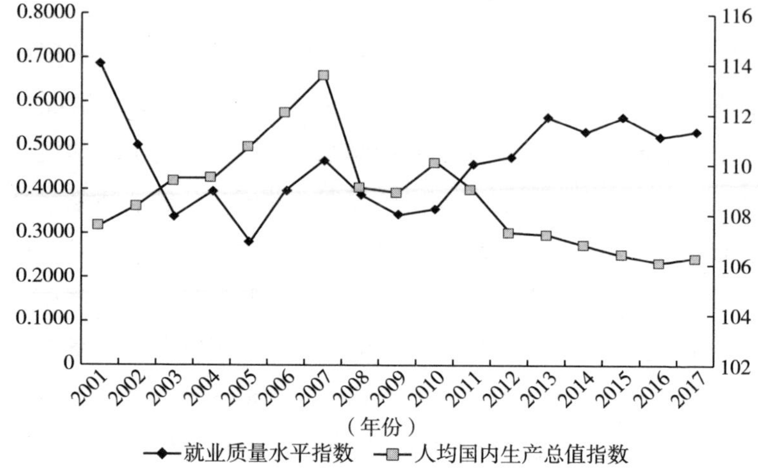

图 2.3　我国就业质量水平与经济增长水平的变化情况

说明：左侧纵轴刻度对应就业质量水平，右侧纵轴刻度对应经济增长水平。后者按不变价格计算，上年 = 100。

资料来源："就业质量水平指数"为本章计算结果；"人均国内生产总值指数"源于《中国统计年鉴 2018》。

第四节　就业质量领域的问题和隐忧

结合具体指标来看我国目前存在的主要就业质量问题，可以概括为以下七个：

一、就业压力不减，频繁出现的歧视现象扰乱公平就业环境

1994 年以来，城镇登记失业率总体呈逐步上升趋势，1994 年为 2.8%，2001 年升至 3.1%，2003 年和 2009 年都高

达4.3%，2017年降至3.9%。1994—2017年我国城镇登记失业率的变化如图2.4所示。受到宏观经济因素影响，城镇失业人员和就业困难人员实现再就业难度加大，城镇登记失业人口绝对数量增加。2017年城镇登记失业人数为972万人，在登记失业率比2015年低0.2个百分点的条件下，失业人口绝对量增加了20万人，就业形势更加严峻。

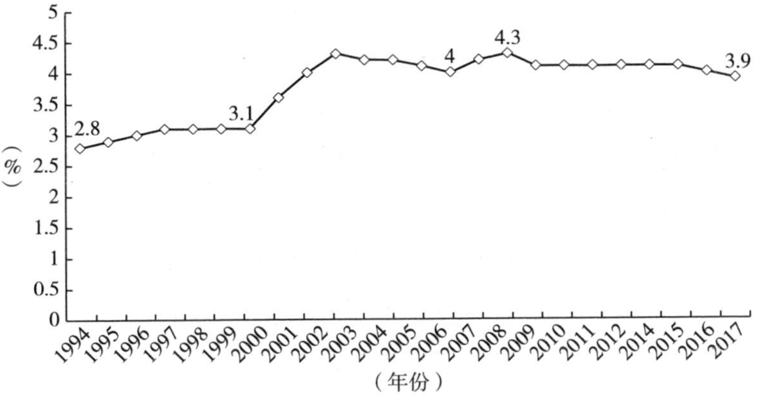

图2.4　1994—2017年我国城镇登记失业率的变化（单位：%）

资料来源：中国统计年鉴2018。

与此同时，就业歧视现象普遍，公平市场环境亟待改善。目前，就业歧视仍是我国劳动力市场的突出问题，它影响了就业机会的公平性。

我国的就业歧视问题有其特殊性。在从计划经济体制向市场经济体制转变的过程中，由于受到历史、传统等多种因素的影响，传统的体制分割尚未被完全打破，进而出现了形式多样的就业歧视现象，尤其是重点群体遭遇的就业歧视十分突出，使得就业更加困难。主要表现有：一是户籍歧视，主要针对流动人口，许多岗位只对本地户籍或非农业户籍开放，农民工会因其农业户籍而遭受歧视；二是年龄歧视，许多用人单位在人员招募中设立了年龄限制，但又缺乏必要的理由；三是性别歧视，由于身体条件的限制以及生育需要中断工作等因素，女性在劳动力市场遭受歧视现象比较严重；四是院校歧视，用人单位在招聘高校毕业生时，更加看重本科毕业的院校，往往硬性要求非“211”或“985”高校毕业的学生不录用，是典型的“出身论”，甚至在国家机关公务员招考过程中也存在歧视现象，如中国政治大学宪政研究所调查发现，2011 年中央国家机关公务员招考所涉及的 9762 个岗位中，由于存在制度性的健康歧视和年龄歧视，两种类型的就业歧视比例均为 100%。①

我国劳动力资源总量大，且总体素质较低，这在一定程度上为就业歧视提供了便利条件。在经济下行、就业市场供求矛盾比较突出的情况下，各种显性或隐性的就业歧视现象往往会有所抬头，劳动者更容易体会到不公，个别人群就业难度会加大。

二、单位就业比例逐步减小，劳动者就业稳定性下降

1994 年以来，城镇单位就业人数占比总体呈现逐年显著下降的趋势，1994 年为 81.80%，2010 年为 37.63%，2011 年回升至 40.13%，2013 年升至近年来的最高值 47.35%，但是到 2017 年又下降至 41.55%。1994—2017 年我国城镇单位就业人数占比的变化如图 2.5 所示。在城镇就业人数逐年递增的

① 资料来源：中国政法大学宪政研究所：《2011 年国家公务员招考中的就业歧视调查报告》，http：//edu.qq.com/a/20111125/000311.htm，2011。

背景下，非单位就业人数的大幅增加是导致该指标值下降的主要原因。1994—2017 年，非单位就业人数从 3394. 47 万人攀升至 24818. 2 万人，涨幅高达 6. 3 倍。非单位就业者数量高开，反映了非正式工作安排普遍存在，在这一条件下，劳动者缺乏足够的社会保障和劳动保护，工资收入低，劳动时间长，劳动条件差，还面临比较严重的基本劳动权益被侵害的现象，这同劳动者对于劳动条件的更高要求，形成鲜明反差，造成就业稳定性下降。

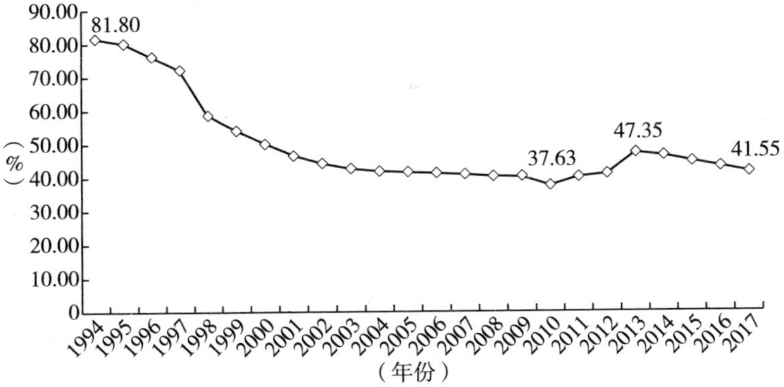

图 2. 5　1994—2017 年我国城镇单位就业人数占比的变化（单位：%）

资料来源：中国劳动就业统计年鉴 2017。

随着我国市场化的发展，特别是从计划经济向市场经济的转变，劳动力市场经历了从高度计划性、高度稳定的模式向高度流动性和不稳定性的转变。例如，有研究发现 2002 年与 1995 年相比，稳定就业的比重从 94. 07% 下降到 74. 46%（该文中的稳定就业是指固定职工和长期合同工，其他作为非稳定就业）（表 2. 7）。近年来的许多调研也发现，东部地区许多制造业企业的员工流动性很高，不少达到 30%、

70% 甚至 100% 的水平。

表 2.7　2002 年与 1995 年相比就业稳定性的变化

	1995 年		2002 年	
	人数（人）	百分比（%）	人数（人）	百分比（%）
企事业单位的固定职工	8877	75.06	5068	52.51
长期合同工	2249	19.02	2118	21.95
临时工或短期合同工	311	2.63	1103	11.43
没有合同的员工	/	/	730	7.56
从事私营或个体经营人员	67	0.57	314	3.25
其他	323	2.73	318	3.29
稳定就业	11126	94.07	7186	74.46
非稳定就业	701	5.93	2465	25.54
合计	11827	100	9561	100

注：在企事业单位的固定职工中包括国家干部和公务员。

不同行业的就业稳定性也呈现出了很显著的差别。与前面研究的结果不同，本章重点关注和分析的“就业稳定性”，并不是从各岗位的特征，比如是否签订了劳动合同来定义就业稳定性，而是从劳动者在同一岗位上的就业时间反映就业稳定性。引用中国家庭追踪调查（2012）中的相关数据加以说明，在该项调查中有一个问题，内容是最主要工作的起始时间（多数劳动者在调查时本岗位仍在继续进行），据此可以计算出观测样本在各行业的平均工作时间和分布情况。

表 2.8　2012 年各行业就业稳定性的比较

行业	平均已经工作时间（年）	观察值个数
农林牧副渔	4.2	189
采矿业	6.9	292
制造业	5.9	3014
电力燃气水	10.4	137
建筑业	7.3	1530
交通运输和仓储业	7.3	494
信息传播、计算机	4.9	101
批发和零售业	4.5	930
住宿和餐饮业	3.4	380
金融业	6.6	150
房地产业	5.7	147
租赁和商务服务业	5.1	133
科学研究和技术服务业	8.3	73
水利、环境设施管理业	7.5	112
居民服务和其他服务业	5.1	252
教育	11.9	487
卫生、社会保障	10.8	202
文化、体育和娱乐	6.8	97
公共管理和国际组织	10.0	609
其他行业	9.0	38
未注明行业	0.6	2289
平均/合计	6.8	11656

资料来源：中国家庭追踪调查（2012）。

由表 2.8 可见，不同行业的稳定性有较大的差别。例如，就业稳定性最差的是住宿和餐饮业，被调查者在此行业平均工作了 3.4 年，这与该行业主要就业人员多数是非正规的特性有关。然而，教育行业、公共管理、电力燃气水等行业的平均工作年限最长，符合这些行业工作稳定性较强的特征。值得关注的是，制造业的平均工作时间是5.9年，处于各行业居中的水平。

最后，不同行业的就业持续时间分布也不相同，例如住宿和餐饮业的时间分布集中于年限较短的时期，而教育和政府部门则分布得更平均和分散。

三、工伤事故死亡率有所下降，但工作安全性依然不高

1994年以来，工矿商贸十万就业人员生产安全事故死亡率总体呈现逐年显著下降的趋势，1994年为6.57%，2000年降至3.24%，2003年又攀升至4.61%，随后逐年稳步下降，2015年降至最低值1.071%，2017年又增至1.639%，同1994年的6.57%相比，降幅达到75%。1994—2017年工矿商贸十万就业人员生产安全事故死亡率的变化如图2.6所示。

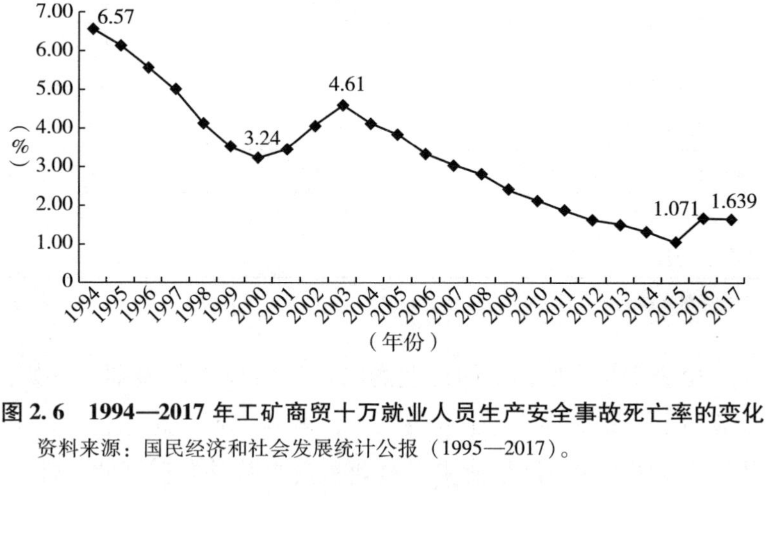

图2.6　1994—2017年工矿商贸十万就业人员生产安全事故死亡率的变化

资料来源：国民经济和社会发展统计公报（1995—2017）。

然而，参照发达国家的一般情况，我国工伤事故死亡率仍然处于高位。在全球范围，每天有 3000 人死于工作，每分钟有 2 人因工伤导致死亡。[①] 据国际劳工组织的估计，劳动疾病到 2020 年将翻一番，而在这些工伤事故和职业危害中，发展中国家所占比例甚高，事故死亡率比发达国家高出 1 倍以上，比其他少数国家或地区高出 4 倍以上。[②] 我国是发展中国家，目前经济正处在快速发展时期，生产力水平较低，安全生产基础薄弱，工伤事故发生率偏高，工伤事故形势相当严峻。同时，较大事故数量有所回升。2017 年，全国非煤矿山共发生较大事故 15 起、死亡 63 人，同 2016 年比分别增加 8 起、33 人，分别上升 114. 3% 和 110. 0% 。2013—2017 年较大事故及其变化趋势如图 2. 7。

四、人均周工作小时数增加，劳动者休息休假权保护不足

2001 年以来，城镇就业人员调查周平均工作时间（简称“城镇周平均工时”）总体呈现增长势头，2016 年已经超过 46 个小时。城镇周工作时间延长，一方面与宏观经济形势密切相关，经济形势向好，企业订单饱和，工作时间加长；另一方面也表明，就业法律法规中有关工时制度的规定未能完全落实或执行乏力，就业法规制度对劳动者休息休假权的保护不够。

---

① 王显政. 安全生产与经济社会发展报告［M］. 北京：煤炭工业出版社，2006：10.

② ILO（2010）. Yearbook of Labour Statistics（59th edition）. 2009（Hard cover）.

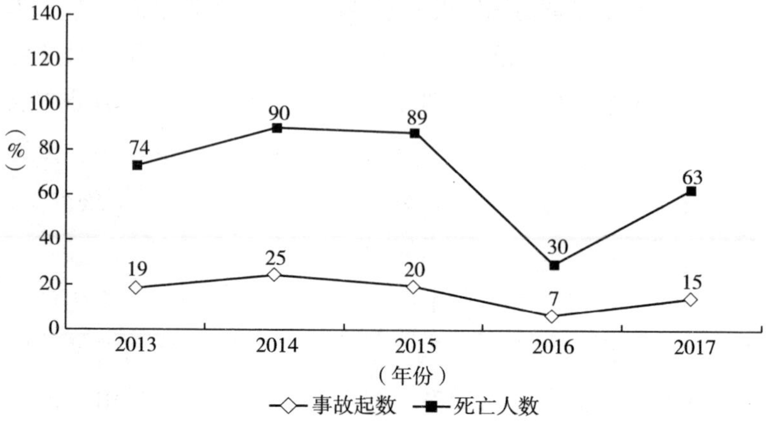

图 2.7　2013—2017 年较大事故及其变化趋势图

资料来源：2017 年全国非煤矿山生产安全事故统计分析报告［R］. 应急管理部网站，http：//www. chinasafety. gov. cn/gk/jsts/201805/t20180504_ 204221. shtml.

实际上，劳动和休息时间的合理平衡以及劳动环境安全，是衡量就业质量的重要指标。目前，由于我国劳动标准执行以及监管不到位，私营企业劳动者工资水平低，导致不少员工不得不通过加班、兼职等方式延长工作时间来赚取更多收入，以维持个人及家庭生活的需要。2016 年 9 月，全国城镇就业人员调查周平均工作时间为 46.1 小时，其中制造业、建筑业、批发和零售业、住宿和餐饮业等民营企业员工较多的行业，周平均工作时间分别为 48.9 小时、49.7 小时、50.5 小时、51.4 小时，分别高出全行业周平均工作时间 4.9%、6.7%、8.4%、10.3%。同期金融业与电力、热力、燃气及水生产和供应业的周平均时间都为 43.5 小时，比平均值低 6.7%。[①] 从人群来看，部分劳动者工作时间更长，根据国家人口和计划生

① 资料来源：中国劳动统计年鉴 2017。

育委员会的调查，流动人口的工作时间普遍较长，平均每周工作 54.6 小时。①

在劳动时间过长的同时，部分劳动者还不得不在较差的劳动条件下工作。根据中华全国总工会组织的一项问卷调查，36.5% 的新生代农民工面临高温、低温作业问题，41.3% 的新生代农民工的工作环境中存在噪音污染，36% 的新生代农民工的工作环境存在容易伤及肢体的机械故障隐患，存在粉尘污染问题的有 34.7%。② 但是，用人单位并未按照国家职业安全卫生标准采取积极的防护措施。以工作环境存在粉尘污染的新生代农民工为例，用人单位为其采取防护措施的仅占 27.2%。19.8% 表示用人单位从未向其发放过劳动保护用品，19.4% 反映其劳动保护用品不能足量或及时发放，20.7% 表示未接受过用人单位组织的安全生产培训。国家安全监管总局从 2012 年 5 月开始在天津市、黑龙江省、江苏省、广东省开展工矿商贸企业职业卫生统计试点工作，根据上报数据得出的结论，试点地区职业卫生健康形势严峻，工矿商贸企业工作场所职业病危害较为严重，煤炭、铁道、有色金属和建材行业企业粉尘、噪声等职业病危害因素接触率较高。③

① 资料来源：中国流动人口发展报告 2014。

② 资料来源：2013 年企业新生代农民工状况调查及对策建议 [EB/OL]. 中华全国总工会新闻，2014 - 02 - 21，http：//www. china. com. cn/gonghui/2014 - 02/21/content_ 21965468. htm.

③ 资料来源：国家安全监管总局办公厅．关于工矿商贸企业职业卫生统计试点工作情况的通报 [EB/OL]．国家安全监管总局网站，2012 - 12 - 13，http：//www. chinasafety. gov. cn/newpage/Contents/Channel _ 5946/2012/1213/203149/content _ 203149. html.

五、最低工资占平均工资比例大幅下降，一线劳动者工资收入过低

1995 年以来，最低工资标准占城镇职工月平均工资的比例（以下简称最低工资标准占比）呈明显下降态势。从全国层面看，如图 2.8 所示，1995 年最低工资标准占比为 38.65%，1997 年为最高值 40.95%，随后逐年下降，2009 年降至最低值 25.04%，之后年份略有回升，2013 年达到近年来的最高点 28.74%，2014 年稍微回落后，2015 年回升至第二高点 27.89%。

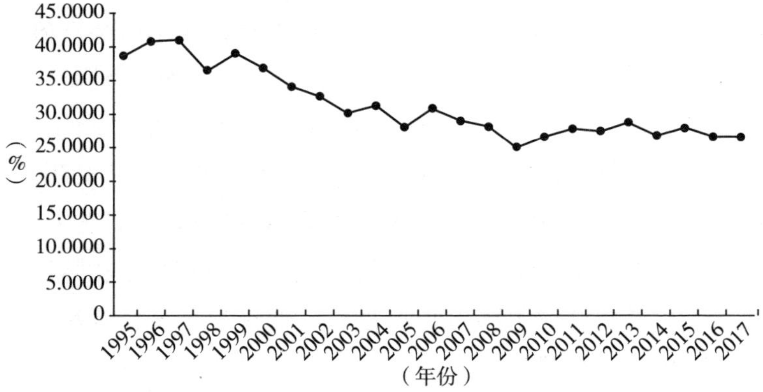

图 2.8　最低工资标准占平均工资比例的历年变化趋势（单位：%）

资料来源：按照本章的部分计算结果绘制。

从各地情况看，最低工资标准占比普遍出现下降，2011 年与 1995 年相比，江西、海南的该指标值降幅超过 50%，北京、陕西、上海的该指标降幅超过 40%。10 省市最低工资标准占城镇职工月平均工资的比例变动如表 2.9 所示，以 10 个省市为样本，包括 2 个直辖市（北京、上海）、3 个东部地区省份（江苏、广东、海南）、2 个中部地区省份（湖北、江

西）、2 个西部地区省份（陕西、青海），以及 1 个东北地区省份（辽宁）。1995 年各地最低工资标准占比基本在 35% 以上，北京最低，为 35.36%，海南最高，为 51.69%。1997 年，海南保持最高，达 52.97%，一些地区的最低工资标准占比已经下降，青海降幅最大，超过 7 个百分点。2009 年，江苏最低工资标准占比最高，为 25.56%，北京最低，仅有 16.62%。2011 年，湖北最低工资标准占比最高，为 30.72%，北京持续最低，仅有 18.44%。2016 年，江西最低工资标准占比最高，为 29.29%，北京依然是最低，仅有 17.21%。

职工月平均工资的年均增长率大大高于最低工资标准的增长率，是导致最低工资标准占比下降的主要原因。从各地区 1995—2016 年 21 年来职工月最低工资标准的年均增长率看，基本在 20% ~35% 的区间，上下限跨度接近 15 个百分点，多数地区在 27% ~34% 的区间。如表 2.9 所示，在 10 个省市的例子中，1995—2016 年，职工月最低工资标准的年均增长率最高的是江西省，该省 21 年的职工月最低工资标准平均增长率达到 34.78%，最低的是海南省，该省 21 年的职工月最低工资标准平均增长率只有 23.12%。然而，从职工月平均工资的年均增长率看，基本在 35% ~65% 的区间，上下限跨度接近 35 个百分点，远远大于各地职工月最低工资标准年均增长率的跨度区间，但是多数地区职工月平均工资的年均增长率在 50% ~60% 的区间。如表 2.9 所示，在十个省市的例子中，1995—2016 年，职工月平均工资的年均增长率最高的是北京市，该市 21 年的职工月平均工资的年均增长率达到 65.36%，最低的是广东省，该省 21 年的月最低工资标准平均增长率只有 36.98%。

表 2.9　十省市最低工资标准占城镇职工月平均工资的比例变动（单位:%）

省、自治区、直辖市	最低工资标准占平均工资比例					职工月最低工资标准的年均增长率（1995—2016年）	职工月平均工资的年均增长率（1995—2016年）
	1995年	1997年	2009年	2011年	2016年		
北京	35.36	31.58	16.62	18.44	17.21	29.37	65.36
辽宁	43.98	45.07	23.20	29.56	27.15	28.77	49.55
上海	34.92	33.09	19.75	20.32	21.91	33.86	56.79
江苏	42.40	47.27	25.56	25.59	22.10	25.12	52.59
江西	47.02	44.80	24.83	22.02	29.29	34.78	58.72
湖北	43.54	44.44	25.99	30.72	26.05	31.62	56.05
广东	37.09	37.12	25.17	28.63	26.67	25.26	36.98
海南	51.69	52.97	26.87	25.00	26.21	23.12	50.23
陕西	44.36	42.25	21.92	24.22	26.66	34.07	59.84
青海	38.59	31.31	21.80	26.40	22.71	27.67	50.36

资料来源：按照本章的计算结果整理得到。

六、社会保险覆盖率有所提高，但获得保障的人群依然有限

1993 年以来，社会保险覆盖率（简称“五险”覆盖率）总体呈现递增趋势，1993 年只有 5.35%，到 2017 年，已经达到 31.01%，经过 24 年的时间，社会保险覆盖率提高了近 26 个百分点。分险种看覆盖率，2017 年，城镇职工基本医疗保险覆盖率最高，达到 39.06%，其次是城镇职工基本养老保险

覆盖率，达到 37.70%，覆盖率最低的是失业保险，只有 24.19%。分险种看覆盖率增长的情况，1993—2017 年，城镇职工基本医疗保险覆盖率增长最多，达到 38.9 个百分点，其次是工伤保险，其覆盖率增长了 27.6 个百分点。覆盖率增长最少的是失业保险，24 年间只增长了 12.3 个百分点。

微观调查数据可以更全面地反映职业岗位的社会保障情况。大量微观调查数据显示，城镇职工养老和城镇职工医疗保险覆盖面仍然不高，基本养老保险尚未实现就业人员全覆盖。在我国养老保险体系中，城镇职工基本养老保险和机关事业单位养老保险保障水平最高，虽然个人缴费水平也高，但是对保障劳动者的老年生活作用很大。而城镇居民基本养老保险或新型农村社会养老保险个人缴费水平不高，保障水平也不高。2018 年 8—9 月份，国务院发展研究中心“中国民生指数研究”课题组针对民生问题进行了全国范围 5.1 万份电话调查和八省份 1.3 万份入户调查，从中可以对就业保障状况有更多信息。根据调查结果①，仅有 22.0% 的就业人员参加了城镇职工基本养老保险或机关事业单位养老保险，绝大部分就业人员参加的是城镇居民基本养老保险或新型农村社会养老保险，两者占比合计 64.2%，还有 12.9% 的被调查者没有参加任何基本养老保险。

与养老保险情况类似，我国基本医疗保险也分为保障水平较高的城镇职工基本医疗保险和公费医疗保险、保障水平较低的城乡居民医疗保险（城镇居民基本医疗保险和新型农村合

---

① 资料来源：国务院发展研究中心课题组．中国民生调查 2018［R］．北京：中国发展出版社，2018：112 – 114.

作医疗）。目前，基本医疗保险已经基本实现就业人员全覆盖，没有参加任何医疗保险的劳动者比例仅有 1.9%。但是，参加城镇职工和公费医疗的比例仅为 18.3%，79% 的人员参加的是城乡居民医疗保险。

社会保险覆盖面总体不足、险种发展不均衡，制约了其公共性和保障性，使社会保险在提高劳动者收入安全性、降低工作贫困上的作用不宜高估。由于种种原因，社会保险对相当一部分劳动者群体的覆盖不力，大量的灵活就业人员、非正规就业人员、乡镇企业人员、农村转移就业人员、机关事业单位人员还未参加社会保险，大学生是否应该纳入失业保险的范围，工伤保险、生育保险还没有将全部城镇就业人员纳入进来（王延中，2013）。

七、人均劳动争议案件发生率陡增，劳资矛盾凸显

1994 年以来，人均劳动争议案件发生率总体呈现攀升态势，特别是 2008 年增幅最大。1994—2017 年全国人均劳动争议案件发生率的变化如图 2.9 所示，1994 年全国人均劳动争议案件发生率只有 0.0062%，到 2017 年，该指标值已经达到 0.1240%。在全国就业人员数逐年递增的背景下，劳动争议案件数量大幅增加是导致该指标值攀升的主要原因。据最高人民法院的统计，自 1995 年《劳动法》颁布实施至 2006 年，全国法院审理的劳动争议案件数量每年约以 20% 的速度递增，2006 年之后，案件数量增速攀升至年均增长 30% 左右，特别是 2008 年《劳动合同法》正式颁布实施后，劳动争议案件数量呈井喷式增长，仅当年就比上一年增长了 98%。2017 年，全国各地劳动人事争议调解仲裁机构共处理争议 166.5 万件，

同比下降6.0%；涉及劳动者199.1万人，同比下降12.4%；涉案金额416.4亿元，同比下降11.8%；办结案件157.5万件，同比下降3.6%。案件调解成功率为67.9%，仲裁结案率为95.9%。终局裁决11.1万件，占裁决案件数的33.1%。[①]

企业劳动合同签订率不高是造成劳动人事争议高发多发的一个重要原因。根据国研中心2018年的入户调查结果表明，目前我国劳动合同签订比例仍然偏低，调查结果显示，45.3%的非农就业人员（除专兼业农民、农村自营业和专业管理人员、个体工商户雇主）没有签订劳动合同，签订无固定期限合同的比例仅为7.6%，签订有期限劳动合同的比例为31.6%。按就业类型看，非固定单位的临时务工者有78.8%没有签订劳动合同，66.9%的个体工商户雇员没有劳动合同，民营/私营企业职工和民办非企业单位、非营利组织雇员中没有劳动合同的人分别占41.0%和48.9%。此外，党政机关、社会团体不在编（聘用）职员、教科文卫等失业单位不在编（聘用）职工也分别有26.2%和27.5%的比例没有劳动合同。从近几年全国农民工监测调查数据看，外出农民工与雇主或单位签订劳动合同的比例变化不大，权益保障没有明显改善。其中，农民工就业较为集中的建筑业，与农民工未签订劳动合同的比例居高不下。劳动合同签订比例较低，不利于维护劳动者权益。尽管政府出台措施严厉打击拖欠工资行为，但欠薪现象仍然存在。

劳动关系的和谐直接关系到劳动者主观感受到的就业质

---

① 资料来源：2017年度人力资源社会保障事业发展统计公报［EB/OL］.人力资源和社会保障部网站，2018－05－21，http：//www.mohrss.gov.cn/SYrlzyhs-hbzb/zwgk/szrs/tjgb/201805/W020180521567611022649.pdf.

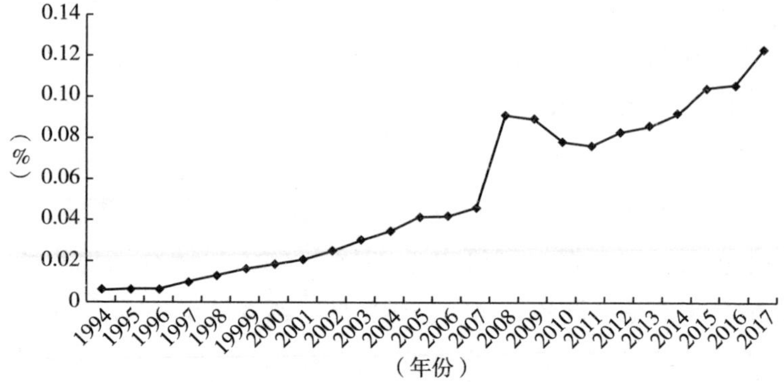

图 2.9　1994—2017 年全国人均劳动争议案件发生率的变化（单位：%）

资料来源：按照本章的部分计算结果绘制。

量。当前及今后一段时期，我国劳动关系都会处于矛盾多发期和凸显期，将不利于我国整体就业质量的提升。但受到多方面因素的影响，我国目前劳动力市场监管体系尚不健全，劳动权益保护力度还待进一步加强。具体的问题如下：

1. 劳动力市场监管法律法规体系不健全

一是法律法规的统一性问题。目前，劳动力市场立法有全国性立法、地方性法规和部门规章。但其中有些内容存在不统一的问题。如劳动合同的违约金设立条件、竞业限制的范围、经济补偿金的标准等各有不同，在现行的《人才市场管理规定》《就业服务与就业管理规定》《劳动保障监察条例》之间存在不统一和不协调的问题等。

二是法律法规的适应性问题。目前，我国的劳动力市场变化迅速，不稳定因素增多，而有关配套法规建设滞后，难以适应劳动力市场瞬息万变的需要，特别是对就业歧视、服务标准、职业培训、竞业避止以及非正规就业等方面的法规亟须建立健全。

三是法律法规的操作性问题。目前，一些劳动力市场监管法规原则性较强，但对判断标准、法律责任等方面缺乏具体规范。比如，对维护农民工合法权益、防止就业歧视、同工同酬等方面主要是原则性规定，而对于如何判断侵权、用人单位应该承担什么责任等缺乏具体内容和判断标准，使监管难以有效实施。

2. 承担行政监管职能机构组织体系不协调

1998 年以前劳动监察工作由劳动部统一监督管理，1998 年国务院机构改革后，新组建的劳动和社会保障部（后组建人力资源和社会保障部）分解了劳动监察的职能，将原劳动部安全生产综合管理、职业安全监察、矿山安全监察的职能交由国家经贸委承担（后成立国家安全生产管理总局），将职业卫生监察（包括矿山卫生监察）的职能交由卫生部承担，将锅炉压力容器监察职能交由国家质量技术监察局承担。这次机构和职能调整，加强了对上述工作的管理。根据《国务院关于机构设置的通知》，人力资源和社会保障部、国家工商行政管理总局、国家安全生产监督管理总局、卫生部、商务部、环境保护部等部门都有相关的人力资源市场监管的立法和执法职能。

但是，由于原劳动监察的行政职能分解为几个部门分别管理，也形成了法律制度上的分别监督管理，从而衍生出监管盲区、监管不力和相互推诿等现象，监管机构组织制度缺乏统筹协调的问题凸显。例如，《劳动保障监察条例》确立的监察范围就局限于劳动和社会保障部的职责范围。劳动安全卫生的监察，由卫生部门、安全生产监督管理部门、特种设备安全监督管理部门分别按照《职业病防治法》《安全生产法》《特种设备安全监察条例》进行监察。上述制度在企业的实施中有些是难以分解、互相交错的，以至于形成有些环节上的职责交叉。目前，随着新型行业和职业不断兴起，潜在危害劳动者身心健康的职业危险逐渐显现，监管体制分割的现实使监管面临更多的新问题。

3. 劳动力市场监管执行机构系统不稳定、不独立

监管作为一种行政权力，必须要有法律的授权。在国外，政府监管机构设立是建立在“立法先行”的基础上的。而我国经济体制和行政体制改革是在法制不健全的条件下开始的，很多监管机构是根据国务院的“三定方案”设立的，缺少立法上的保障。从严格意义上来讲，根据立法和《行政法规制定程序条例》，“三定方案”不算是行政立法，只是国务院办公厅的内部文件（马英娟，2007）。这样在监管机构的设定和执法上就会存在一些问题。一是其授权的效力不足，监管机构的监管权威受到影响；二是“三定方案”的拟定缺乏立法机关和公众参与，不符合立法程序规范和透明度的要求；三是由于机构与立法分离，监管机构的可问责性往往难以落实；四是随意性强，监管职责会随着“三定方案”的调整而在不同机构间改变；五是由于“三定方案”对监管责权规定不严格，会使监管机构之间存在对有关规定的不同理解，从而导致争权或推卸责任的现象。

同时，监管机构的独立性不足。目前，人力资源和社会保障部承担着统筹拟定人力资源管理和社会保障政策、健全公共就业服务体系、完善劳动收入分配制度、组织实施劳动监察等职能（华健敏，2008）。人力资源行政主管部门既负责宏观调控政策的制定，又承担市场监管的职能，是具有典型的政监合一特征的组织模式。在这种体制下，即使是在部门内部单独设立监管机构，但由于受到科层官僚体制的制约，难免会使监管的独立性受到影响。比如，可能由于过多地考虑宏观层面或考虑地方利益，从而影响微观市场监管的客观和公正；监管机构的人事任免和经费来源直接受控于本部门行政领导和行政预算，在面临市场快速变化或突发事件时，市场监管很难作出快速反应。

此外，劳动保障监察力度不足。2013 年底，全国共有劳动保障监察机构 3291 个，配备专职劳动保障监察员 2.5 万人，[①] 但与当年全国 76977 万就业人员、城镇 38240 万就业人员相比，劳动保障监察机构在人、财、物等方面的配备远远不足。最后，民营企业特别是民营小企业的工会组织还待加强，工会的作用发挥得不够充分，集体协商制度覆盖面较窄，集体合同签订率偏低，集体协商机制有待完善。

第五节　新时代提升就业质量的建议

我国主要的就业质量问题，包括劳动者就业压力大、就业稳定性低、工作安全性差、休息休假权保护不足、一线劳动者工资收入过低、社会保障的人群有限，以及劳动关系矛盾纠纷突出等。导致上述问题的原因，一方面是相关体制机制建设依然滞后，如人力资源市场法律法规制度尚不健全、劳动保障监察管理力度不足、公共就业服务体系不完善、转移就业培训投

① 资料来源：2013 年度人力资源社会保障事业发展统计公报［EB/OL］. 人力资源社会保障部网站，2014 - 05 - 29，http：//politics. people. com. cn/n/2014/0528/c1001 - 25077562 - 4. html.

入力度不够、社会保险制度缺乏适应统一劳动力市场的灵活性、劳动关系协调协调机制不健全等；另一方面在加快转变经济发展方式过程中，产业结构调整、经济增速放缓、紧缩性政策持续等在短期内给就业带来了一定冲击，总体上不利于就业质量的提高。

高质量的就业，首先意味着良好的就业状况，就业机会多，就业稳定性高，劳动者能够安全、健康、可持续性地工作；其次意味着合理的劳动报酬，劳动者能公平地获得工资和社会保险，能改善个人及家庭生活；最后还意味着和谐的劳动关系，劳动条件好，劳动者能够平等就业，劳动关系协调机制健全。

因此，现阶段要尽快理顺制约就业质量提高的深层次体制机制矛盾，以实现平等就业为目标，创造公平的就业环境，增加就业机会。相关改革和政策调整应突出重点人群和解决关键问题。比如，非正规就业、灵活就业人员数比例过高，就业不稳定；劳动者权益缺保障，劳资矛盾处理渠道不畅；工资收入水平低，分配不合理。从更长一段时期看，就业质量的难点问题还包括工伤事故死亡率高、失业率高，以及社会保险覆盖面窄等。我国要以实现体面就业为目标，最终形成政府引导、社会监督、市场推动、劳资协商的提高就业质量的多方治理格局，其中，政府的责任是增效公共就业服务管理，促进职业教育和培训内容更好地适应市场需要，改革完善社会保险制度，加强制度的城乡整合、衔接；用人单位的责任是转变人力资源管理方式，促进人性化、精益化管理，改善劳动条件，履行社会责任；而工会、商会、行业协会等各类社会组织的责任是积极发挥组织优势，充分参与劳资关系协调，平衡劳资博弈机制。

同时，劳动力市场的健康发展需要以公平公正的法规和市场监管作为保障。目前，我国劳动力市场监管体系尚不健全，监管机构建设不足，监管职能尚未理顺，除政府部门的行政监管外，缺少行业组织、工会、商会等社团组织的社会监管。而从国外经验看，劳动力市场监管主体主要包括政府行政管理部门和行业协会，监管的方式是通过立法进行间接监管、劳动监察和宏观信息监测三种，确保了实现国家劳动力资源宏观配置目标，以及维护劳动力市场正常运转和行业的良好秩序。为此，我国还应以维护市场秩序、保护市场主体权益、保障市场稳定运行为目标，推动形成法规完善、保障有力、机制健全、多方参与的劳动力市场监管体系。

根据对我国劳动就业相关制度和政策的分析，并结合现阶段我国影响就业质量的主要因素，今后几年乃至未来十几年，应重点通过以下几个方面的措施，进一步提升就业质量。

一、进一步完善劳动力市场法律法规，实现有法可依

首先，在现有的法规框架下，加快配套专项法规和实施细则的制定。当前，应加强就业歧视、非正规就业的法规建设。借鉴国际劳工组织《私人职业介绍所公约》（1997）第五条的相关内容，明确劳动者就业和进入特定行业方面具有同等的机会和待遇，不因种族、肤色、性别、宗教信仰、政治见解、民族血统、社会出身而有所歧视，以及不存在国内法律和实践中所包含的任何其他方面的歧视，如年龄或身体残疾等。[①] 对非

---

① 《私人职业介绍所公约》（1997）的具体内容发布在国际劳工组织网站（http：//www. ILO. org）。

正规就业劳动者，学习英国《兼职雇员条例》中“保护兼职劳动者权益”的规定，要求用人单位在支付兼职劳动者工资、加班费、产假工资等方面必须与同等全职劳动者一致，在培训、裁员等方面也不得对兼职劳动者歧视（韩冰，2009）。

中长期来看，应进一步完善劳动力市场法规体系建设。借鉴美国、英国等的做法，逐步形成平等就业的法律法规体系。如美国的《民权法》《同工同酬法》《年龄歧视法》《残疾人保护法》《劳动关系法》等都规定了反就业歧视，执行机构为平等就业机会委员会。英国出台了《同酬法》《性别歧视法》《种族歧视法》等规制就业歧视，其中，《同酬法》所规范的内容在于促进两性的劳动条件平等，《性别歧视法》规定用工方不得歧视作为派遣员工的妇女。

此外，尽快修订和完善《劳动保障监察条例》。2008 年机构改革后，需要根据统一劳动力市场监管的要求，将设立监管机构纳入法制化框架，赋予监管机构合法地位和监管职权。按照发达国家的普遍做法，对劳动监察实行国家管理，主要任务是保护劳动者的健康与卫生，保证适当的劳动条件，监督劳动法律的执行等。明确规定通过劳动监察对用人单位实施监督，加强劳动监察部门和相应的劳动监察员配备，负责对雇主单位执行劳动法相关内容（如最低工资、标准工时、工资支付等）情况的监察。在执法过程中，监察人员有权进入企业调阅各种档案资料，有权进行罚款，有权宣布停止设备运行甚至宣布停工等。

二、建立相对独立的劳动力市场监管机构，加强相关职能部门之间的统筹协调

当前，逐步建立与传统行政机关有区别的、独立的劳动力

市场监管机构是国际的发展趋势。考虑到我国转轨时期，市场竞争性不足，且缺乏有效的制衡机制，照搬国外设立完全独立的监管机构的做法也不现实。为此，建议建立隶属于行政主管部门的相对独立的劳动力市场监管机构（由人力资源市场司与劳动监察局合并构成），内设监管机构要独立于监管对象组织者，如公共服务机构组织管理者要与公共服务机构的监管者分离。研究设立特殊的机制确保监管机构能够独立行使职权，而不受行政上不当干预，保证监管机构在人事任免和经费来源上的独立性。此外，成立隶属于国务院的劳动力市场监管统筹协调机构，统一规划和统筹安排各部委劳动力市场监管职能，协调各部门的监管工作。该机构要在组织构架、人事安排和经费预算上独立于其他的部委。

同时，加强监管职能部门之间的统筹协调，形成监管合力。目前，在不改变当前机构设置的情况下，加强劳动力市场的统一管理。一是积极促进通过法定程序，明确人力资源主管部门的统一协调劳动力市场监管的职能，建立综合协调机制。二是对确实需要多部门管理和共同执法的监管职能，通过法定程序合理界定各监管机构间的职能分工，进一步理顺各部门的相关监管职能。另外，对于劳动者职业安全和健康的监管，建议借鉴美国、英国、日本等国家的制度模式，有关监管向着职业安全一体化方向发展，由人社部门或卫生部门统一监管职能。比如，日本劳动安全卫生由劳动行政部门管理，美国由劳工部负责制定职业安全卫生法规和标准并执行，其中涉及卫生部分由卫生部配合。

三、推进农民工市民化进程，鼓励劳动力在其常住地定居

当前就业稳定性较低的一个重要原因是劳动力，特别是转移劳动力的工作地与长期居住地不统一，劳动者本身没有在一个地方长期工作的准备。因此要大力推进农民工市民化进程，促进转移人口在城市定居落户，从而增强劳动者自身稳定工作的意愿。

为了提高工作稳定性，还需要从就业和收入方面建立正向激励。应鼓励企业通过建立企业年金等制度，给予长期稳定就业群体更高的收入预期，从而加强原有岗位对劳动者的吸引力，促进员工人力资本和企业知识及诀窍的积累。

四、加强职工养老、医疗等较高水平社会保障对所有就业人群的全覆盖

一是要加大依法强制参保的要求。目前按照我国的劳动保护相关法律，许多岗位应该参加企业社会保险，但由于执法不严，加上企业和员工本人不参加社会保障，从而增加当期的收入。

二是要加大高水平社会保障对灵活就业岗位的覆盖面。以显著提高灵活就业岗位的社会保障水平，要通过更加方便的社会缴纳方式、更大的宣传力度，来增加灵活就业人员的参保意识。

五、消除劳动力在区域间、行业间和不同所有制单位之间流动的障碍，促进劳动力资源的优化配置

一是要进一步加快社会保障的全国性统筹，方便劳动者的社会保障区域间转移接续，提高劳动者参保意愿，不少职工没

有参保的重要原因是由于工作不确定性大，而员工本身退休地与工作地可能不一致，因此员工不确定当前缴纳社会保险后，退休后是否能享受相应的福利，降低了参保的积极性。

二是要积极发展人力资源服务业，通过多种途径，加强就业信息的传播，帮助劳动者特别是困难地区、困难群体获得更多就业岗位的信息，从而促进优化配置。

三是要进一步消除不同所有制和不同行业之间的一些就业限制，促进劳动力在不同所有制企业和不同行业之间的流动。

六、加大教育改革力度，培养高素质人才

提高劳动者素质，不仅可以直接提高人力资本水平，更重要的是可以提高劳动者适应岗位转化的能力，更好地满足高技能、高素质岗位的需求。当前为适应我国建立创新强国战略的需求，要全面加快各种教育和培训领域的改革，特别是加强高等教育改革力度，提高教育质量和创新能力，还需要尽力强化技术性人才的培养，提高人力资源适应经济结构调整的能力。

七、大力培育有利于提升就业质量的社会监督机制

在市场经济中，无论是市场调节还是政府监管都存在局限性，劳动力市场监管需要政府监管与社会监管相互配合、补充。社会监管主体既包括行业自律组织、雇主组织、工会、商会等社团组织，也包括社会组织、社区、新闻媒体、公民个人等。社会监管虽然没有政府监管的法定性、权威性和强制性，但其群体众多、分布广泛，能够及时和真实地反映现实问题，

具有弥补市场和政府失灵的优势。

目前，我国的社会监督机制发展滞后，应着力培育和完善社会监管机制。进一步转变政府职能，下放政府对行业标准制定、从业人员专业资格认定、服务评价等行业管理方面的权力，为行业自律组织的发展创造更多的条件，促进行业自律机制的形成。同时，建立和完善公众监督的制度环境，疏通社会监督的沟通渠道，建立公众监督的信息平台，完善社会监督程序，建立长效、有序的公众监督机制。

八、加快完善对劳动力市场行政监管机构的监督制度

权力制衡是民主政治的法治原则，权力要受到必要约束和制衡。因此，在强调监管机构独立执法的同时，还要求加强对监管机构的再监管。监管机构的可问责性是保证监管公正、有效的基本条件。建立人力资源市场监管机构的再监管机制，首先，要在有关法规中明确规定市场监管机构的可问责制度，制定可问责的指标。其次，要健全劳动力市场监管的程序，使政府监管行为能够严格按照法制化的程序规范进行。最后，要进一步完善权力机关、各级政府和法院对劳动力市场监管机构行为的制衡机制。人民代表大会及其常务委员会通过人事任免、预算审查、立法否决等事先对监管机构实行监督和制约；监管机构应接受国务院的统一领导；监管机构的行政行为应接受司法审查，被监管对象不服可向法院提起行政诉讼。

第三章

宏观经济政策和政府促进就业

宏观经济政策是通过调节宏观经济变量，以实现经济持续增长、充分就业、稳定物价、国际收支平衡以及改善收入分配等目标。成熟市场经济国家的宏观经济政策主要包括货币政策和财政政策。宏观经济政策是西方经济学中用来诠释政府与市场关系的一个关键词，也是常用术语，在我国最接近的对应表述是“宏观调控”。市场经济中，对资源配置起基础性作用的是市场机制，但是由于存在市场失灵和市场局限，出于完善和补充市场配置功能的需要，现代市场经济国家在市场基础上衍生出了作用于经济活动的政府制度安排，即针对市场失灵的规制和针对市场局限的宏观经济政策。其中，市场规制的主要目的是克服外部性、垄断等市场失灵，提高市场公平效率，维持市场秩序。

第一节　我国宏观经济政策及其目标

自从实行改革开放政策、整体经济从计划经济转向市场经济、从基本封闭型经济转向开放型经济之后，我国就开始了在宏观经济政策上“摸着石头过河”。尽管在改革开放的早期阶段，中央政府曾经一度将计划经济时期的行政命令措施误当作“宏观调控”措施使用，而遗留下一些逆市场经济机制操作的不良习惯；我国各地市场分割和地方保护主义给商业经营活动带来重重显性或隐性阻碍，因而不利于宏观调控政策通过市场杠杆的传导效应和调控效应，但总体来看，我国的宏观经济政策是在不断建立和健全的趋势中曲折向前推进的。我国的宏观调控政策对于国民经济活动的正面影响，也正在逐渐增强。当然，并不是政府（无论是广义或狭义政府）每一个涉及经济活动的行为，都可以当作宏观调控政策来看待，同时在理论上也不应该将“宏观调控政策”的作用范围片面扩大。宏观调控政策的界定应该建立在法律规定的基础之上。所以，如果以我国改革开放以来颁布的正式法律、法规文件为依据，那么目前来看，我国主要有以下宏观经济政策在围绕着宏观调控目标而发挥作用。

一、财政政策及其目标

我国的财政政策执行主体财政部及传统财政政策，起源于计划经济时期，因此，现在的财政政策仍然带有原来计划经济体制下“大一统”的烙印。我国改革开放初期的财政政策除了面临向适应市场经济环境转型的任务，还面临如何促进经济发展，为重新开始的经济工业化、城市化和现代化提供大规模基础设施的任务。我国特有的财政政策传统运作机制以及特殊发展阶段形成的财政政策实施环境，都使得我国的财政政策从一开始就具有与一般市场经济国家不同的特征。这些特征包括：全国的财政政策在政策取向上具有明显的二元经济性质，即重国有企业轻非国有企业、重工业轻农业、重城市轻农村、重市民保障轻农民保障，财政政策对于全国充分就业目标不够重视，政府财政收支及其预算信息对于民众有高度的保密性，财政收入或税收通过很高的间接税和很低的免税额度个人所得税[①]而获得高增长，财政支出有很重的经济建设任务，各级官员有很大的财政开支支配权等。自从改革开放以来，财政理论和政策在走向完善化方面的进步是十分明显的。

关于我国的财政政策目标问题，经过三十余年的讨论，学界和政府大致都同意我国政府也应当实行其他市场经济国家都坚持的公共财政的目标——在长期中无偏向地为不同地区和不同阶层的纳税人和全体国民提供公共基础设施和公共服务，在短期中促进宏观经济的稳定增长和充分就业，以实现整个社会经济的和谐发展。当然，对于公共财政性质的目标以外的其他

---

① 1980 年 9 月，中国颁布了历史上第一部《中华人民共和国个人所得税法》。1981 年，个人所得税正式开征，月均收入 800 元为起征点。由于只有极少数人的收入可以达到 800 元的水平，相当大部分税收是外籍在华高级职员交纳的，所以当年个税收入只有 500 万元。1986 年 9 月，国务院发布了《中华人民共和国个人收入调节税暂行条例》，规定对本国公民的个人收入统一征收个人收入调节税，纳税的收入免税扣除额标准（即起征点）降低至 400 元（外籍人士的 800 元扣除标准没有改变），内外双轨的标准由此产生。1993 年 10 月，八届全国人大常委会第四次会议通过《关于修改〈中华人民共和国个人所得税法〉的决定》，把 1986 年和 1987 年国务院颁布的关于个人收入调节税和城乡个体工商户所得税的规定，同 1980 年制定的《中华人民共和国个人所得税法》合并为《中华人民共和国个人所得税法》。个人收入免税额统一为 800 元。1999 年 8 月，《个人所得税法》第二次被修改，新开征“储蓄存款利息税”。2005 年 8 月，拖延数年的新一轮个税改革开始，推出《个人所得税法修正案（草案）》。此次改动最大之处是个人所得扣除额从 800 元调至 1600 元。2008 年 3 月起，个税的起征点从 1600 元提高到 2000 元/月的起征标准。2008 年暂免征收储蓄存款利息所得个人所得税。从 2011 年 9 月 1 日起，个税起征点又从 2000 元调整为 3500 元/月。由此可见，虽然人均收入以每年 10% 左右的比率提高，可是个税免除额不仅没有相应调高，而且维持十几年基本不变，改变时改变的幅度也很小。因此，尽管个税占总税收的比率仅 6%—7%，但是对于工薪阶层而言仍然是很大的负担。如果加上间接税和社会保障缴费，个人的税负更重。据世界银行的最新统计，2008 年中国正式部门的职工平均税率达到 45%，远远高于经合组织国家的平均水平，甚至要稍高于欧盟 15 国的平均水平，超出澳大利亚与美国的平均税率近 1 倍（《21 世纪经济报道》2012 年 4 月 13 日）。

财政目标，比如建设财政、“三公经费”财政、国际援助财政等，社会各方的意见仍不统一。有学者总结我国的财政政策理论及政策情况，提出了我国财政政策具有三重性质，及相应的三个目标。

第一，国家财政。我国的财政是体现国家意志的财政，财政政策的首要目标是为党中央和国务院的政治、经济、外交、军事等多方面的决策服务。①

第二，发展财政②。我国的财政是发展中国家经济的财政，我国还有艰巨而长期的落后经济发展任务，所以财政政策的另一个目标是财政投资于经济发展和经济建设。不过从严格意义上来说，发展财政是指财政在发展中国家经济起飞过程中充当“社会先行资本”或“基础设施建设”的独特作用。所以在“发展财政”中，财政资金与民间部门资金的关系应该是财政资金要做到“牵头而不占位、先行而不独行”，以保证民间投资有充分的发展空间，而不是民间投资被政府投资的“挤出效应”所压制。

第三，公共财政。我国正在建设并不断完善市场经济体制，市场经济社会需要在私人部门基础上建立公共财政，即重点通过财政预算管理和创新公共物品提供来保障公共品供给的

① 王诚．促进就业为取向的宏观调控政策体系研究［M］．北京：中国社会科学出版社，2012：44.

② “发展财政”概念最早由美国财政学家马斯格雷夫（Musgrave）提出和正式阐述，他在《财政理论与实践》第三十四章“发展财政”中提到，“对于发展中国家来说，财政不仅需要满足发达国家发展所必需的那些要求，还有其他的一些要求……尤其是在经济发展的早期阶段，公共部门的投资至关重要。因为公共部门的投资以所谓的基础设施的形式出现，这些设施为以后的生产投资奠定了框架基础”［援引自：邓力平．税与非税：基于发展财税理念的认识［J］．税收经济研究，2011（1）：1－7］。

有效持续进行，因此，财政政策的第三个目标就是促进公共性质的充分就业、社会保障和经济平稳增长。不过，在以上三个目标中，随着市场经济的完善和经济社会的现代化程度提高，我国的财政政策目标应该逐渐以公共财政目标为主。[①] 我国的国家预算体系已经清楚地显示出一种格局，即一般性公共预算（以税收收入为主）与政府性基金预算（以土地出让金等各种基金收入和非税收入为主）并存，前者的理论基础就是公共财政；而后者的理论基础则是发展财政。[②]

然而在实践中，可能受到政治体制改革措施出台较晚而显得滞后，以及传统历史因素的影响，我国的财政政策在相当大的程度上仍然还做不到公共财政，也主要不是严格的发展财政，而主要表现为“建设财政”或“增长财政”“GDP 财政”，即财政政策的目标仍然过多地放在资本积累（表现为超过经济增长率两倍多的长期达 20% 以上的财政收入高增长率）、重点项目投资（以中央和地方政府财政支持为背景的国有和集体企业投资，直至 2010 年该类投资仍然占城镇非外商投资总额的大约 41%）、组织生产（中央和地方政府向重点企业派出企业高管及直接指导其投资方向和定价政策等）、发展经济（例如中央的经济增长“保 8”要求和地方政府的“保 9”“保 10”要求等）上面。

这样，我国财政政策的目标就具有两面性。一方面，必须完成宏观调控任务规定的增长、就业、物价稳定（辅助货币

---

① 邓力平．税与非税：基于发展财税理念的认识［J］．税收经济研究，2011（1）：1－7.

② 王诚．促进就业为取向的宏观调控政策体系研究［M］．北京：中国社会科学出版社，2012：45.

政策来完成）的目标，以防止宏观经济的大起大落波动。另一方面，又必须完成在 GDP 增长速度上实现政绩、为地方财政创收增收、大力发展本地经济的目标。其实，财政政策的宏观稳定目标与财政部门的建设、政绩和创收目标并不是没有冲突的。一旦中央政府的稳定目标强调不够或者稳定目标的约束力不强，稳定目标往往让位于政绩目标。因此，我国的宏观经济一旦遇到政府换届、年终考核、地方攀比热潮、外部冲击等干扰因素时，就极易发生波动性的经济下滑、企业倒闭和严重失业，或者经济过热、产能过剩和通货膨胀的不稳定或不平稳现象。

就宏观政策特点及其分工来说财政政策对于实体经济直接产生影响的特性，决定了其目标应当主要瞄准充分就业的稳定性。充分就业是否稳定，对于宏观经济总体稳定状况来说，是至关重要的。其原因主要有四个方面：一是高失业的存在会恶化收入分配，影响消费需求，造成进一步的有效需求不足和整体内需不足；二是高失业的存在会形成以人力资源为中心的社会总资源的闲置和浪费，影响经济的正常增长和发展；三是高失业的存在，容易产生社会、政治和意识形态上的不满情绪、激进主义或极端主义倾向，极易导致突发事件，影响社会环境和宏观经济的稳定；四是高失业的存在作为一种非自愿性失业的影响，限制了就业者和失业者的自由职业选择以及社会流动性，因而会降低社会总效用或总福利水平，影响全社会的幸福指数。所以，主要服从于全体国民的公共需要的财政政策，其目标应将重点从保增长逐步转移到充分就业达到稳定上。

然而，我国财政政策的目标偏离状况不容忽视。长期以来，我国的宏观财政政策主要是用来促进经济增长的，这在2008年的国际金融危机中表现得更加明显。产生这种目标偏离的一个基本原因是：认为只要经济增长了，就业就会伴随经济自然而然地增加。这种观点在假定经济增长发生时其内部结构不发生任何变化的条件下是可以成立的，但是在现实上经济增长往往伴随着经济结构的改变、调整和升级，因此，就业变化并不一定与增长同步。这种片面强调增长而忽视就业效应的结果，就是未能很好解决我国的失业问题，地方政府经济行为也不合理，宏观经济频繁出现过热或过冷，宏观调控政策最终未能达到很好地促进充分就业的效果。

关于财政政策的建设目标和经济稳定目标二者之间的选择，需要强调的是在市场经济条件下，经济增长率的高低主要是由一国的资源与文化禀赋、市场经济体制的完善程度以及外部经济环境所决定的。财政政策没有必要也不可能承担起作为经济建设和增长主要推动力的任务。包括财政政策在内的整个宏观经济政策的主要功能，是防止国民经济内部和外部的各种因素的不利干扰，维持宏观经济的稳定运行。在此方面有以下几点值得注意。

第一，经济增长只是一个中间目标。在国民经济运行中，由于政策手段和稳定增长目标之间存在很长的因果链，即从政策手段→策略变量→中间目标变量→目标变量→经济增长目标，产出的增加只是经济过程中宏观调控政策的一个副产品。

第二，经济增长目标本身很难调控。在一个市场经济系统里，投资和消费决策是主要由私人分散进行的，产出多少也由私人行为决定。由此，作为一个市场目标，政府很难对产出增长做出一个准确的预测，更不必说进行直接调控。如果政府坚持实行指令性的增长目标，不仅会抑制市场作用的发挥，而且会导致人为制造的经济忽冷忽热的波动。

第三，经济增长包含在充分就业作用中，但二者不对称。宏观生产函数 Y = f（N · K）可以清楚地表明，充分就业达到之前，就业量 N 增加，产业 Y 必然增加；充分就业之后，产出 Y 的增加取决于竞争和科技创新导致的全要素生产率的提高。产出增加与就业增加之间存在着严重的不对称，两者关系并非如失业率与潜在经济增长率关系（如奥肯定律）那么确定。其不对称的原因是，随着收入增长，劳动力要素价格提高，厂商可能会用更多的资本替代劳动，结果增长带动就业的作用就受到限制。

第四，经济增长目标本身无法说明经济稳定。由于通货膨胀与失业的成因不同，可容忍的物价上涨率所对应的产出水平，与可容忍的失业率所对应的产出水平，两者在一般情况下不可能相同。① 产出需要增长到什么水平才是经济社会可以承受的稳定状态？人们一般无从知晓。从理论上说，在任何增长速度下，只要存在非自愿性失业，经济就难以稳定。所以可见，我国经济稳定目标选择经济增长率是有问题的，而且这种片面的 GDP 目标追求也确实不利于经济稳定。随着我国经济不断增长，就业的弹性却逐渐下降。我国 GDP 增长的就业弹性值从 1980—1989 年的平均 0. 34 急剧减少到 1991—2001 年的 0. 11，再降低到 2003—2010 年的 0. 07，由此说明，我国的经济增长对就业扩展的拉动作用越来越小。这种情况，构成失

---

① 熊毅．国际金融危机与中国财政政策设计：功能、目标、力度［J］．北京市经济管理干部学院学报，2009，24（7）：10 – 15.

业问题长期困扰着我国经济发展的一个重要原因。

此外，关于我国的“建设财政”，还有一个热点问题值得一提。即“建设财政”的目标导向是否会引起国家财政的负债危机问题。不过，相关的研究认为在目前阶段还不会那么严重。目前，最大的潜在负债是所谓的“地方融资平台”。根据银监会的统计，截至 2017 年末，全国有地方政府融资平台 11734 家。其中，监测类平台（已退出平台、纳入一般公司类贷款管理）2549 家，占地方政府融资平台总数的 21.7%；监管类平台（仍按平台贷款管理）9185 家，占地方政府融资平台总数的 78.3%。[①] 从整体上来看，2017 年，中央财政债务余额约为 13.47 万亿元，地方显性债务规模约为 18.58 万亿元，两者之和约为 32.05 万亿元，占当年名义 GDP 的比重约为 38.76%，负债率低于欧盟国家设置的 60% 预警线（欧盟大部分国家现在已经超过此线），但是，如果计入地方政府的隐性债务 23.57 万亿元，那么负债率就上升至 67.26%，债务风险较高。[②] 从省级层面来看，江苏、浙江等东部省份负债绝对规模较高，但相对负债率较低，总体风险可控，而贵州、青海等西部省份债务风险较高。测算表明，共有 11 个西部省市（四川、重庆、江西、甘肃、云南、内蒙古、新疆、山西、宁夏、贵州、青海）、2 个东部省市（上海、海南）、2 个东北省份（辽宁、黑龙江）的总负债率水平超过了 60%，值得进一步密

---

① 前瞻产业研究院．2018 年地方政府投融资平台发展现状分析：举债规模持续增长，监管持续发力［EB/OL］．前瞻经济学人网，2018 - 07 - 25．https：//www. qianzhan. com/analyst/detail/220/180725 - 14d4245f. html.

② 张明．中国政府债务规模究竟几何？［EB/OL］．搜狐网，2018 - 08 - 1. https：//www. sohu. com/a/244512001_ 465587.

切跟踪和关注。此外，需要警惕的是，如果继续一味以“建设财政”作为财政政策的主要目标，我国也可能会在未来3—5年超出财政负债的警戒线。

二、货币政策及其目标

在改革开放政策实施 6 年后，中国人民银行于 1984 年正式履行中央银行职能，自此以后，我国的货币政策实施主体正式建立。又过了 11 年，1995 年《中国人民银行法》的正式颁布，标志着我国货币政策实施主体的法律地位正式确立，人民银行的主要功能是负责制定和执行货币政策。该央行法律规定我国货币政策的首要目标是稳定币值；其次是促进经济发展；再次是向社会披露货币政策相关信息。因此，从 1996 年开始，人民银行按季度向社会公布各层次货币供应量指标的变动情况等。

如果要分析我国货币政策实施及其有效性，可以利用政府（广义政府，包括中央银行）公布的与货币政策相关的各项指标如利率、法定存款准备金率、再贷款利率、货币供应量增长率、总贷款余额、汇率、外汇储备余额、央行票据发行额、通货膨胀率、货币政策透明度、经济增长稳定性等方面的数据进行分析。例如，可以通过货币政策透明度与宏观经济运行情况的对比分析，研究我国货币政策透明度的提高与货币政策有效性之间的关系。对于货币政策有效性的衡量，应以能否实现其目标为主要依据。我国货币政策的首要目标是稳定币值，同时兼顾促进经济发展，因此，考察我国货币政策的效应，就要观察价格水平的控制情况和经济平稳增长的情况。这涉及两个具体的指标：一是通货膨胀率的平均水平及其波动幅度；二是经济增长率的平均水平及其波动幅度。对于经济的长期增长或经济发展，西方主流经济学普遍接受一个观点，即货币政策从长期来说不会影响到真实经济变量，而仅仅是为经济增长提供一个平稳的货币环境。因此，考察这一目标的货币政策实现效应，主要看是否实现了经济的平稳增长，即经济增长率的波动情况，同时参考经济增长的平均水平。

虽然在现实的政策决策过程中，我国货币政策目标具有多重性，具体包括物价稳定、促进就业、确保经济增长、支持国有企业改革、配合积极的财政政策、扩大内需、确保外汇储备的一定水平、保持人民币币值稳定等，但是从理论和国际经验来看，货币政策要能有效地实现多重目标是非常困难的。多重目标之间会发生冲突，并迫使中央银行不得不考虑部分最优先目标。物价稳定目标或通货膨胀目标往往成为货币政策的首选目标。全面和成功的通货膨胀目标建立的条件一般认为主要包括：具有独立性的中央银行；货币政策的透明度、可信度与责任追究制；央行没有除通胀外的其他目标尤其是汇率目标的重大干扰；良好的财政状况；金融体系的相对健全、稳定与发展；货币政策传导机制的有效性。值得强调的是，不论货币政策的目标是什么，良好的财政状况相伴随的任何货币政策有效实施是前提。就我国的情况来看，自改革开始以来，我国经济快速增长，财政状况良好，金融稳定发展，货币政策的独立性和透明度有了一定程度的提高。而且，我国人民币汇率形成机制改革已经取得了重大进展，从 2005 年 7 月起（2010 年 6 月再次重申），中国实行有管理的浮动汇率制度，汇率在规定范围内参考货币篮（即一篮子货币）和市场状况进行调节浮动。目前在不断小幅度扩大浮动区间的基础上，从 2012 年 4 月 16

日起，人民银行宣布将人民币兑美元的汇率浮动区间从0.5%扩大到1.0%。这标志着人民币已经摆脱了单一盯住美元的固定汇率。从这些方面看，我国已经基本具备实行通货膨胀目标的前提条件①。但中国货币政策实施的环境并不是十分完善的，仍然存在一些影响货币政策有效性的机制性缺陷。这些缺陷包括：中国人民银行有为维护结售汇制度和汇率稳定而发行大量央行票据的任务；中国的金融市场和金融机构建设严重滞后于市场经济整体特别是实体经济发展的需要，以致出现普遍的流动性紧缺与流动性过剩并存的状况；货币政策的市场工具和金融机构传导机制很不完善，存贷款利率等资本价格仍然受到行政控制，民间金融市场依旧没有放开等。所以，为了真正有效地实行通货膨胀目标的货币政策，对于货币政策环境的完善还需要做很多工作。

另外，从2008年开始到今天仍然在演化的全球金融危机，对于货币政策目标的确定提出了新的挑战。这一挑战是需要对传统的货币政策目标及实现途径等进行反思，以适应国际经济和金融市场形势的新变化。对于市场经济中货币政策的新要求或新任务包括：第一，货币政策应更加积极地应对资产价格特别是股市价格和房地产价格的波动；第二，货币政策目标应有更具系统性的指标体系，以全面监测各类商品、服务、资产价格和流动性波动的状况；第三，货币政策和金融监管应在防范资产泡沫方面各司其职，货币政策应考虑到更加“对称”的逆周期操作。而金融监管部门等政府机构也应发挥重要监管作

---

① 胡杰．对我国货币政策目标的现实思考［J］．现代经济探讨，2008（4）：61－63.

用。金融监管操作要防止过于宽松的信贷标准或不当的监管而直接诱发资产泡沫，而货币政策则应主要从宏观经济的角度，特别是从资产价格“膨胀—破灭—膨胀”恶性循环对实体经济和物价水平严重影响的角度，来防范资产价格的过度膨胀。当然，尽管如此，此次金融危机并没有在实质上放弃或改变货币政策的传统主要目标即通货膨胀目标。

但是，借鉴此次世界金融危机的教训，我国今后的货币政策目标应拓宽视野，更多地考虑资产价格、杠杆率、资本流动性等因素及其对通货膨胀目标的潜在影响，采取更加灵活的手段应对各类冲击。此外，在实施货币政策时需要关注“对称性”问题[①]，也就是说，在金融危机和经济衰退期间货币政策需要不断突破日常管理规定，设法采取一系列新措施（例如当前一些国家采取的“量化宽松”货币政策——对于该政策仍然存在争议，但从出台该政策是为了稳定本国经济的立场出发，该政策仍然是有效和积极的），那么在资产价格快速膨胀和经济繁荣的时期，货币政策也应主动考虑逆周期的行动，以适时熨平宏观经济的过度波动，防患于未然。

三、经济周期不同阶段下财政、货币政策的组合搭配

综合运用财政和货币政策调控经济总量，是实现经济总量平衡的最优手段。根据 IS – LM 宏观平衡原理和相机抉择理论，通过综合协调并配合使用财政政策与货币政策，可以提高

① 伍戈．中国的货币需求与资产替代：1994—2008［J］．经济研究，2009(3)：53 –67.

政府对宏观经济运行的调控水平。

政府和中央银行可以根据具体情况和不同目标，选择不同的政策组合。财政政策和货币政策的组合产生的政策效应如表3.1所示。

表3.1　不同经济周期阶段下财政、货币政策的组合搭配

适用经济周期阶段	经济增长率与通货膨胀率	财政、货币政策组合	政策组合对产出的影响	政策组合对利率的影响
复苏阶段	高增长、低通胀	紧缩性财政政策和扩张性货币政策	不确定	下降
过热阶段	高增长、高通胀	紧缩性财政政策和紧缩性货币政策	减少	不确定
滞胀阶段	低增长、高通胀	扩张性财政政策和紧缩性货币政策	不确定	上升
衰退阶段	低增长、低通胀	扩张性财政政策和扩张性货币政策	增加	不确定

第一，当经济处于“复苏”阶段时，经济运行平稳而又存在通货膨胀时，紧财政松货币是促进经济平稳快速增长的政策选择。此时，经济中出现通货膨胀又不太严重，可以采用紧缩性财政政策压缩总需求，又用扩张货币政策以降低利率，以免政策过度紧缩而引起衰退。

第二，当经济处于“过热”阶段时，社会总需求大大超过社会总供给，经济面临较大的通货膨胀压力。这时需要采取紧缩的财政和货币政策，此时政府首先会采取紧缩性货币政策，减少货币供应量，从而降低总需求水平，但紧缩货币会导致利率大幅提高；同时紧缩财政能防止利率过分提高，不致造成经济的剧烈波动。

第三，当经济处于通货膨胀和经济萧条并存的“滞胀”局面时，产业结构和产品结构失衡，治理滞胀、刺激经济增长成为首要目标。如果此时经济萧条不太严重，可以采用扩张性财政政策刺激总需求，实施减税和增加财政支出，利用财政杠杆调节产业结构和产品结构；同时用紧缩性货币政策使利率上升，最终达到不影响产出又能抑制通货膨胀的目标。

第四，经济处于衰退期时，在社会有效需求严重不足、经济萧条、工厂停产工人失业的情况下，财政、货币政策的选择应力求使经济走出低谷，政府可以采用扩张性财政政策增加总需求，但总需求增加的同时，利率的提高会导致对私人消费和投资的“挤出效应”，此时应配合扩张性货币政策，可以有效克服扩张性财政政策的这一弊端，并能使得总需求进一步增加。在“低增长、低通胀”的“衰退期”，通过采取宽松政策使经济增长率上升，经济状况向“高增长、低通胀”的“复苏期”过渡。

第二节　宏观政策和促进就业的关系

一、财政政策和促进就业

财政政策在扩大就业中之所以能够发挥积极作用，一方面，可以通过财政支出特别是赤字预算支出方面的作用。财政支出通过公共投资和公共消费拉动总需求，从而在总需求相对不足的情况下可以推动生产和就业增长，即通过公共支出及其乘数的作用拉动经济增长，再通过经济增长来增加就业岗位和扩大就业；此外，财政支出也可以通过直接增加在就业机制改善方面的支出来促进就业。其中包括支持相关行业与企业的扩大就业愿望，政府直接提供和扩大公共部门就业岗位，同时也通过发展培训体系提升劳动者的就业能力等。另一方面，财政政策可以通过财政收入特别是税收收入政策来发挥作用。在充分就业不足的情况下，税收政策尤其是降低税收的政策，按照拉弗曲线（Laffer Curve）的原理，可以扩大生产和促进就业，最后通过扩大税基使税收得到增长。一般认为税收政策对于促进就业有以下几个方面的具体影响：

第一，以低税刺激消费，扩大有效需求，从而扩大就业。一方面，间接税最终都会通过商品价格的加成方式转嫁给消费者，因此降低间接税可以通过影响价格来影响人们的消费。另一方面，以所得税为代表的直接税，在总量上会产生收入效应，影响人们的收入水平，因而降低所得税等直接税相当于增加了人们的收入，从而增加消费需求。一般而言，作为市场经济社会消费主要群体的中等收入阶层的边际消费倾向和平均消费倾向都较高，因此降低这一人群的直接税可以明显增加消费需求。

第二，以低税鼓励投资，从而扩大生产和就业。一方面，企业直接税尤其是企业所得税的降低会通过影响税后利润来影响人们在实体经济上的投资决策，从而影响投资的就业扩大效应。另一方面，企业间接税则通过改变投资品的流转性税负来影响投资行为，如果间接税向下转移的幅度不够大（如生产型增值税）和转移渠道不够顺畅（如产品市场的竞争压力太大），企业投资的意愿就不足。如果此时降低企业间接税，投资意愿就会增强，而投资规模扩大会增加就业。

第三，以差别性税率调整来促进就业。税收优惠政策在我国的运用十分广泛。为了促进就业的增长，在实施税收优惠政策时可以适当向劳动密集型产业倾斜，并促进非农产业发展和吸纳农村剩余劳动力，这样的税收政策也能够增加就业。

第四，以低税承诺影响社会心理预期，稳定劳动力市场和就业。如果就业的供求两方面都面临较高的未来税收威胁，就业扩展的积极性就可能受到抑制。因此，低税政策可以通过明确的政策导向改善劳动力市场供求主体的预期，从而增强经济活力并刺激劳动力市场的就业扩展。

西方国家为发挥财政政策促进就业的作用，一般采取的手段也是通过扩大社会投资与减轻企业负担，进而拉动经济增长带动就业岗位的增加。如美国 2002 年颁布《工作岗位创造和工人援助法案》，以及 2011 年后期讨论的《美国就业法》（American Jobs Act，又有译为《美国人就业法》）。正如当时美国总统奥巴马在关于该法律的演讲中所言，《美国就业法》的宗旨很简单："让更多的人重新就业，让那些正在工作的人收入增加。"这将为建筑工人、教师、退伍老兵、长期失业者创造更多的工作岗位。它为那些雇佣新员工的公司提供税收优惠，让所有在职美国人和小企业的工资税收减半。它将为陷入失速状态的美国经济提供动力，给公司以信心，让他们相信如果投资和招募新员工，它们的产品和服务将会有客源。它让"就业岗位创造者"的生活变得更加容易。在其他西方国家，类似于大幅度减免企业税收，为小企业提供小额贷款担保，提供培训和咨询服务，在小企业开办之初免征企业所得税等相关措施，也同样获得广泛的采用，并且大都有效扩大了就业。此外，这些国家也通过在财政预算中安排专项资金，直接开发就业岗位，帮助失业者就业。如英国提出"五年促进就业计划"、德国实施"东部促进就业计划"等，分别对招用失业者的企业实施就业补贴，由政府提供公共就业岗位，对特殊群体与特殊困难地区提供就业援助，对培训失业者提供培训补贴与就业服务补贴等。[①]

在我国，现行的促进就业的税收政策主要包括以下具体的内容：

第一，在税收政策上设计了多项普遍性的减免税优惠，不同程度地促进了就业和再就业。最具有代表性的政策有：

（1）2003 年起提高营业税和增值税的起征点，并于第二年和以后多年进一步调高销售相关农副产品和以销售相关农副产品为主的个体工商户增值税起征点。这使一部分个体工商户退出征税范围，发挥了调节收入分配和促进就业的功能。增值税转型改革后允许企业抵扣其购进设备所含的增值税，将小规模纳税人征收率统一调低至 3%，这对促进投资需求、拉动经济增长和充分就业有积极作用。

（2）新企业所得税的制度设计对促进就业也有积极意义。如对内外资企业统一实施 25% 的相对低税率，企业发生的合理工资薪金支出准予据实扣除，改进职工福利费、职工教育经费、工会经费、“五险一金”及补充性社会保险费用的税务处理等，都有利于降低企业税负和劳动力雇佣成本，从而增加劳动力需求。对职工教育经费规定限额内准予据实扣除并可结转以后年度，有利于增加劳动力教育投入，可以通过提高劳动力素质减少结构性失业和摩擦性失业。

第二，在税法规定上针对特殊人群就业设计了扶持政策。

---

① 王诚．促进就业为取向的宏观调控政策体系研究［M］．北京：中国社会科学出版社，2012：124.

最具有代表性的政策有：

（1）下岗失业人员从事规定范围内的个体经营，在规定期限内享受免税政策。符合规定的加工型企业和加工性质的小型企业实体当年新招用持《再就业优惠证》人员，按规定予以定额扣减相关税费。持《再就业优惠证》人员从事个体经营的，在规定限额内扣减当年实际应缴纳的相关税费。

（2）企业安置残疾人员及国家鼓励安置的其他就业人员所支付的工资准许在计算企业所得税应纳税所得额时加计扣除100%。残疾人员个人提供的劳务按规定免征相关税收，2006年起在部分地区进行福利企业税收优惠政策试点。

（3）军队转业干部和自谋职业的城镇退役士兵从事个体经营，按规定享受减免税政策。安置自主择业的军队转业干部按规定免征营业税和企业所得税。为安置自谋职业的城镇退役士兵就业而新办的企业，按企业性质不同在规定范围内享受减免税政策。符合规定的企业吸纳自谋职业的城镇退役士兵可按规定享受企业所得税税前扣除优惠。此外，军队随军家属享受相关就业税收政策。

然而，现行税收政策在促进就业方面仍然存在一些不足之处。具体如下：

第一，促进就业、再就业的税收政策主要针对城镇下岗失业人员、退伍军人、残疾人员就业，对农村富余劳动力转移就业缺乏支持措施，不利于扩大农村富余劳动力就业和促进农民消费能力的提高。

第二，促进就业的税收政策更具有扶贫性和临时性，过渡色彩浓厚。如针对下岗失业人员的税收优惠措施，主要是解决国有企业改组改制中的富余人员就业，对下岗失业人员有严格定义，带有太重的经济转型期痕迹。随着经济社会发展，居民就业形式发生了本质变化，大量劳动者在非公经济部门就业，对其给予税收政策支持是给非公经济以国民待遇的原则问题。

第三，增强劳动力市场有效性和减小劳动力市场结构性矛盾的税收政策相对薄弱。没有促进劳工供求信息流通的税收政策。对劳动者的职业教育培训没有制定单独的税收优惠政策，不利于通过提升劳动者技能的途径来扩大社会就业。

第四，社会保障税制体系缺失，不利于通过改善主体心理预期来刺激劳动力市场。有效的社会保障税制可以促进社保资金运转的规范化和社会化，有利于其保值增值，不但可以提高低收入者的生活水平，而且可以强化人们的乐观预期，从而促进即期消费和劳动供求。

二、货币政策和促进就业

货币政策有狭义和广义之分。狭义的货币政策是指中央银行为实现既定的经济目标，运用货币利息率、商业银行存款准备金率、进行公开市场操作业务三大政策手段对流动中的货币量进行调控，以影响社会总需求和总供给，达到影响宏观经济趋势的作用，属于总量政策的范畴；广义的货币政策是指一个国家或地区的中央政府以中央银行三大货币政策手段为核心（即利率、存款准备金率和公开市场业务活动），配合运用以市场手段（或有时直接）干预资本市场、控制金融机构信贷规模、对信贷资金投向进行政策引导、适度调控汇率等方式对流通中的货币量进行总量和流向调控，以实现金融经济与实体经济协调发展、促进经济稳定增长。对于能够促进就业扩展的货币政策作用而言，除了狭义货币政策的三大手段发挥放松和紧缩流动性功能，广义货币政策通过促进金融体系的建立与健全、管理商业银行体系的运营、调控境内外资金的流量和流向，也能够发挥影响就业形成的金融条件的重要作用。

我国货币政策一直面临多目标约束，除促进就业的目标之外，在特定的时间段里还可能有其他更主要的目标，包括物价稳定、确保经济增长、支持国有企业改革、配合财政政策扩大内需、确保外汇储备不降低、保持人民币币值稳定等。从国际经验来看，货币政策要能有效地实现多重目标是很困难的，因为多重目标之间有时会发生冲突，并迫使中央银行不得不优先考虑部分最终目标。当然，如同其他宏观调控政策一样，货币政策也需要根据当下的宏观经济状况选择重点目标。面对前一时期日益严重的通货膨胀形势，货币政策的重点需要放在稳定价格总水平上。但是尽管如此，货币政策仍然需要充分兼顾涉及生产率提高、民生改善和经济社会稳定的充分就业目标。

从最近 30 多年来的情况看，我国的货币供应量表现为以下两个特点：

第一，货币供应量的增长速度快。中国的货币产出比率（M_2/GDP）持续以较高速增长，除 2003—2008 年出现稳定和轻微下降以外，其他十几年时间都呈现快速上升的趋势。这一趋势远远高于其他市场经济国家，并且还没有导致中国持续高水平的通货膨胀。相关研究认为，这一现象是与我国整体经济处于从准自给自足经济、计划经济和二元经济的传统形态向商品化、市场化、货币化和人民币国际化的转型有关，也与 2005 年以来人民币实行有管理的浮动制度以及进出口结售汇制度所产生的“升值预期效应”“供给创造需要效应”和“存款替代效应”密切相关。[①]

第二，货币供应量的波动幅度大。M_2 从20世纪90年代初期的35%的增长率，下降到21世纪初期的12%左右的增长率，再上升到2009年的27%左右的增长率，可谓是大起大落。20世纪90年代前期的货币供应量高增长，与各地经济建设热情高涨而出现的“乱投资”“乱贷款”“乱拆借”现象相关。最近的货币供应高增长，则是为了应对2007—2008年开始爆发的国际金融危机，我国的货币政策在随后的两年里“积极应对”的结果。不仅2009年贷款余额增长率达到1990年以来的最高水平，而且 M_2 也达到最近15年来的最高水平。虽然有研究表明，我国近期的“积极应对”的货币政策在2009年第三季度至2010年第三季度造成中国货币的过度供应，M_2 货币量过剩的程度达到11.3%，因而需要注意通货膨胀的潜在和现实威胁[②]，但是，从应对和缓解国际金融危机对于我国企业和就业冲击的严重威胁来看，这种“积极应对”的货币政策从总体上来看是不可或缺的，也是功大于过的。

2010年末，我国广义货币供应量（M_2）余额为72.6万亿元，比2009年末增长19.7%；而2009年的 M_2 同比增长率达到27.7%。金融机构人民币各项贷款余额在2009年和2010年分别达到40万亿元和48万亿元，比上年同期增长31.7%和

---

① 伍戈. 中国的货币需求与资产替代：1994—2008［J］. 经济研究，2009(3)：53－67.

② 欧阳志刚，史焕平. 后金融危机的货币供给过剩及其效应［J］. 经济研究，2011(7)：102－115.

19.9%，两年新增人民币各项贷款增加近18万亿元。显然，贷款的快速增长有利于抵御世界金融危机的冲击，从总量上稳定经济，为促进经济平稳较快发展，促进和稳定就业创造了良好的条件。从总体情况看，我国应对金融危机的货币政策对抵消金融危机对总需求的冲击起到了重大作用。该货币政策积极配合扩张性财政政策的实施，为财政政策效应的发挥起到基础和配套作用。从理论上，扩展性的财政政策一定要有积极性的货币政策配合，才能实现产品市场和货币市场的均衡变动，宏观经济获得均衡增长。否则，单纯扩张性的财政政策有可能推动货币市场需求的大幅度增加，推高实际利率，对民间投资形成“挤出效应”，减弱宏观调控政策效果。而积极的货币政策将加大货币供给，稳定市场实际利率，降低民间企业的融资成本，与财政政策综合作用，对于扩大社会总需求，减弱和抵消国际金融危机对宏观经济的冲击，推动经济平稳发展起到了重要作用。

当前，我国的宏观政策上实施紧缩性的“稳健性货币政策”，中国人民银行按照总体稳健、调节有度、结构优化的要求，守住流动性这个总闸门。在防止总体投资过度和虚拟经济部门高风险扩张的同时，中央政府主张把信贷资金更多投向实体经济，特别是“三农”和中小企业，以更好地服务于保持经济平稳较快发展。所以，当前货币政策的实施需要注意以下几个方面：

第一，必须在总量上控制好货币发行量，回收部分流动性，控制物价水平和通货膨胀，防止资产泡沫。虽然通货膨胀可能是由需求过度膨胀和体制及结构因素推动的成本上升两方面力量推动的，当前中国的通货膨胀在很大程度上仍然是由体制和结构性因素引起的，但是，制止通货膨胀的短期有效办法仍然是控制货币总量。当然，控制货币量的紧缩性货币政策对于就业扩展的短期效应可能是不利的，长期效应则不确定，需要我们从积极的方向努力。

第二，货币政策乃至整个宏观金融政策在具体落实细节上应进一步向中小企业倾斜。这是因为当前中小企业融资难和融资成本高的问题依然没有根本性缓解，需要在利率、信贷规模方面给予优惠外，还需要进一步推动必要的金融创新，如贷款抵押担保方式创新、信贷产品创新、管理模式创新以及机构创新等。需要设立专门针对中小企业开展信贷服务的金融机构，或鼓励现有金融机构设立专门针对中小企业的融资机构，并给予优惠政策，从根本上缓解中小企业特别是劳动密集型中小企业在融资问题上面临的困境。显然，货币政策实施细节的这一调整，对于就业的促进是十分有利的。

第三，货币政策应为支持产业政策的落实发挥重要作用。2018 年初国家提出了十大产业调整和振兴计划。在十大产业调整和振兴规划的基础上，未来还要培育发展一批新兴产业，如航天科技应用、通用航空、新能源、新材料、邮政速递物流等产业。这些产业除技术含量高、产业链长外，也包括了能够大量吸纳就业的生产型服务业，可以大量吸纳不同层次劳动者就业，这也将进一步开拓就业空间，起到促进就业扩展的效果。所以总体上看，当前的货币政策对于促进就业而言既有不利的方面，也有有利的方面，最终的综合效应如何，需要看宏观形势的进一步发展以及货币政策在以上两个方面实施的相对力度。

第三节　宏观政策带来就业显著增长

一、现实背景和重要意义

2008 年的金融危机以后，发达国家普遍倚重量化宽松的货币政策刺激经济增长，然而就业形势却持续恶化。全球 24 个发达国家的平均就业增长率从 2008 年以前的 1.40% 下降到现在的 -0.004%，其平均失业率从 2008 年以前的 7.17% 上升到 2015 年的 8.23%。[①] 因此，在经济衰退时期，采取促进经济增长的宏观经济政策并不一定能够促进就业增长，甚至可能对就业产生负面的影响。

最近几年，我国经济增速持续下降，政府采取了一系列的宏观经济政策来稳定经济增长，虽然就业状况并未显现出颓势，但我国经济下行的压力较大，并持续向就业领域传导，仍有必要密切关注就业走势。因此，采取怎样的宏观经济政策才能够同时起到稳增长和促就业的双重效果，是决策者迫切需要了解的。与此同时，我国供给条件发生了深刻变化。具体的表现如下：

第一，劳动力总量逐步减小。我国人口未来的发展趋势是，劳动年龄人口总量及其占比双双下降，老龄化程度不断提高。我国 15—64 岁人口规模及占比的变化如图 3.1 所示。1982 年以来，我国 15—64 岁人口规模大幅增加，从 1982 年的 6.25 亿人攀升到最高点 2013 年的 10.06 亿人，随后小幅回落

① 数据来源于 Estima 公司提供的 OECD MEI database，说明参见 https：//estima.com/datainfo_ oecd.shtml.

到2017年的9.98亿人。同期，15—64岁人口占总人口的比重也呈现先增后降的“倒U”型结构特征。1982年，15—64岁人口占总人口的比重是61.5%，升至2010年的74.5%，随后逐步回落到2017年的71.8%。

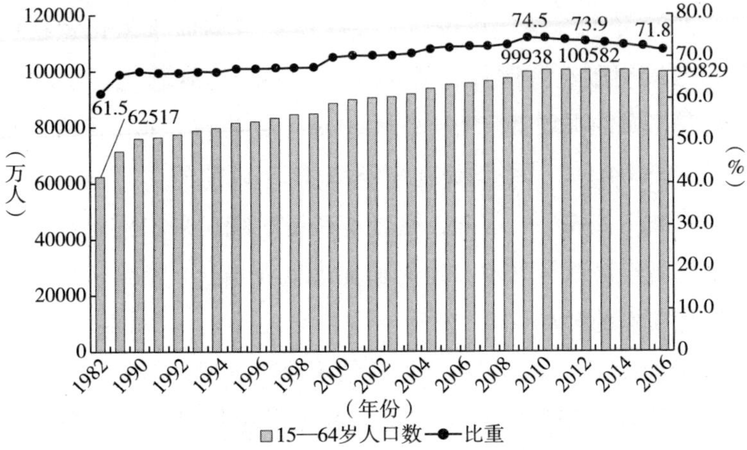

图3.1　1982—2017年我国15—64岁人口规模及占比的变化

资料来源：中国统计年鉴2018。

从2012年开始，我国劳动年龄人口开始下降，平均每年减少0.2%，在整个“十三五”期间将维持年均减少200万的态势。[①] 根据中国人口与发展研究中心（2018）[②] 的人口模型预测结果显示，2030年前我国人口总量仍将持续缓慢增长，到2020年约达到14.12亿人，比2010年增长约7000万人，

---

① 按照中国第六次人口普查数据推算。

② 以人口普查数据、人口抽样调查数据为基础，修正整合预测基年数据，并考虑我国2013年实施单独两孩政策、2016年实施全面两孩政策等因素的影响，使用队列要素预测方法，采用通用人口预测软件PADIS－INT进行人口预测。［资料来源：贺丹．中国人口展望（2018）：从数量压力到结构挑战［R］．中国人口出版社，2018.］

平均每年增长 0.53%。到 2030 年我国人口比 2020 年再增加 3000 万人，达到 14.42 亿人的峰值，此后开始缓慢下降，到 2050 年约为 14.0 亿人。

按照人口模型预计，“十三五”期间，我国 15—59 岁的劳动年龄人口将从 2015 年的 9.33 亿人下降到 2020 年的 9.23 亿人，平均每年减少约 200 万人，占劳动年龄人口的 0.2%，而按照联合国经济与社会事务部人口司 2017 年的预测①，“十三五”期间，中国 15—59 岁劳动年龄人口将从 2015 年的 9.38 亿人下降到 2020 年的 9.29 亿人，平均每年减少 175 万人，占劳动年龄人口的 0.18%。与此同时，我国每年劳动年龄人口减少的数量还会呈现逐年增递的趋势。如表 3.2 所示，2015 年劳动年龄人口比上年减少约 70 万人，这一减少幅度将持续扩大，2020 年约比上年减少 293 万人，而 2025 年约比上年减少 707 万人。劳动年龄人口的加速减少，既会减少整体的就业压力，也会带来部分行业劳动力供应不足的挑战。

表 3.2　对中国劳动年龄人口及其变化的预测

年份	劳动年龄人口变动情况（万人）	15—59 岁人口总量（亿人）	年份	劳动年龄人口变动情况（万人）	15—59 岁人口总量（亿人）
2010		9.40	2018	-188	9.29
2011	115	9.41	2019	-241	9.26
2012	-345	9.37	2020	-293	9.23
2013	-227	9.35	2021	-351	9.20
2014	-119	9.34	2022	-413	

① 联合国人口司. 世界人口展望（2017）［R］（World Population Prospects 2017），https：//population. un. org/wpp/Download/Standard/Population/.

续表

年份	劳动年龄人口变动情况（万人）	15—59 岁人口总量（亿人）	年份	劳动年龄人口变动情况（万人）	15—59 岁人口总量（亿人）
2015	-70	9.33	2023	-507	
2016	-103	9.32	2024	-605	
2017	-136	9.31	2025	-707	

资料来源：中国人口与发展研究中心（2018）预测结果。

第二，劳动参与率呈现持续下降趋势，劳动力减少幅度大于劳动年龄人口。从21世纪以来我国劳动参与率的变化趋势看，“十三五”期间总体劳动参与率仍将进一步下降。一是由于受教育水平仍将进一步提高，这将直接导致16—26岁的青年人的劳动参与率下降；二是随着城镇化水平提高，由于城镇人口的劳动参与率低，总体劳动参与率也会有下降趋势。2000年以来，我国城乡人口的劳动参与率显著下降，但下降速度有减缓趋势。如表3.3所示，16岁以上人口中，城镇男性的劳动参与率从2000年的77.1%下降到2005年的73.6%和2010年的73.1%，城镇女性的劳动参与率从2000年的60.1%下降到2005年的56.2%和2010年的55.5%。类似地，如表3.4所示，16岁以上人口中，乡村男性的劳动参与率从2000年的89.0%下降到2005年的83.0%和2010年的83.4%，乡村女性的劳动参与率从2000年的79.0%下降到2005年的72.5%和2010年的72.2%。

表 3.3　我国城镇地区分年龄段的劳动参与率变化

年龄	男			女		
	2000 年	2005 年	2010 年	2000 年	2005 年	2010 年
16—19 岁	37.4	32.8	25.7	41.5	36.5	24.0
20—24 岁	81.5	78.9	67.7	78.3	71.5	61.5
25—29 岁	96.6	94.9	94.7	80.2	77.4	79.2
30—34 岁	96.7	95.4	96.4	80.3	77.9	79.2
35—39 岁	96.4	94.8	96.1	81.1	78.5	79.3
40—44 岁	95.5	93.1	95.2	78.0	76.6	78.8
45—49 岁	93.2	89.6	93.0	63.3	63.4	71.0
50—54 岁	81.9	80.1	83.7	39.2	42.5	41.0
55—59 岁	61.3	61.0	65.8	23.0	27.4	27.2
60—64 岁	29.8	34.6	31.8	13.2	16.9	16.9
65 岁及以上	13.6	13.2	11.9	5.6	5.2	5.5
16—59 岁平均	85.3	82.8	81.8	68.0	64.7	63.6

资料来源:《中国 2000 年人口普查资料》《2005 年全国 1% 人口抽样调查资料》《2010 年人口普查资料》。

表 3.4　我国乡村地区分年龄段的劳动参与率变化

年龄	男			女		
	2000 年	2005 年	2010 年	2000 年	2005 年	2010 年
16—19 岁	69.3	44.4	44.9	72.1	45.2	41.4
20—24 岁	96.6	90.2	86.6	90.9	80.7	78.6
25—29 岁	98.8	97.3	97.2	91.3	86.1	85.9
30—34 岁	98.9	97.8	97.9	92.8	89.9	88.6
35—39 岁	98.9	98.0	97.9	93.2	92.0	90.5
40—44 岁	98.8	97.8	97.8	92.0	91.7	90.8

续表

年龄	男			女		
	2000 年	2005 年	2010 年	2000 年	2005 年	2010 年
45—49 岁	98.2	97.3	97.3	89.8	88.0	88.7
50—54 岁	95.6	95.4	95.5	82.5	82.3	82.7
55—59 岁	89.7	89.9	91.9	71.8	72.0	76.0
60—64 岁	76.3	76.2	77.8	54.1	54.8	59.2
65 岁及以上	44.0	37.7	39.2	23.1	18.3	22.3
16—59 岁平均	94.8	90.2	90.8	87.9	82.3	81.8

资料来源：《中国 2000 年人口普查资料》《2005 年全国 1% 人口抽样调查资料》《2010 年人口普查资料》。

由于劳动参与率下降，“十三五”期间我国劳动力下降幅度大于劳动年龄人口的降幅。根据我国分年龄段的劳动参与率变化规律，结合“十三五”期间平均受教育水平和城镇化发展前景预测，“十三五”期间预计 16—24 岁人口的劳动参与率仍将有所降低，而 25 岁以上人口的劳动参与率将基本保持稳定。但由于城镇人口的劳动参与率低于乡村人口，整体的劳动参与率预计将下降 1.5 个百分点，劳动力平均每年减少 350 万人，占就业人口总数的 0.35% 左右。

第三，就业结构性矛盾依然突出。一是经济结构调整会加快推进，部分传统过剩产业必然面临淘汰和转产，不少职工难免将失业或转岗。因其技能短期不适应新岗位、新业态需求，摩擦性失业也会有所增加。二是每年几百万大学生进入劳动力市场，而与产业升级、岗位需求不匹配问题依然突出，大学生就业压力还会持续一段时间。另外，由于二代农民工就业形态和报酬要求发生了明显变化，当劳动市场受经济形势影响发生波动，这些农民工并不会回到农村，原有的土地对就业波动的缓冲作用明显降低。根据国务院发展研究中心2018年做的一项调查显示，根据对5万份电话调查和8省市近1万份入户调查的统计分析，当前我国城镇居民调查失业率为6.8%（较2017年上升了0.7个百分点，该数据略高于统计局调查失业率的5.1%），其中男性为6.6%、女性为7.0%。分地区看，东部地区失业率为5.1%、东北地区为11.9%、中部地区为7.0%、西部地区为7.4%，其中东北地区个别省份的失业率达到15%以上，问题比较突出，需要给予更多关注。

二、已有研究文献的述评

从宏观经济理论的发展进程来看，凯恩斯主义（Keynes，1936）认为在经济衰退时期应当采取扩张性的财政政策，货币主义（Friedman，1956）认为应当采取保持货币供给增长长期稳定的货币政策，而IS－LM模型（Hicks，1937；Hansen，1953）认为财政政策和货币政策应当相互搭配使用，最近发展起来的真实经济周期模型（Kydland和Prescott，1982）和新凯恩斯主义（Katsimbris和Miller，1996）认为经济周期、财政政策、货币政策三者之间存在相互影响的关系。更重要的是，现有经济理论认为财政政策、货币政策在促进经济增长方面具有相同的功效，因而也间接地认同二者对就业有相似的影响特征。在这样的理论指导下，发达国家普遍倚重量化宽松的货币政策刺激经济增长，但却以就业形势恶化作为代价。然而，现有经济理论并没有对发达国家的政策实践给出“精准”的指导，也没有很好地解释发达国家面临的困境。在这样的背景下，应当结合实证研究的结论对现有经济理论进行甄别和筛选，为中国政府在经济增速放缓时期采取的宏观经济政策提供参考，这正是本章需要回答的问题。

从实证研究的角度来看，国外已有部分文献结合经济周期、财政政策、货币政策三者之间的关系，评估财政政策、货币政策对经济增长的影响，这方面的研究可以分为以下两类：第一，研究经济周期对财政政策的有效性的影响，例如 Auerbach 和 Gorodnichenko（2012）的研究发现，在经济衰退的时期，美国财政政策的产出乘数为 1 到 1.5，在经济繁荣的时期，美国财政政策的产出乘数为 0 到 0.5；Corsetti、Meier 和 Müller（2012）的研究表明，自 2008 年金融危机以后，OECD 国家的财政政策的产出乘数、消费乘数、投资乘数都显著提高。第二，研究货币政策对财政政策有效性的影响，例如 Christiano、Eichenbaum 和 Rebelo（2011）发现，当利率为 0 的时候，财政政策的乘数效应最大；Woodford（2011）发现，当扩张性货币政策导致利率降低的时候，财政政策的产出乘数大于 1。与此不同，国内文献在评估财政政策、货币政策的就业效应时，并没有考虑到经济周期、财政政策、货币政策三者相互影响的关系，而且现有文献的研究结论存在较大的分歧——董万好和刘兰娟（2012）采用可计算的一般均衡模型的研究发现，扩张性财政政策对中国就业有显著的促进作用，而刘新和刘星（2010）通过协整模型的研究发现，扩张性财政政策对中国就业的促进作用并不显著；李伊涵和陈利锋（2011）通过协整模型的研究发现，扩张性货币政策对中国就业有积极的促进作用，而许先普（2009）的研究发现扩张性货币政策对中国就业有不利的影响。

综上所述，从政策实践和经济理论上来讲，经济周期、财政政策、货币政策三者之间存在相互影响的关系，因此应该剥离经济周期对财政政策、货币政策的就业效应的影响，同时还应该区分财政政策、货币政策单独使用和搭配使用对就业的影响，才能更加准确地评估财政政策、货币政策对就业的影响。

为此，本章采用 Uhlig（2005）以及 Mountford 和 Uhlig（2009）提出的符号限制的向量自回归模型，在剥离经济周期、财政政策、货币政策三者之间的相互影响关系的情况下，估计了经济衰退时期扩张性财政政策和扩张性货币政策的就业效应，同时还构建真实经济周期模型，对本章的实证研究结论进行理论解释。本章的创新可以归结为以下三点：第一，从理论上讲，本章的研究能够为经济周期、财政政策、货币政策三者之间搭配使用的理论研究提供实证检验的基础；第二，从实践上讲，本章的研究能够为中国政府在经济衰退时期促进就业的宏观经济政策提供参考；第三，从研究方法上讲，本章提出的剥离经济周期冲击、财政政策冲击、货币政策冲击的方法，可以广泛地运用于分解宏观经济变量之间的相互影响关系。

在剥离经济周期、财政政策、货币政策三者之间的相互影响关系的情况下，估计财政政策和货币政策的政策效应具有以下两个特点：其一，研究的是变量之间的短期动态关系，因此适合于采用向量自回归模型进行估计；其二，有必要对经济周期、财政政策、货币政策三者之间的搭配组合关系进行限定，因此应分别识别出经济周期、财政政策、货币政策的外生冲击，目前有三种识别外生政策冲击的方法。

第一种方法是事件研究法，即根据政策的发生情况定义个变量 D 引入向量自回归模型中，用以捕捉政策的外生冲击，这种方法广泛地用于识别财政政策。Ramey 和 Shapiro（1999）

以及 Edelberg、Eichenbaum 和 Fisher（1998）根据美国在朝鲜战争、越南战争、星球大战三个事件中出现的军费激增的情况，把这三大事件的发生时间 1950：q3、1965：q1、1980：q1 定义为 1，把其他时间定义为 0，构造了一个外生的虚拟变量 D 用于识别美国财政政策的外生冲击。[①] Ramey（2011）对事件研究方法进行了扩展，他通过以下两种方法把虚拟变量 D 扩展为连续变量 D_c：其一，根据 1939—2008 年美国主流报刊报道的军事新闻的数量构造一个在时间上连续的外生变量；其二，根据 1968—1981 年美国专家预测的军费开支增长率与其实际增长率之间的差异构造一个外生的连续变量。事件研究法能够较好地识别具有具体发生时间的外生政策冲击，但是它不能识别那些发生时间不确定的外生政策冲击，同时该方法也难以识别外生政策冲击的强度。因此，已有文献主要采用事件研究法识别财政政策的外生冲击，尚未有文献采用该方法识别经济周期冲击和货币政策冲击，这就决定了不宜采用该方法研究经济周期、财政政策、货币政策三者之间的相互影响关系。

第二种方法是零限制条件识别方法，它可以分为短期零限制条件识别方法和长期零限制条件识别方法：其一，短期零限制条件识别法（Sims，1986），该方法把结构型向量自回归模型设定为 $AY_t = \sum_{\iota=1}^{p} A_\iota Y_{t-\iota} + \beta v_t$，其中 v_t 是结构性冲击，误差 $\mu_t = \beta v_t$，假定政策变量在短期不影响其他经济变量，那么矩阵 A 为下三角矩阵，矩阵 β 为对角矩阵，从而可以采用乔里斯基分解方法确定矩阵 A 和 β，但是变量顺序会对这种识别方

① 美国里根总统提出星球大战计划。

法的分解结果产生影响（Bernanke 和 Blinder，1992）；[①] 其二，长期零限制条件识别方法，该方法把结构型向量自回归模型转化为 $\mu_t = A^{-1}\beta v_t = Cv_t$ 的形式（Blanchard 和 Perotti，2002），然后根据残差 μ_t 与结构型冲击 v_t 的长期关系确定矩阵 C 中部分元素的具体值，从而识别出外生政策冲击。有大量的文献采用零限制条件识别方法识别了财政政策的外生冲击（Perotti，2008；Brückner 和 Pappa，2012）以及货币政策的外生冲击（Altavilla 和 Ciccarelli，2010；Islas 和 Willy，2012），但是这种识别方法只能依据经济理论对变量之间是否存在相关关系进行限定，而不能对变量之间存在的正相关或者负相关关系进行限定，因此零限制条件的识别方法也不适合于研究经济周期、财政政策、货币政策三者之间的相互影响关系。

第三种方法是符号限制的识别方法，该方法主要依据经济理论对变量之间存在的正相关、负相关、正交不相关关系进行限定，进而识别出符合经济理论预期的外生政策冲击。Leeper、Plante 和 Traum（1996）指出，向量自回归模型的残差包含了所有结构性冲击的信息，通过任意的正交单位矩阵对向量自回归模型的系数矩阵 A 和 β 进行转换，就可以找到那些满足外生政策冲击的识别条件的系数矩阵 A、β。Faust（1998）假定紧缩性货币政策的识别条件是提高利率可以降低货币供给、价格和总产出，根据这一限制条件求解向量自回归模型的残差方差的最小值，就可以识别出紧缩性货币政策的外生冲击。Canova 和 De Nicoló（2002）指出，依据经济理论对变量之间的相关关系进行限定，就可以识别出符合经济理论预期的外生

① 很多文献把短期零识别方法称为递归识别方法。

政策冲击，比如通过限定利率与货币供给负相关的方法就可以识别货币政策的外生冲击，这一观点正是符号限制的识别方法的核心思想。Uhlig（2005）对符号限制的识别方法进行了发展和完善：其一，在一定的时间范围内限定变量之间存在正相关或者负相关关系；其二，采用惩罚函数惩罚那些与符号限制条件不相符的外生冲击，从而能够更加准确地识别出政策的外生冲击。Mountford 和 Uhlig（2009）提出了对变量之间存在的正交不相关关系进行限定的方法，该方法能够分离各种外生政策冲击之间的相互影响，因而能够估计出某项外生政策冲击对其他经济变量的独立影响。关于财政政策的识别条件，有的文献假定增加财政支出导致总产出和财政赤字增加（Pappa，2009），还有的文献假定减少财政收入导致财政赤字和总产出增加（Canova 和 Pappa，2007）。关于货币政策的识别条件，大多数文献都假定利率上升导致货币供给和价格同时下降（Berument、Denaux 和 Yalcin，2012）。

综上所述，采用向量自回归模型估计财政政策、货币政策的政策效应，其难点在于剥离经济周期、财政政策、货币政策三者之间相互影响关系，即采用恰当的方法分别识别出经济周期冲击、财政政策冲击、货币政策冲击。对于事件研究方法，该方法能够捕捉政策的外生性，但是该方法在识别外生政策冲击的强度和准确性方面存在不足，因此该方法仅适合于识别财政政策冲击，不适合于识别经济周期冲击和货币政策冲击。对于零限制条件的识别方法，该方法仅能对变量之间是否存在相关关系进行限定，而不能对变量之间的正相关和负相关关系进行限定，因此该识别方法能够用于识别财政政策冲击、货币政策冲击，但不适合于识别经济周期冲击。对于符号限制的识别方法，该方法可以在任意特定的时期内对变量之间存在的正相关、负相关、正交不相关关系进行限定，从而能够对经济周期冲击、财政政策冲击、货币政策冲击进行识别，因此可以用来剥离经济周期、财政政策、货币政策三者之间的相互影响关系。

三、计量模型、变量选择与识别方法

1. 符号限制的向量自回归模型的特点介绍

假定结构型向量自回归模型为方程（1）：

$$AY_t = \sum_{\iota=1}^{p} A_t Y_{t-\iota} + \varepsilon_t = \sum_{\iota=1}^{p} A_t Y_{t-\iota} + \beta v_t \qquad (1)$$

其中，系数矩阵 A 反映了内生变量之间的同期影响关系，即短期影响关系，系数矩阵 A_t 反映了内生变量的“跨期”相关关系，即长期影响关系。如果把误差 β 的方差协方差矩阵 Ω 进行正交分解，得到 $\Omega = \beta\beta'$，那么矩阵 β 代表了结构冲击对整个经济系统的影响，而 v 就是正交标准化的结构冲击。缩减型向量自回归模型的分解方法是，在方程（1）两边同时乘以矩阵 A^{-1}，然后对误差 $\varepsilon' = A^{-1}\varepsilon$ 的方差协方差矩阵 Ω' 进行正交分解。由于矩阵 Ω 和 Ω' 的正交分解具有多样性，因此必须施加特定的约束条件才能进行求解：短期零限制条件识别方法施加的约束条件是外生冲击在短期不影响其他内生变量，因此系数矩阵 A 为下三角矩阵，β 为对角矩阵，这种方法称为乔里斯基分解方法；长期零限制条件识别方法施加的约束条件是，根据经济理论所预测的变量之间的长期关系，设定系数矩阵 $S = A^{-1}\beta$ 中部分元素的取值，然后对方差协方差矩阵 Ω' 进行正交分解。上述分解方法的主要局限包括：对系数矩阵 A 或者

S 的取值情况的限定比较严格，对系数矩阵 A 的限制条件要求外生冲击在当期对内生变量没有影响，对矩阵 S 的限制条件要求外生冲击对内生变量没有长期影响。事实上，大多数经济理论仅仅对变量之间存在的正相关或者负相关关系进行了限定，比如，紧缩性货币政策冲击意味着利率提高和通胀下降，即利率与通胀之间存在负相关关系，因此假定利率与通胀在短期不相关或者在长期不相关，都与经济理论的预期存在一定的差距。

Uhlig（2005）提出了符号限制的方差协方差分解方法，其本质是通过设定矩阵 S 中各变量之间的正相关或者负相关关系，然后通过蒙特卡洛抽样模拟的方法筛选出满足矩阵 S 的符号限制条件的正交分解结果，具体的求解过程分为以下四步：

第一步，假定 S 为 N × N 维的矩阵，矩阵 S 的任意一列 $s_{(i)}$ 表示一个给定的外生冲击，j 表示外生冲击 $s_{(i)}$ 包含的 N 个变量中的任意一个，在冲击 $s_{(i)}$ 包含的 N 个变量中有 Θ 个变量带有符号限制条件，即 $\Theta \in N$，并且 Θ 个带有符号限制条件的变量对外生冲击 $s_{(i)}$ 的反应可以为正数或者负数，比如，当外生冲击 $s_{(i)}$ 代表紧缩性货币政策冲击的时候，则 $s_{(i)}$ 中的利率变量对该冲击的反应为正数，而通胀变量对该冲击的反应为负数，因此可以根据经济理论对外生冲击 $s_{(i)}$ 中的变量的限制条件进行设定；

第二步，假定 $\tilde{S}$ 是方差协方差矩阵 Ω' 的乔里斯基分解矩阵，那么方差协方差矩阵 Ω' 的任意一个正交分解矩阵 S，都等于乔里斯基分解矩阵 $\tilde{S}$ 与一个正交单位矩阵 Q 的乘积，即 $S = \tilde{S}Q$ 且 $QQ' = 1$，从而得到恒等式 $s_{(i)} = \tilde{S}q_{(i)}$，其中 $q_{(i)}$ 是

矩阵 Q 中的第 i 列；

第三步，假定乔里斯基分解矩阵 $\tilde{S}$ 中第 i 列为外生冲击 $\tilde{s}_{(i)}$，变量 j 对外生冲击 $\tilde{s}_{(i)}$ 的脉冲响应在第 κ 期 $\mathfrak{R}_j^\kappa[\tilde{s}_{(i)}]$，$\kappa=0,\cdots,K$，根据恒等式 $s_{(i)}=\tilde{S}q_{(i)}$，求出变量 j 对外生冲击 $s_{(i)}$ 的脉冲响应为 $\mathfrak{R}_j^\kappa(s_{(i)})=q_{(i)}\mathfrak{R}_j^\kappa[\tilde{s}_{(i)}]$；

第四步，当变量 j 对外生冲击 $s_{(i)}$ 的脉冲响应为正数的时候，指针函数 τ_j 的取值为 -1，否则指针函数 τ_j 的取值为 1，因此带有符号限制条件的变量 Θ 对外生冲击 $s_{(i)}$ 的总反应 $\Phi[s_{(i)}]=\sum_{j\in\Theta}\sum_{\kappa=0}^{K}\tau_j\mathfrak{R}_j^\kappa[s_{(i)}]=\sum_{j\in\Theta}\sum_{\kappa=0}^{K}\tau_j q_{(i)}\mathfrak{R}_j^\kappa[\tilde{s}_{(i)}]$。由于脉冲响应 $\mathfrak{R}_j^\kappa[\tilde{s}_{(i)}]$ 可以通过乔里斯基分解得到，而正交单位向量 $q_{(i)}$ 可以从 N 维球面空间中模拟抽样得到，因此可以通过 N 次蒙特卡洛抽样模拟的方法得到 N 个总反应 $\Phi[s_{(i)}]$，保留其中 N_{keep} 个总反应 $\Phi[s_{(i)}]$ 值最小的模拟结果，从而得到带有符号限制条件的方差协方差分解结果。

Mountford 和 Uhlig（2009）还提出了对两种外生冲击进行正交分解的方法，假定存在两种冲击 $s_{(a)}$、$s_{(b)}$。其识别条件分别为 $s_{(a)}=\tilde{S}q_{(a)}$ 和 $s_{(b)}=\tilde{S}q_{(b)}$，首先根据条件 $s_{(a)}=\tilde{S}q_{(a)}$ 识别出冲击 $s_{(a)}$，然后求出与向量 $q_{(a)}$ 正交的向量空间 $\bar{q}_{(a)}$，最后在向量空间 $\bar{q}_{(a)}$ 中根据条件 $s_{(b)}=\tilde{S}q_{(b)}$ 识别出冲击 $s_{(b)}$，此时求出的外生冲击 $s_{(b)}$ 与外生冲击 $s_{(a)}$ 存在正交不相关关系。

与传统的方差协方差分解方法相比，符号限制条件的方差协方差分解方法具有以下三点优势：第一，能够对变量之间存在的正相关、负相关、正交不相关关系进行灵活的设定；第二，该方法能够对外生冲击的作用期限 κ 进行灵活的设定，而

不再局限于当期 $\kappa=0$ 或者长期 $\kappa=\infty$ 这两种特殊情况；第三，该方法可以通过蒙特卡洛抽样模拟的方法对分解结果进行模拟和检验，从而提高了分解结果的稳健性。因此，该方法是目前研究宏观经济变量之间的相互影响关系的较好方法，而且也能够达到本章的研究目标——分解经济周期、财政政策、货币政策三者之间的相互影响关系。

2. 变量选择与数据描述性统计

为了增强变量选取的理论基础，构建一个包含消费市场、产品市场、政府部门的真实经济周期模型。设定 C 为消费、L 为劳动、K 为资本存量、A 为生产技术，M 为名义货币、P 为价格、B 为债券、T 为税收总额、r 为资本收益率、D 为企业分红、Y 为总产出、I 为投资、G 为财政支出、g 为财政支出占地区生产总值的合意水平、w 为实际工资、R 为债券利率、δ 为折旧、β 为贴现因子、π 为通货膨胀。参考 Gali（2015）的方法，把消费者的效用函数设为（2a），把预算约束设为（2b），进而得到资源约束方程（2c）：

$$U(X_t,L_t)=\frac{X_t^{1-\sigma}-1}{1-\sigma}-\frac{L_t^{1+\varphi}}{1+\varphi},$$

其中，$X_t=[(1-\vartheta)C_t^{1+v}+\vartheta(M_t/P_t)^{1-v}]^{1/(1-v)}$ （2a）

$$C_t+K_{t+1}-(1-\delta)K_t+B_{t+1}/P_t+M_{t+1}/P_t+T_t\leqslant(1+R_t)B_t/P_t+M_t/P_t+w_tL_t+r_tK_t+D_t/P_t \tag{2b}$$

$$Y_t=C_t+I_t+G_t \tag{2c}$$

根据消费者效用最大化的求解过程，得到均衡条件：$U_{L,t}/U_{c,t}=-w_t$，$\Xi_t\pi_t=\beta\,\Xi_{t+1}(1+R_t)$，$\Xi_t/\Xi_{t+1}=\beta(r_t+(1-\delta))$，$P_tU_{M,t}/U_{c,t}=R_t/\pi_t$，其中 Ξ 是拉格朗日算子，进而求出货币供给方程（3a）和劳动供给方程（3b）：

$$M_t/P_t = ((1-\vartheta)R_t/\vartheta)^{-1/\nu}C_t \tag{3a}$$

$$L_t^{\varphi} = (1-\vartheta)\left[(1-\vartheta)+\vartheta((1-\vartheta)R_t/\vartheta)^{(\nu-1)/\nu}\right]^{(\nu-\sigma)/(1-\nu)}C_t^{-\sigma}w_t \tag{3b}$$

假定企业的生产函数为 $Y_t = F(K_t, L_t) = A_t[\alpha K_t^{\varphi} + (1-\alpha)L_t^{\varphi}]^{1/\varphi}$，其中 $\varphi \leqslant 1$，根据利润最大化的求解过程，得到劳动需求函数（4a）以及利率下降对就业的替代效应（4b）和规模效应（4c）：

$$L_t = A_t^{-1}[\alpha(r_t(1-\alpha)/w_t\alpha)^{\varphi/(\varphi-1)} + (1-\alpha)]^{-1/\varphi}Y_t \tag{4a}$$

$$\eta_{Lr}^{a} = \frac{F_K K/Y}{F_L F_K/YF_{LK}} = \frac{\lambda_K}{1-\varphi} = \lambda_K \varepsilon_{KL} \tag{4b}$$

$$\eta_{Lr}^{b} = \frac{\partial\ Lr}{\partial\ rL} = \frac{\partial\ Yr}{\partial\ rY} = \varepsilon_{YP} \cdot \frac{\partial\ Pr}{\partial\ rP} = \frac{\varepsilon_{YP}}{1-\varphi} = \varepsilon_{YP}\lambda_K \tag{4c}$$

其中，ε_{KL} 是 CES 生产函数的边际技术替代率，ε_{YP} 是产品需求的价格弹性，λ_K 为资本要素占总成本的比重。根据方程（2b）、（2c）、（3a）、（3b）、（4a），表明总产出、价格、工资、财政收入、财政支出、货币供给、利率是影响均衡就业的关键变量。为此，选取城镇单位就业人员 *EMP*、国内生产总值 *GDP*、工业产品出厂价格指数 *PPI*、城镇单位从业人员平均工资 *WAG*、财政收入 *REN*、财政支出 *EXP*、货币供给 M_0、货币供给 M_1、货币供给 M_2、一年期的贷款利率 *R* 等十个变量。对于上述变量，对除就业 *EMP* 和利率 *R* 之外的其他变量进行了价格调整和季节调整，对除利率 *R* 之外的其他变量取了对数，各变量的名称、定义、计算方法、数据来源和描述性统计，如表 3.5 所示。

表 3.5 变量名称、定义、计算方法、数据来源和描述性统计

（1998q1 ~ 2016q4，T = 76）

名称	定义、计算方法与数据来源	最小值	均值	最大值	方差
ln*EMP*	城镇单位就业人数的对数 a	10.33	11.21	12.03	0.520
lnGDP	可比价格 *GDP* 的对数 b	9.290	9.480	9.810	0.170
ln*WAG*	城镇单位从业人员工资的对数 c	8.290	9.440	10.31	0.590
PPI	定基工业产品出厂价格指数对数 d	4.530	4.610	4.700	0.0400
lnEXP	财政支出的对数 e	7.850	9.340	10.53	0.790
lnREN	财政收入的对数 e	7.670	9.250	10.32	0.800
lnM_0	货币供给 M_0 的对数 e	10.40	11.26	11.90	0.460
lnM_1	货币供给 M_1 的对数 e	11.57	12.81	13.84	0.660
lnM_2	货币供给 M_2 的对数 e	12.57	13.89	15.04	0.750
R	一年期的贷款利率	4.350	5.860	8.400	0.790

注：（1）所有数据来源万德数据库，样本期限为 1998 年第一季度到 2016 年第四季度；（2）各变量的单位和计算方法简介如下，a：单位万人，取对数；b：单位亿元，先用国内生产总值折算指数折算为 2005 年可比价，然后进行季节调整，最后取对数；c：单位元，采用消费价格指数折算为 2005 年的可比价格，然后进行季节调整，最后取对数；d：将指数乘以 100 取对数；e：单位亿元，采用消费价格指数折算为 2005 年的可比价格，然后进行季节调整，最后取对数；f：对数据进行了季节调整。

3. 符号限制的向量自回归模型的工作原理

本章采用符号限制的向量自回归模型研究经济周期与宏观经济政策之间的搭配组合关系可分为以下两个步骤。

第一步，分别定义并求解经济周期冲 $s_{(1)}$、扩张性财政政策冲击 $s_{(2)}$、扩张性货币政策冲击 $s_{(3)}$：其一，在κ 个季度内，如果变量 *lnGDP*、*lnREN*、*PPI* 三者同时上升，则为经济繁荣冲击 $s_{(1,1)}$，如果三者同时下降，则为经济衰退冲击 $s_{(1,3)}$，如果三者与其他政策冲击正交不相关，则为经济平稳冲击 $s_{(1,2)}$，因此向量$s_{(1)} = [s_{(1,1)} s_{(1,2)} s_{(1,3)}]$；其二，在$\kappa$ 个季度内，如果变量 $lnEXP$ 连续增加，则为增加财政支出的扩张性财政政策冲击 $s_{(2,1)}$，如果变量 $lnREN$ 连续减少，则为减少财政收入的扩张性财政政策冲击 $s_{(2,2)}$，因此向量 $s_{(2)} = [s_{(2,1)} s_{(2,2)}]$；其三，在 κ 个季度内，如果变量 lnM_0 增加而利率 R 下降，则为扩张性货币政策冲击 $s_{(3,1)}$，如果变量 lnM_2 增加而利率 R 下降，则为扩张性货币政策冲击 $s_{(3,2)}$，如果变量 lnM_0、lnM_2 同时增加而利率 R 下降，则为扩张性货币政策冲击 $s_{(3,3)}$，因此向量 $s_{(3)} = [s_{(3,1)} s_{(3,2)} s_{(3,3)}]$。

第二步，定义经济周期冲击 $s_{(1)}$、扩张性财政政策冲击 $s_{(2)}$、扩张性货币政策冲击 $s_{(3)}$ 三者之间的关系：如果三者之间存在正相关关系，就可以得到三种冲击共同作用的政策效果，这就可以用于估计经济衰退时期财政政策与货币政策搭配使用的政策效果；如果三种冲击之间存在正交不相关关系，那么存在正交不相关关系的两个冲击之间就不存在相互影响关系，从而可以剥离这两种冲击之间的相互影响关系，这就可以用于估计经济衰退时期单独采用财政政策或者货币政策的政策效应。

为了明晰上述过程，给出经济周期冲击 $s_{(1)}$、财政政策冲击 $s_{(2,1)}$、货币政策冲击 $s_{(3,3)}$ 三者在不同的搭配组合的情况下各变量的取值情况，参见表 3.6。如表 3.6 第五行所示，根据变量 lnM_0、lnM_2 取正值以及变量 R 取负值的条件，分解出扩张性货币政策冲击 $s_{(3,3)}$，然后在与冲击 $s_{(3,3)}$ 正交的向量空间内，根据冲击 $s_{(1,3)}$ 和 $s_{(2,1)}$ 存在的正相关关系条件，分解出冲击 $s_{(1,3)}$ 和 $s_{(2,1)}$ 的共同效应，这就是在经济衰退时期单独采用扩张性财政政策的政策效应。如果按照表 3.6 第六行对八个变量的符号进行设定，就可以分解出冲击 $s_{(1,3)}$、$s_{(2,1)}$、$s_{(3,3)}$ 的共同效应，这就是经济衰退时期扩张性财政政策和扩张性货币政策搭配使用的政策效应。

表 3.6　经济周期冲击 $s_{(1)}$、财政政策冲击 $s_{(2,1)}$、货币政策冲击 $s_{(3,3)}$ 之间的搭配关系

政策类型 / 经济形势	冲击类型	$s_{(1)}$			$s_{(2,1)}$	$s_{(3,3)}$		
	变量名称	*lnGDP*	*PPI*	*lnREN*	*lnEXP*	lnM_0	lnM_2	*R*
经济繁荣 $s_{(1,1)}$	单独使用	+	+	+	$s_{(3)}$	$s_{(2)}$	$s_{(2)}$	? $s_{(2)}$
	搭配使用	+	+	+	+	+	+	−
经济平稳 $s_{(1,2)}$	单独使用	±	±	±	$s_{(1)}s_{(3)}$	$s_{(1)}s_{(2)}$	$s_{(1)}s_{(2)}$	? $s_{(1)}s_{(2)}$
	搭配使用	±	±	±	+	+	+	−
经济衰退 $s_{(1,3)}$	单独使用	−	−	−	$s_{(3)}$	$s_{(2)}$	$s_{(2)}$	? $s_{(2)}$
	搭配使用	−	−	−	+	+	+	−

注：符号“+”表示该变量取正值，符号“-”表示该变量取负值，符号“±”表示同一行的这一组变量可以同时取正数或者同时取负数，无符号表示该变量取正值且与其后的外生冲击正交不相关，符号“?”表示该变量取负值且与其后的外生冲击正交不相关。

四、实证研究的结果

根据 *FPE*、*AIC* 统计量确定的向量自回归模型的最优滞后阶数为 4 阶，根据 *HQIC*、*SBIC* 统计量确定的最优滞后阶数为 1 阶。根据向量自回归模型的特征根检验表明，只有在最优滞后阶数为 1、2、3 阶的情况下，模型才是稳定的。因此，模型的最优滞后阶数可以是 1、2、3 阶，但是当最优滞后阶数为 1、3 阶的时候，向量自回归模型的估计结果不稳健，因此，把向量自回归模型的最优滞后阶数定为 2 阶。在本章的蒙特卡洛抽样模拟分析中，参数 κ 的最小值设为 1，最大值设为 4，抽样次数 N 设为 12000，最优抽样次数 N_{keep} 设为 1200，脉冲响应图的滞后期数设为 11。①

1. 经济周期、财政政策、货币政策三者之间的搭配关系

经济周期、财政政策、货币政策三者之间存在搭配组合关系是本章研究的起点。首先，根据符号限制的向量自回归模型分解出经济周期冲击、财政政策冲击、货币政策冲击，以观察三者之间是否存在搭配组合关系。

如图 3.2 所示，经济周期冲击、财政支出冲击、货币政策冲击围绕均值 0 上下波动；当三者在均值 0 上方的时候，分别表示经济繁荣、扩张性财政政策、扩张性货币政策，当三者在均值 0 下方的时候，分别表示经济衰退、紧缩性财政政策、紧缩性货币政策。图 3.2 表明，中国财政政策和货币政策的逆经济周期操作的基本特征是：第一，在 2001 年第四季度到 2002 年第三季度、2008 年第二季度到 2009 年第二季度、2013 年第四季度到 2014 年第二季度期间，经济进入了衰退时期，此时，中国政府采取了扩张性的财政政策和货币政策。第二，在 1998 年第三季度到 1999 年第一季度期间，经济进入了繁荣时期，此时，中国政府采取了紧缩性的财政政策和货币政策。可见，财政政策、货币政策与经济周期密切相关，且财政政策与货币政策还存在搭配使用的关系。只有剥离经济周期、财政政策、货币政策三者之间的相互影响关系，才能更准确地评估财政政策、货币政策对就业的贡献。

① 除本章已经报告的研究结果之外，还在修改模型的样本期限和最优滞后阶数以及更换利率和价格指数的统计指标等情况下重新估计了模型，本章的研究结论依然成立。

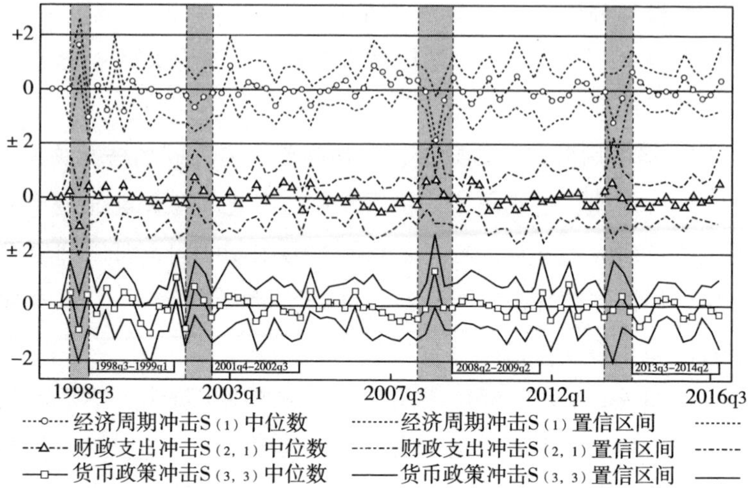

图 3.2　经济周期、财政政策、货币政策三者的波动趋势

注：本图是根据符号限制的向量自回归模型分解出的经济繁荣冲击 $s_{(1,1)}$、增加财政支出的扩张性财政政策冲击 $s_{(2,1)}$，增加货币供给 M_2 以及降低利率的扩张性货币冲击 $s_{(3,3)}$，图中的置信区间分别是 84 分位数和 16 分位数。

2. 在经济周期的不同阶段扩张性财政政策和扩张性货币政策的就业效应

当扩张性财政政策冲击 $s_{(2)}$ 与扩张性货币政策冲击 $s_{(3)}$ 正交不相关的时候，在经济繁荣、经济平稳、经济衰退三种情况下分解出扩张性财政政策和扩张性货币政策的就业效应，如图 3.3 所示。

从图 3.3 中可以看出：首先，增加财政支出的扩张性财政政策、减少财政收入的扩张性财政政策、增加货币供给 M_0 以及降低利率的扩张性货币政策、增加货币供给 M_2 以及降低利率的扩张性货币政策对就业的促进作用，在经济衰退时期最强、在经济繁荣时期最弱，而在经济平稳时期则居于前述二者

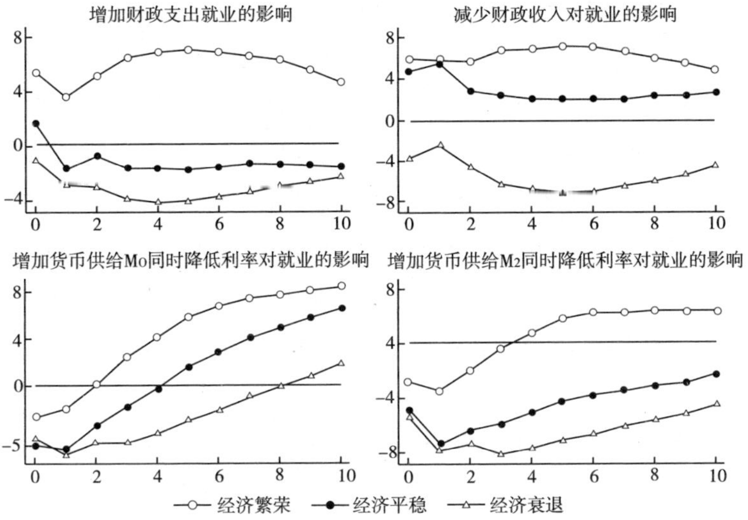

图 3.3　经济周期对财政政策、货币政策的就业效应的影响

注：本图是经济繁荣、经济平稳、经济衰退时期就业对扩张性财政政策和扩张性货币政策的外生冲击的脉冲响应图，其中扩张性财政政策包括增加财政支出、减少财政收入两种类型，扩张性的货币政策包括增加货币供给 M_2 以及降低利率、同时增加货币供给 M_0、M_2 以及降低利率两种类型。

之间。这一结论支持了凯恩斯主义关于宏观经济政策的观点，同时也与 Corsetti、Meier 和 Müller（2012）的研究结论一致。而且，在经济繁荣、经济平稳、经济衰退时期，扩张性财政政策对就业的促进作用，高于扩张性货币政策对就业的促进作用，并且增加货币供给 M_0 以及降低利率的扩张性货币政策对就业的促进作用，要远高于增加货币供给 M_2 以及降低利率的扩张性货币政策对就业的促进作用。

总而言之，在经济周期的不同阶段，扩张性财政政策和货币政策的就业效应存在很大的差异性，同时，扩张性财政政策与扩张性货币政策对就业的促进作用也有显著的差异。这就要求在评估财政政策、货币政策的就业效应时，应当充分考虑经济周期的影响，并区分扩张性财政政策和扩张性货币政策的就业效应的差异，否则，将可能低估扩张性财政政策和扩张性的货币政策对就业的促进作用。鉴于在经济平稳或者经济繁荣时期，扩张性财政政策、扩张性货币政策的就业效应没有很强的政策应用价值，下文将重点评估在经济衰退时期，扩张性财政政策、扩张性货币政策对就业的影响。

3. 经济衰退时期扩张性财政政策和扩张性货币政策的就业效应

首先，假定扩张性财政政策冲击 $s_{(2)}$、扩张性货币政策冲击 $s_{(3)}$ 与经济衰退冲击 $s_{(1,3)}$ 正相关，然后在冲击 $s_{(2)}$ 与 $s_{(3)}$ 正相关的情况下分解出财政政策和货币政策搭配使用的就业效应，在冲击 $s_{(2)}$ 与 $s_{(3)}$ 正交不相关的情况下，分解出单独使用财政政策或货币政策的就业效应。增加财政支出的扩张性财政政策冲击 $s_{(2,1)}$ 与减少财政收入的扩张性财政政策冲击 $s_{(2,2)}$ 对就业的影响特征，如图 3.4 所示。当增加财政支出或者减少财政收入的扩张性财政政策，分别与不同的扩张性货币政策搭配使用的时候，扩张性财政政策和扩张性货币政策的就业效应具有以下特征：

第一，不论是否与扩张性货币政策搭配使用，增加财政支出的扩张性财政政策与减少财政收入的扩张性财政政策对就业的冲击反应图具有很强的相似性。这说明，增加财政支出和减少财政收入的扩张性财政政策对就业的影响具有相似的特征。

第二，从单独采用扩张性财政政策和扩张性货币政策的就业效应来看，单独采用扩张性财政政策对就业的促进作用，要大于单独采用扩张性货币政策对就业的促进作用，单独采用增

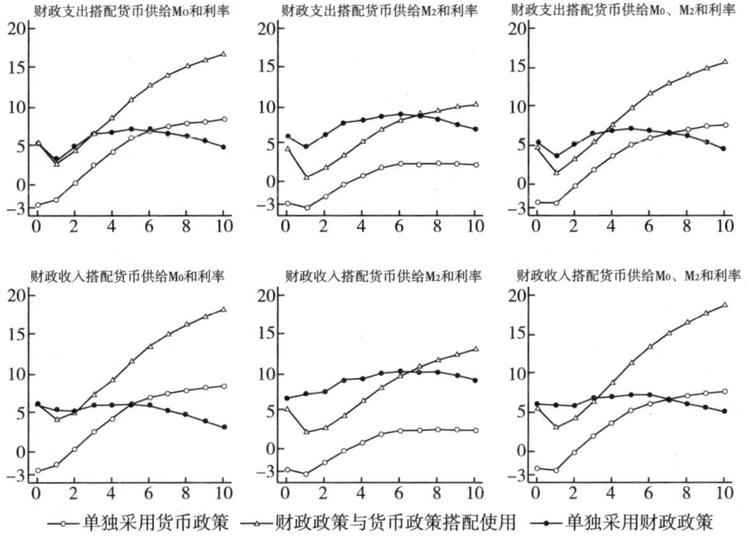

图 3.4　经济衰退时期扩张性财政政策、货币政策对就业的影响

注：本图是经济衰退时期就业对扩张性财政政策和扩张性货币政策的外生冲击的脉冲响应图，其中扩张性财政政策是指增加财政支出或减少财政收入，扩张性货币政策包括增加货币供给 M_0 以及降低利率、增加货币供给 M_2 以及降低利率、增加货币供给 M_0、M_2 以及降低利率 3 种类型。

资料来源：笔者计算。

加货币供给 M_0 以及降低利率的扩张性货币政策对就业的促进作用，要高于单独采用增加货币供给 M_2 以及降低利率的扩张性货币政策对就业的促进作用。

第三，当扩张性财政政策与增加货币供给 M_0 以及降低利率的扩张性货币政策搭配使用，或者扩张性财政政策与增加货币供给 M_0、M_2 以及降低利率的扩张性货币政策搭配使用的时候，二者所产生的促进就业作用都要远大于单独采用财政政策对就业的促进作用。

第四，当扩张性财政政策与增加货币供给 M_2 以及降低利率的扩张性货币政策搭配使用的时候，二者所产生的促进就业的作用，要略低于单独采用扩张性财政政策对就业的促进作用。

总而言之，得到的主要结论如下：（1）单独采用扩张性财政政策的就业效应高于单独采用扩张性货币政策的就业效应。（2）单独采用增加货币供给 M_0 以及降低利率的扩张性货币政策的就业效应远高于单独采用增加货币供给 M_2 以及降低利率的就业效应。（3）扩张性财政政策与增加货币供给 M_0 以及降低利率的扩张性货币政策搭配使用，大幅度提高了扩张性财政政策对就业的促进作用。（4）扩张性财政政策与增加货币供给 M_2 以及降低利率的扩张性货币政策搭配使用，降低了扩张性财政政策对就业的促进作用。

4. 根据真实经济周期模型对本章的实证研究结论进行分析

为了对上述实证研究结论进行理论解释，把方程（2c）、（3a）、（3b）、（4a）对数线性化，得到以下线性方程组：①

$$Y\hat{Y}_t = C\hat{C}_t + I\hat{I}_t + \hat{g}_t gY \quad (5a)$$

$$\hat{M}_t - \hat{P}_t = -1/\nu\hat{R}_t + \hat{C}_t \quad (5b)$$

$$\hat{L}_t = [(\nu-\sigma)\vartheta\chi_m{}^{1-\nu}]/[\nu\varphi(1-\vartheta)+\vartheta\chi_m{}^{1-\nu}]\hat{R}_t - \sigma/\varphi\hat{C}_t + 1/\varphi\hat{w}_t \quad (5c)$$

$$\hat{L}_t = -\hat{A}_t + (\hat{r}_t - \hat{w}_t)\chi_{rw}/(1-\varphi)(\chi_{rw}+1) + \hat{Y}_t \quad (5d)$$

其中，参数 $\chi_m = (1-\vartheta)^{-1/\nu}\vartheta^{1/\nu}R^{-1/\nu}$，$\chi_{rw} = r^{\varphi/(\varphi-1)}w^{\varphi/(1-\varphi)}$

① 在后文中，没有下标的变量表示该变量的稳态值，而且债券利率和资本回报率的对数线性化等价，即 $\hat{R}_t = \hat{r}_t$，受到篇幅限制，本章略去了所有变量的稳态值和推导过程。

$(1-\alpha)^{1/(\varphi-1)}\alpha^{1/(1-\varphi)}$。根据上述线性方程组，可以分析财政政策、货币政策影响就业与经济增长的经济机理。

关于扩张性财政政策影响就业的机理，可以从劳动供给和劳动需求的角度进行分析：第一，从劳动供给的角度来看，结合方程（5a）与（5c）可以得到财政支出对劳动供给的影响系数 $g\sigma Y/\varphi C > 0$ ，这表明增加财政支出导致劳动供给增加，其内在经济机理是增加财政支出降低了消费，从而提高了消费的边际效用，根据均衡条件 $U_{L,t}/U_{c,t} = -w_t$ ，得到劳动的边际效用也将上升，最终导致劳动供给增加；第二，从劳动需求的角度来看，根据方程（5a）与（5d），得到财政支出对劳动需求的影响系数 $g > 0$ ，这表明增加财政支出可以增加劳动需求，其内在的经济机理是增加财政支出通过产出扩张对劳动需求产生了规模效应，进而增加了劳动需求。因此，扩张性财政政策有助于增加劳动供给和劳动需求，最终导致均衡就业增加。

关于扩张性货币政策影响就业的机理，首先根据方程（5b）得到货币供给与利率之间的系数 $-1/\nu < 0$ ，即货币供给增加导致利率下降；其次根据方程（5c）、（5d）推导利率下降对劳动供给和劳动需求的影响：第一，从劳动供给的角度来看，根据方程（5c），如果参数 $\nu > \sigma$ ，那么利率下降导致劳动供给下降，如果参数 $\nu < \sigma$ ，那么利率下降导致劳动供给上升；第二，从劳动需求的角度来看，根据方程（5d），利率下降对劳动需求的影响方向取决于系数 $\chi_{rw}/(1-\varphi)(\chi_{rw}+1)$ 的正负号，如果利率下降对劳动需求产生的规模效应 $\lambda_K/(1-\varphi)$ 大于替代效应 $\lambda_K\varepsilon_{YP}$ ，那么系数 $\chi_{rw}/(1-\varphi)(\chi_{rw}+1) < 0$ ，这意味着利率下降导致劳动需求上

升，反之，亦然。总体而言，扩张性货币政策导致的利率下降对劳动供给和劳动需求的影响方向是不确定的，特别是利率下降将通过替代效应抑制扩张性货币政策对就业的促进作用，因此扩张性货币政策对就业的促进作用是有限的。

综上所述，扩张性财政政策能够促进劳动供给增加，同时通过规模效应促进劳动需求增加，因而对就业的促进作用较强，但是扩张性货币政策对劳动供给和劳动需求的影响方向是不确定的，因而扩张性货币政策对就业的促进作用是比较有限的，最终导致扩张性财政政策对就业的促进作用大于扩张性货币政策对就业的促进作用，从而为实证研究的结论提供有力的理论证据。当然，前面的实证研究结论还表明，增加货币供给 M_0 以及降低利率的扩张性货币政策对就业的促进作用大于增加货币供给 M_2 以及降低利率的扩张性货币政策对就业的促进作用，这是因为货币供给 M_0 的增加主要是增加了经济系统中的现金，主要用于满足交易性货币需求，因此对劳动需求和均衡就业的抑制作用有限，但是货币供给 M_2 的增加主要增加了经济系统中的中长期信贷规模，主要用于满足企业中长期投资需求，因此大大地推进了企业采用资本替换劳动的进程，因此对劳动需求和均衡就业产生了很强的抑制作用。

第四节　加强宏观政策促就业的建议

一、主要结论

采用符号限制的向量自回归模型，在剥离了经济周期、财政政策、货币政策三者之间的相互影响关系的情况下，估计了扩张性财政政策、扩张性货币政策对就业以及经济增长的影响，得到以下三点结论：

第一，经济周期对扩张性财政政策和扩张性货币政策的就业效应有着重要的影响，在经济衰退时期，扩张性财政政策和扩张性货币政策对就业的促进作用最强，在经济平稳和经济繁荣时期，扩张性财政政策和货币政策均会对就业产生不同程度的抑制作用。因此，在评估财政政策、货币政策对就业的影响过程中，如果忽视了经济周期的作用，则会低估扩张性财政政策和货币政策对就业的促进作用。

第二，在经济衰退时期，单独采用扩张性财政政策对就业的促进作用大于单独采取扩张性货币政策对就业的促进作用，增加货币供给 M_0 以及降低利率的扩张性货币政策对就业的促进作用大于增加货币供给 M_2 以及降低利率的扩张性货币政策对就业的促进作用。

第三，在经济衰退时期，扩张性财政政策与增加货币供给 M_0 以及降低利率的扩张性货币政策搭配使用，会大幅度提高扩张性财政政策和货币政策对就业的促进作用，因而对就业的总体促进作用很强，但是扩张性财政政策与增加货币供给 M_2 以及降低利率的扩张性货币政策搭配使用，会在一定程度上抑制扩张性财政政策对就业的促进作用，因而对就业共同促进作用有限。

二、政策建议

我国宏观经济目前面临四大挑战。首先，从经济增长与通货膨胀两个指标来看，当前对今后到底是“通缩”风险大还是“滞胀”风险大存在着一定的分歧；其次，地区差距、城乡差距以及产业结构失衡、收入分配恶化、总需求结构失衡等结构性失衡问题日益制约着经济的持续健康发展；再次，以潜在增长率下降为标志的增长阶段转换已成为共识，我国已从高速增长转入中高速增长；最后，2008 年以来国际金融危机、欧债危机冲击的影响尚未完全消退，全球经济复苏过程缓慢，外需增长乏力。

2008 年以后，我国就业形势之所以能优于发达国家，是因为我国同时采用了积极的财政政策和稳健的货币政策，从而最大限度地发挥了两者对就业的促进作用，而发达国家主要运用倚重量化宽松的扩张性货币政策，不可避免地加速了资本对劳动的替代进程，抑制了就业增长。

为此，为实现全面建成小康社会的发展目标，必须处理好改革、增长与稳定的关系，针对经济周期的不同阶段，加强财政政策和货币政策的协调配合，发挥好宏观调控的作用。在经济衰退时期，为了充分发挥扩张性财政政策和货币政策对就业的促进作用，应以扩张性财政政策为主，同时搭配增加货币供给 M_0 以及降低利率的扩张性货币政策。

1. 加强财政政策和货币政策的协调配合

财政、货币政策协调配合应遵循五个原则，具体内容如下：

第一，政策效应的协调。财政、货币政策协调需注意政策效应的搭配，也就是需要考虑政策效应的方向、力度与时效性。经验表明，相对于货币政策，扩张性财政政策的刺激作用更直接，调节宏观经济具有直接性和针对性优点。与财政政策相比，货币政策的刺激作用更缓慢，但具有政策空间更大、决策时滞更短两大优势。

第二，需求管理与供给改善相协调。在经济周期的不同区间，应当采取不同的政策组合。在增速下滑、通胀上升的“滞胀”情形下，应当更偏重改善供给；在产能过剩、需求不足的衰退情形中，主要应采用扩大需求的政策。

第三，政策规则与相机抉择相协调。财政、货币政策在短期需求管理中可以采取“相机抉择”，但从中长期来说要有规则。成熟市场经济国家的货币政策长期实施盯住通胀目标的“单一规则”，将维护物价稳定作为自身最重要的职责。虽然现在很多国家的货币政策偏政府管制，但是在中长期也有规划。像美联储实施多轮 QE，但是达到一定规模以后，还是要退出 QE，在达到一定规模后要提高利率。财政政策最重要的规则是“跨期预算平衡规则”，将长期与短期统一起来。

第四，总量调节和结构调节相协调。在全面深化经济体制改革的新阶段，每个政策都既有总量也有结构，两者并不可决然割裂。虽然货币政策偏总量，但是结构也要管；财政政策偏结构，但是整体支出情况对经济也很重要。

第五，常规政策与非常规政策相协调。长期以来，西方发达经济体以通胀水平为货币政策调控变量，但是，在本轮危机中，美、日等国在超低利率起不到经济刺激作用的情形下，采用了“量化宽松”这样直接干预货币供应量的非常规政策。

当前，强化我国财政、货币政策协调配合的五个政策建议，具体内容如下：

（1）政策目标区间化，宏观调控最小化。随着经济增长进入“新常态”、进入了增长速度转换阶段，经济增长目标可以从高速转为中高速。中高速虽然与接近两位数的高速增长相比稍低，但也应视为经济发展规律的体现。

由于财政政策追求的是经济增长，而货币政策追求的是物价稳定，故而财政、货币政策协调配合的目标应当是“宏观调控目标区间”，而不是盯住某一个数值点，否则容易导致宏观政策的调节频率和力度超调。只要经济增长和通货膨胀等宏观经济指标处于目标区间内，一般即可视为经济运行正常，无须实施收紧或放松等财政、货币政策干预，交给市场自主调节即可。只有当宏观经济走势有可能脱离这一区间时，才考虑要么动用财政政策（如果是经济增长出了问题），要么动用货币政策（如果是物价稳定出了问题）。

实行宏观调控目标区间化的最大好处是有利于扩大政策回旋余地，可以尽量减少财政、货币政策干预的频率和力度，从而让市场在资源配置中更好地发挥决定性作用。

（2）根据周期、趋势、外部冲击三大因素搭配两大政策。在选择财政、货币政策组合时，通常应考虑三大因素，即经济周期、发展趋势以及处部冲击。第一，经济周期有四个阶段，在各阶段理想的松紧组合不同。在经济复苏阶段（温和增长、低通胀），应该实行“紧财政、松货币”的政策组合，以实现经济稳健增长；在经济过热阶段（高增长、高通胀），应该实行“双紧政策”，以抑制经济过热和高通货膨胀；在“滞胀”阶段（低增长、高通胀），应该实行“紧货币、松财政”的政策组合，以便在抑制高通胀过程中防止经济过快下滑；在经济陷入衰退的阶段（低增长、低通胀），应该实行“双松政策”，以刺激经济早日复苏。

第二，在考虑发展趋势因素时，需要跳出周期因素的局限，注意到增长阶段转换带来的趋势性作用。比如，当潜在增长率下降，经济增长阶段从高速、超高速转变为中速或中高速时，宏观调控就不可沿用惯性思维——为了力推经济增长而过多地进行财政注资或投放过多货币，否则不仅不会使实际增长率达到理想水平，还会导致更严重的通货膨胀。

第三，在考虑外部冲击因素时，临时采取一些政策措施是可以理解的，也是必需的。但需要注意的是，这些刺激政策要及时退出，不能把应急措施变成了常态化的制度安排。

（3）财政、货币政策操作应向“规则型”转变。提高政策操作的规则性是强化政府问责、改善预期管理的客观需要。从我国的财政、货币政策操作的实际情况看，尽管有时宣布实行“宽松的”或“从紧的”财政、货币政策，实际操作却往往与政策宣示南辕北辙，这不仅损害了政府的声誉，也不利于市场主体形成稳定的预期。

如今，我国的货币政策操作正处在由数量型政策工具向价格型政策工具转变的关键时期。应当在完善社会融资总额分析工具的基础上，加紧借鉴国际经验和国内实际情况，形成具有中国特色的数量型货币政策规则。

财政政策则应从增加政策透明度入手，积极发挥人大财政监督的作用，从完善预算管理和债务管理入手，完善行为规则，加强政府行为约束，以改善政府与市场互动，提高政府信誉度。

（4）做实货币政策委员会，设立财政政策委员会。由于财政政策目标与货币政策目标归属不同的部门负责，财政政策的优先目标与货币政策的优先目标存在不一致的地方。目前，我国的财政货币政策还存在互不配合甚至相互冲突的地方。因此，必须尽快改变这一现状，使二者向“协调型”转变。为此，需尽快完善决策机制：一方面，要“做实”货币政策委员会，把货币政策委员会从目前的咨询议事机构变为真正的决策机构。另一方面，要建立类似于货币政策委员会的“财政政策委员会的”作为财政政策的决策机构；在组成人员上，不但有各经济职能部门的成员，还要吸收专家学者进入，并且两个机构的部分成员应实行交叉任职，以加强二者之间的信息共享和协调配合。

（5）协调三大政策接口，加强两者协调配合。财政、货币政策之间存在三大接口——财政盈余、外汇储备和国债公开市场操作。应当密切关注上述三个领域内财政、货币政策之间的相互影响，以确保金融市场稳定运行，控制资本替代劳动的合理进程，确保财政、货币政策取得最大的协同效应，避免出现“无就业的经济增长”，及加剧社会收入分配差距的进一步扩大。

2. 实施好宏观经济政策，充分释放政策红利

财政政策促进经济增长和扩大就业的作用，内生于财政政策之中。作为扩大就业政策的重要组成部分，财政政策为我国就业增长贡献了积极作用，尤其是随着确立社会主义市场经济体制改革目标与劳动就业体制改革的不断推行，财政政策在再就业工程、促进创业、扶持中小企业发展等方面发挥了重要作用。

货币政策对就业的促进，主要包括货币供给总量调整、优惠利率、贷款投向改变、贷款条件调整等几方面对企业扩大就业和自主创业的支持。在货币供给总量和优惠利率方面，最典型的事件莫过于2008 年金融危机发生以后，为了刺激经济的增长，中央银行连续数次下调利率，重点是降低贷款利率水平，减轻企业利息负担和降低企业投资成本，同时增加流动性投放量，保持人民币币值对内对外的稳定，为促进经济增长创造了一个比较宽松的环境，也为保持和增加就业量提供了必要的保证。基于此，当前及今后一段时期，应当进一步实施好财政政策和货币政策，多种途径稳定就业、促进就业。

（1）财政政策促进就业的具体建议

第一，构建促进就业的财政投入机制，确保各级政府用于就业支持的财政支出份额。在就业的财政支出得到保证的基础上，改进该项资金投入结构，提高资金使用效率，完善税收优惠政策，健全小额贷款担保与财政贴息措施；将投入重点放在扩大创业、扶持中小企业发展，支持青年就业项目，构建终身培训体系，帮助促进劳动密集型行业特别是服务业的发展，促进灵活就业等方面；加大向农村就业与农村剩余劳动力转移的财政支出；完善财政支持社会保障体系建设的机制，发挥失业保险促进就业的积极作用。

第二，将财政资金重点投放到提升劳动者的就业、创业与职业转换能力上，健全劳动力市场，保护劳动者权益，规范劳动关系等方面。财政支出尤其是中央财政支出需要注意区分就业的市场需要和社会需要。就业的社会需要大部分表现为市场需求，可以通过就业竞争力的提高和市场竞争就业得到满足。但是，有一部分真实的社会就业需求是不能通过市场直接表现出来的，比如基础科学研究、公共服务、基础性教育、志愿者服务等，就需要通过适当的公共决策程序和政府财政支持的方式来加以满足。

第三，加强对财政运行的监督。财政监督包括财政政策评估、财政实时监控、定期评估和调整、加强社会和舆论监督。通过财政监督防止腐败与财政资金的低效运行，确保财政政策促进就业的公正与效率。

（2）税收政策促进就业的具体建议

对就业困难群体实行更精准、更有力度的税收扶持政策，对能够创造较多就业岗位的投资主体和企业以较大的税收优惠，以多样化的征税方式适应多样化的就业方式，平衡二元经济下城乡就业者的税收负担悬殊问题，做好促进就业的相关社会综合治税工作。

第一，在扶持方式上，应由针对特定就业人群的优惠政策适度向产业优惠政策转移，注重发展具有就业比较优势的劳动密集型行业和中小企业，减少就业人群间产生新的税收待遇不公平的可能性，同时也利于产业结构调整和优化。

第二，在优惠幅度和时间上，扩大促进就业税收政策的适用范围，给予能够创造就业岗位的投资主体和企业较大的税收优惠待遇。同时，延长就业再就业税收优惠政策的执行期限，改变目前促进各类人员就业的税收政策在执行期限上各不相同，甚至未做期限规定的现状。经验表明，确定优惠政策的期限可以稳定人们的政策预期，促进劳动力市场上的积极反应。一方面，需要对就业再就业税收政策的执行期限作出适当延长；另一方面，需要对各种优惠措施予以清理和规范。涉及下岗失业人员、军队转业干部、城镇退役士兵、军队随军家属及其他持有相关就业证明人员就业的税收优惠政策，零散分布于各种相关法律和法规规定中，并且较为混乱，所以需要统一和规范。

第三，在征税方式上，需要尝试适应就业方式多样化发展的征税方式创新。当前，灵活就业等多样化就业方式不断出现，其带动的就业比重在不断上升，因此，促进就业的税收政策应该积极调整和适应，创新税收的征收和监管方式，以鼓励非全日制就业、短期就业、季度性就业、家庭就业、派遣就业、远程就业、自雇就业、临时就业等多种就业形式的发展。

第四，在以税收政策支持城乡就业结构的转型上，应进一步破解城乡二元结构带来的劳动力市场矛盾。一方面，税收政策扶持面应由城镇失业人口向所有城乡劳动力扩大，为各类劳动力就业创造公平而不是偏向城市就业者的税收环境；另一方面，通过加大对城市服务业、中小企业、农村乡镇企业和县域经济等劳动密集产业和地区和税收支持力度，促进城乡就业岗位的增加，扩大农村劳动力和进城务工农民工的就业机会。

第五，在征税体系的管理上，应对促进就业的税收优惠和支出措施加强管理，提高税收政策促进就业的有效性。一方面，加强对纳税人和受益人享受的促进就业税收优惠政策的审批工作，加强税务行政执法的内部监管。通过公示制度，利用社会力量对审批工作进行监督，避免纳税人和受益人滥用税收优惠政策。另一方面，加强参与就业管理工作的各政府职能部门对信息的共享与利用，完善以税务部门为核心，促进就业税收优惠政策统一管理的综合协调机构，加强相关部门的税务协助和协查，做好与促进就业相关的社会综合治税工作。

（3）货币政策促进就业的具体建议

第一，在货币供应量或贷款总量上，清楚认识到以货币供应量治理通货膨胀对就业增长的代价。仔细而详尽地权衡使用货币供应量手段把通胀压下来的“效果”或“收益”，以及由此可能带来的国内经济下滑、产业萎缩、企业倒闭、结构恶化以及总就业下降的“代价”或“成本”。当然，在总量货币政策的设计上，还需要考虑许多非经济因素，比如社会大多数成员的心理承受力；企业、居民和劳动者对于政府的信任度；经济社会中是否还面临着其他的重大社会问题；来自国际社会的压力大小等。

第二，在货币贷款投向上，需要考虑增加对农业和第三产业等就业密集部门的贷款支持。利用优惠的信贷政策，进一步加大对农业的相关投资和贷款，带动农业增长、农业产业化和增加农民收入。将能够广泛增加就业的具体项目、部门作为政策的重点扶持对象。通过发展农业经济，打造遍布全国的高端农产品创新和生产基地，增强农业部门自身吸纳劳动力的能力。具体来说，一是加大对农业基础设施建设的投资和贷款，吸纳农村剩余劳动力参与建设。二是发展优质高效、劳动力密集型农业，对雇佣农业劳动力达到一定数量的农场、种植园、养殖场发放优惠生产贷款，鼓励其扩大规模，多吸收农业劳动力。三是重点扶持农产品的初加工和深加工行业，增加相关贷款，使之能吸纳更多的农业劳动力。四是对于那些富余劳动力准备在农村发展第二、第三产业的，提供一定的创业贷款或给予资金支持。

第三，增加对第三产业部门的贷款。当前，我国第三产业占国内生产总值的比重和发达国家的该项指标值相比还存在差距。发达国家第三产业占国内生产总值的比重为60%以上，吸纳劳动力的比重大约为70%，而2018年我国第三产业占国内生产总值的比重才达到52.2%，吸纳劳动力的比重仅有约44.9%。在贷款条件上，放松对中小企业的贷款限制，金融机构在“扶小”上更多学习借鉴其他发达国家和地区金融业的做法，[①] 设立一定比例的贷款直接用于中小企业。

在重点支持对象上，一是人力资源开发事业。在产业升级和技术进步的背景下，劳动力素质的提高是解决就业问题的一个关键因素。因此，信贷政策持续保持对基础教育、职业教育和劳动者的继续教育，以及职业培训的信贷支持和投入至关重要。在人力资源开发总投资中，除了公共投资以外，民间投资占较大的比例。在制定民间教育和培训机构优惠贷款利率政策时，应积极推动贷款抵押担保方式创新，信贷产品创新，鼓励政策性银行和商业银行积极开展针对各类教育和培训机构的融资活动。

二是自主创业和灵活就业的劳动者。当前，针对劳动者自主创业的信贷品种单一，覆盖范围有限，由财政贴息的小额信贷的限额较小、期限较短。因此应进一步丰富针对劳动者自主创业和灵活就业的信贷产品，鼓励创业投资基金的有序发展，规范市场操作秩序，推动创业型资本市场的发展，扩大对劳动者自主创业和灵活就业的融资范围。鼓励专门针对中小型企业融资的金融机构对自主创业的灵活就业的劳动者开展融资业务。

三是劳动就业创业服务体系建设。劳动就业创业服务体系是为劳动者提供就业信息、职业介绍、职业培训、职业指导和维权服务的综合体系，对促进就业发挥着极其重要的制度环境规范作用。劳动就业创业体系由劳动就业创业公共服务体系和民间服务体系共同构成。其中，民间服务体系大部分采取服务

---

① 例如，日本有中小企业金融机构专门为中小企业提供贷款，有著名的“六小法”，中国台湾地区有中小企业信用基金为中小企业提供信用担保。

公司、非营利机构或非政府组织的市场化和准市场化的方式运作，需要融资支持。因此，在制定针对性优惠利率政策时，应当进一步推动贷款抵押的担保方式、信贷产品等多种金融产品的创新，鼓励政策性银行和商业银行积极开展对符合条件的各类社会就业服务机构开展融资活动。

第四章

劳动就业创业服务和尽快就业

第一节　劳动就业创业服务的重要性

随着供给侧结构性改革深化和人口老龄化进程加快，我国就业形势更加复杂多变。一方面就业压力依然不减，尽管从长期来看劳动力的总量趋于减少，但是并不意味着就业压力有所下降，更不意味着不存在就业困难的问题。2017 年，我国 16—59 岁劳动年龄人口数量达到 9.02 亿人，预计 2035 年以前都将保持在 8 亿以上的规模，[①] 劳动力的供给一直处于比较高位的状态。另一方面就业的结构性矛盾进一步加剧。当前，我国产业结构正在经历新一轮的转型升级，创新型经济发展势头强劲。新就业岗位与现有劳动力职业技能和素质不匹配、受技术进步影响的劳动力再就业难度更大等矛盾相互叠加，造成全国多地都不同程度地存在就业难和招工难并存的状况，结构性矛盾突出。

要解决好就业问题，公共劳动就业创业服务起到了重要的

---

① 数据来源：（1）中华人民共和国 2017 年国民经济和社会发展统计公报［EB/OL］．国家统计局，2018 – 02 – 28．http：//www. stats. gov. cn/tjsj/zxfb/201802/t20180228_ 1585631. html.（2）新闻办发布会介绍就业和社会保障有关情况［EB/OL］．中国政府网，2018 – 02 – 26．http：//www. gov. cn/xinwen/2018 – 02/26/content_ 5268834. htm#allContent.

作用。公共就业服务并不创造岗位，但是能够起到沟通劳动力供求，降低搜寻成本，通过服务沟通供求，实现人力资源合理配置的作用。具体而言，公共就业服务主要有以下四个方面的作用：一是作为沟通劳动力供求的桥梁，最大限度地消除信息不对称，提高劳动力市场运作效益；二是保证劳动者公正地进入劳动力市场，保护处于劣势的劳动者群体实现就业；三是促进劳动者自由、合理的流动，优化劳动力资源配置，抵消结构调整对劳动力需求带来的负面作用；四是对失业群体发放短期经济救济，并提供措施保证其尽快重返工作岗位。

就业是民生之本，创业是就业之源，推进基本劳动就业创业公共服务建设是促进劳动者实现就业创业的重要保障。2017 年《“十三五”推进基本公共服务均等化规划》（国发〔2017〕9 号）（以下简称《规划》）提出，国家实施就业优先战略，大力推动大众创业、万众创新，鼓励以创业带动就业，健全覆盖城乡的公共就业创业服务体系。同时，《规划》要求，国家建立基本劳动就业创业服务制度，其根本目的是“实现更高质量和更充分就业”①。此外，《规划》第五章还明确指出，基本劳动就业创业领域服务项目共 10 项，具体包括：基本公共就业服务、创业服务、就业援助、就业见习服务、大中城市联合招聘服务、职业技能培训和技能鉴定、“12333”人力资源和社会保障服务热线电话咨询、劳动关系协调、劳动人事争议调解仲裁、劳动保障监察。国家提供上述 10 项基本劳动就业创业服务，是执行和落实《规划》要求的必要措施。

---

① 引自《规划》第五章。《规划》中《“十三五”国家基本公共服务清单》提出，“劳动就业创业”是国家基本公共服务中的一个必要且十分重要的领域。

当前，“稳就业”位居我国下半年“六个稳”重点工作之首。在此背景下，深入分析基本劳动就业创业服务建设及其促进就业的作用具有十分重要的意义。虽然我国已经初步建立了基本劳动就业创业服务制度，但是劳动就业创业服务对稳就业、促就业的作用仍然不很突出。近年来，我国用于基本劳动就业创业服务的财政支出规模持续扩大，参与服务提供的机构和从业人员数量也在攀升，但是各方面投入的增加对满足劳动者尽快实现就业乃至实现更高质量就业的愿望和要求还有较大距离。客观评价基本劳动就业创业服务财政投入对就业的影响，动态审视服务提供与劳动者需要的匹配、服务质量及效果，挖掘基本劳动就业创业服务的突出问题，对于完善基本劳动就业创业服务制度，以及加强基本劳动就业创业服务绩效评价和监督等，都具有十分重要的意义和价值。

第二节 劳动就业创业服务的研究重点

已有的研究文献按照研究主题划分，主要包括以下三类：

一、公共就业创业服务体系建设

我国不同区域的经济发展程度、就业状况和劳动者特点差异性较大，公共就业创业服务体系的建设应具有针对性，在基础设施、专业人员配备、重点服务项目和服务技术条件等方面，既要有区域上的一致性，也要有区域间的差别化。柳婷（2011）以湖北省为例分析了公共就业服务的作用和问题，认为湖北省公共就业服务的发展现状难以适应促进就业需要的表现，包括公共就业行政组织职能定位不清晰、劳动力市场信息传递功能不健全、工作人员专业化程度与服务质量难以适应需要及缺乏具体明确的服务标准等。国外已有的研究文献将公共就业服务体系作为政府组织体系的一个部分。综合蔡立辉（2003）、Mkandawire，T.（2009）和 Reher，D. S.（2014）的观点，美国公共就业服务组织体系管理的目标是随着经济发展逐步被优化的，从单纯“追求效率”和“控制成本”转变为“效率与效益”的有机整合，最后转变为“提高政府公共服务职责、效率、效益以及回应性”“减少政府开支”等多个具体目标相结合的综合体系。

二、公共财政就业支出的绩效

来自各级政府的公共财政支出，是公共就业创业服务顺利开展的必要条件。近年来，世界银行、国际劳工组织等国际机构大力推崇对政府各类公共财政支出进行绩效评估。目前，针对“就业支出”效果的评估还处在起步和探索阶段，公共财政就业支出基础数据的收集、分类、加工及分析，对各国政府来说都还是一个比较新的课题。我国为数不多的几篇研究文献关注或涉及了公共财政社会保障和就业支出效果的评估，得到的结论有一定的启发。赵曼和喻良涛（2007）在构建就业支出绩效评估指标体系的基础上，设计了就业财政性支出的绩效评估基本流程和方法。李锐（2010）从财政支出绩效的角度对积极就业政策中小额担保贷款政策，从经营盈利概率、带动就业岗位数、收入绩效、未来经营信心指数、就业改善信心绩效等方面进行了绩效评估。李超（2010）也通过建立指标体系综合地计算了 1999 年以来 10 年全国公共财政就业支出绩效水平，认为财政就业支出规模扩大对促进城镇就业具有积极作用，财政就业支出的就业弹性达到 5.1821%。张长浩（2014）论证了地区间公共财政社会保障和就业支出差异对各地就业与失业差异产生的系统性影响，指出财政社会保障和就业支出对就业与失业的影响机制性质不同，尤其是在劳动力市场分割条件下，财政“就业补助支出”项目支持的积极就业政策可能存在低效率，因而较难预判财政社会保障和就业支出的“净影响”。随着财政社会保障和就业支出增加，“就业率”显著提高，但同时“城镇登记失业率”也提高了。杨晓妹和王有兴（2016）实证检验了积极就业支出和消极就业支出对不同收入群体就业的调节效果，发现积极就业支出带来了不同收入家庭就业面差异的扩大。政府每增加 1 亿元积极就业支出，各收入组组间偏离度扩大 0.021%。主要问题有财政积极就业资金结余、就业培训效率低及企业逆向选择。相比之下，消极就业支出促进了企业对低收入群体劳动需求的增加，改善了不同收入阶层就业差距。张铭洪等（2016）分析了社会保障支出和科教文卫支出对就业增长的作用，发现两项财政支出对就业都有显著的长期促进作用，但是只有科教文卫支出还对就业具有明显的短期促进作用，而社会保障支出对就业的短期效应并不显著。闫里鹏和牟俊霖（2017）估计出了包括社会保障和就业支出在内的六项主要财政支出的就业效应，发现社会保障和就业支出的就业效应并非是最大的，但是六项财政支出中具有较大的且稳定的就业效应的一项支出。

三、公共就业创业服务的评价

围绕公共就业创业服务目标进行绩效评价，是此类研究文献的重要思路。比如，以实现公共就业创业服务均等为目标，就要开展均等化水平的评价，并具体到城乡、区域和人群等角度做进一步的评价。张海枝（2015）构建了公共就业服务均等化水平的指标体系，分投入类、产出类和效果类三个方面、共计15个二级指标，利用统计数据，使用熵权法和TOPSIS法对各省公共就业服务均等化水平进行了综合评价。再如，以充分履行促进公共就业服务主体责任为目标，就要进行责任主体的绩效评价，并具体到政府部门、社会组织和劳动力市场中介机构等主体做进一步的绩效评价。刘燕斌（2011）梳理了美、韩、瑞、澳等国的公共就业服务绩效评估制度，分析了其在不同时期、不同服务目标群体等制定的不同的就业服务评估指导的5个一级指标和15个二级指标，并对我国公共就业服务绩效管理提出了启示和建议。董巍（2014）分析了我国就业资金绩效评估上存在的主要问题，包括就业资金体现的社会价值不高、政策实施缺乏相应的管理机制、缺乏及时有效的绩效考核反馈等。又如，以减少失业量为目标，就要对应设定具体的失业考核指标，并具体到特定失业群体、服务提供量、服务频次等指标做进一步的考核。国外关于公共就业创业服务评价的研究成果值得借鉴，有代表性的国家包括法国、德国和瑞典等。胡绍英（2008）、Rodger，J.（2015）指出，法、德等欧洲国家公共就业服务的目标是减少或防止长期失业、在新开始的项目中提供积极帮助、改善对企业的服务、增加公共就业服务的市场份额、给每一个求职者提供个性化的解决方案。基于此目标设定的绩效评价指标具体且可监测，包括减少两年以上的超长期失业、减少15%的青年长期失业人员数量、登记、填补的空岗、完成的服务次数、女性在安置中的比例等。

已有的研究文献丰富，是开展下一步研究工作的有力支撑。然而，将推进基本劳动就业创业服务建设，同提升服务效益和效果联系起来的研究却还是一个空白点。“十二五”时期以来，基本公共就业创业服务建设及均等化的推进，与促进就业之间究竟存在怎样的关联性，其中的积极因素和消极因素分别是什么，对于上述这些深层次的问题却未能有研究文献分析清楚。此外，如何通过完善相关政策措施来扭转消极因素的作用，也没有研究文献能提出有针对性和操作性的政策建议。具体而言，推进基本劳动就业创业服务建设对促进就业产生了怎样的作用？哪些服务存在不利的影响？针对当前及今后一段时期我国劳动就业创业形势，加强基本劳动就业创业服务建设的重点和难点是什么？要回答上述疑问，有必要继续深化和细化研究。

本章在现状分析的基础上，首先整体考虑10个基本劳动就业创业服务项目的作用，从财政投入的角度估计基本劳动就业创业服务对就业的影响，进而侧重几个重点服务项目，从过程和结果的两个角度探究个别服务项目存在的主要问题。按照《规划》的要求，本研究重点关注公共就业服务、创业服务、职业培训、劳动关系协调和劳动权益保护四个方面。本文预期回答以下三个问题：一是目前国家安排财政专项资金提供的10项基本劳动就业创业服务项目，特别是其中的重点服务项目建设进展如何？二是基本劳动就业创业服务对实现更高质量和更充分就业的作用如何体现，存在什么问题？三是新时期推进基本劳动就业创业服务建设的重点和措施是什么？

第三节　劳动就业创业服务建设进展

党的十九大报告明确提出，要坚持就业优先战略和积极就业政策，实现更高质量和更充分就业。大规模开展职业技能培训，注重解决结构性就业矛盾，鼓励创业带动就业。提供全方位公共就业服务，促进高校毕业生等青年群体、农民工多渠道就业创业。目前，我国基本劳动就业创业服务建设主要取得了以下进展：

一、政策体系业已完整，扶持对象覆盖全体劳动者

自 1995 年实施再就业工程，我国首次制定并出台就业促进政策，经过近 20 年的完善和发展，我国已建成包含 11 项具体政策的、较为完整的劳动就业创业服务政策体系。如表 4.1 所示，受惠群体既有城乡就业困难群体（如“4050”人员、残疾人、长期失业人员等），也有重点帮扶群体（如大学毕业生、农民工和国有企业富余职工等）。政策的具体目标既包括对城乡劳动者的就业服务，也包括针对单位招用、自谋职业、自主创业和灵活就业等不同就业形式的引导就业，还包括危机风险下的稳定就业。政策手段有直接补贴帮扶对象的资金支持方式、减免税收和行政事业性收费的财税支持方式、提供资金信贷的金融支持方式及提供就业场地物质帮助的环境支持方式等。国家、省（直辖市、自治区）、地市、区县、街道（乡镇）五个政策层呈递进关系，在贯彻落实国家政策的基础上，省级政策扩充项目、细化内容，提供促进就业的主要支持；市政策补充省级政策，进一步增强促进就业力度；区县或街道

（乡镇）根据区域特点和需求提出个性政策。

同时，劳动就业创业服务标准进一步细化，推动服务能力及服务质量和效率提高。2017 年 3 月，国家质量监督检验检疫总局、国家标准化管理委员会发布第 4 号和第 5 号《中国国家标准公告》，批准《公共就业服务总则》《公共就业服务术语》《公共就业服务中心设施设备要求》《就业登记管理服务规范》《失业登记管理服务规范》《就业援助服务规范》《职业介绍服务规范》《职业指导服务规范》8 项公共就业服务国家标准，形成了多层次的公共就业服务标准体系，可以为不同地区的各类服务对象提供更统一和专业的服务。①

表 4.1　我国劳动就业创业服务政策体系的现状

政策项目	职业介绍补贴政策、职业培训补贴政策、岗位补贴和社会保险补贴政策、社区公益性就业组织安置就业困难人员专项补助政策、税收减免政策、行政事业性收费减免政策、小额担保贷款政策、资金补贴政策、免费服务政策、开业管制政策及经营管制政策
受惠群体	“4050”年龄偏大人员、身体残疾人员、享受“低保”待遇人员、“零就业家庭”、长期失业人员、大学毕业生、农民工及国有企业富余职工等
具体目标	提供就业服务、针对不同就业形式的引导就业及危机风险下的稳定就业等
政策手段	资金补贴、财税支持、金融支持及环境支持等
政策层级	国家、省（直辖市、自治区）、地市、区县及街道（乡镇）等

资料来源：笔者根据我国现行就业服务政策文件内容总结和整理得到。

① 公共就业服务 8 项国家标准有哪些？［EB/OL］．中国网，2017－04－24. http：//www. china. com. cn/guoqing/zhuanti/2017－04/24/content_ 40679444. html.

二、服务机构分布全国，基层平台拓展服务可及性

加强公共就业服务机构、职业技能实训基地、劳动人事争议调解组织和仲裁机构等基本劳动就业创业服务机构建设，为开展劳动就业创业服务、落实各项促进就业政策提供了有力保障。2012 年《关于进一步完善公共就业服务体系有关问题的通知》（人社部发〔2012〕103 号），要求省、市、县三级设立公共就业服务机构，县以下街道（乡镇）和社区（行政村）设立基层公共就业服务平台。各地按照《就业促进法》和有关文件要求，进一步建立健全劳动就业创业服务体系，为劳动者免费提供基本劳动就业创业服务，并将劳动就业创业服务经费全部纳入同级财政预算。目前，劳动就业创业服务机构网覆盖全国，并基本形成了国家、省、市、区县、乡镇（街道）、村（社区）的“五级管理六级服务格局”。

同时，基层劳动就业创业服务平台建设扎实推进，扩展了劳动就业创业服务的覆盖面和可及性。2014 年国家发展改革委印发《基层就业和社会保障服务设施建设项目管理办法（暂行）》（发改就业〔2014〕2604 号）提出，基层就业和社会保障服务设施建设项目，主要内容为建设县级服务中心和乡镇（街道）级服务站，并配置相关设备。基层就业和社会保障服务设施建设项目，应优先安排在服务设施缺乏、设备简陋，且劳动就业和社会保障任务较重地区。中央补助资金重点支持中西部地区开展项目建设。鼓励各地区自筹资金加强就业和社会保障服务设施建设。目前，基层劳动就业和社会保障服务设施建设项目已累计投资 136 亿元，支持中西部 25 个地区的 1506 个县、5582 个乡镇加强基层公共

服务平台建设，覆盖了78%的国家级贫困县。多数地方的公共服务网络已延伸到街道（乡镇）、社区（行政村），为城乡各类劳动者和用人单位提供就地就近、便捷高效的公共服务。此外，加强基层调解组织建设和仲裁机构实体化建设，各地在基层劳动就业社会保障公共平台增加了“劳动争议调解”功能，为用人单位和劳动者提供劳动人事争议调解仲裁服务。

三、人均财政就业支出和重点服务的省际差距缩小

公共财政就业支出是政府提供劳动就业创业服务的主要经费来源和保障，也是影响劳动就业创业服务供给能力的重要因素。因此，公共财政就业支出的均等化状况，必然影响着基本劳动就业创业服务的均等化状况，前者是后者的一个重要决定因素。分别采用基尼系数和泰尔指数测算全国各省份2001—2015 年人均公共财政就业支出的均等化水平。

基尼系数是比较常用的度量收入（或财富、消费、支出等）差距的指标。取值范围是0—1。基尼系数的数值越小，说明各省人均公共财政就业支出的差异程度越小，也即均等化水平越高。反之，基尼系数的数值越大，说明各省人均公共财政就业支出的差异程度越大，即均等化水平越低。

基尼系数（*Gini*）的计算公式为：

$$Gini = \frac{-(n+1)}{n} + \frac{2}{n^2 \mu_y} \sum_{i=1}^{n} i\, y_i$$

其中，n 代表省份的数目，y_i 表示经过支出由低到高排列后第 i 个省份的支出，μ_y 是相应的平均值。

泰尔指数也是度量收入（或财富、消费、支出等）差距的一个指标，可以衡量一组经济指标在不同时间、区域和层次范围内的差异。泰尔指数在使用范围上不如基尼系数，但是该指数的一个优点是可以直接按一定的分组方式将一个收入差距分解为“组内”和“组间”的收入差距。泰尔指数的数值越小，说明各省人均公共财政就业支出的差异程度越小，即均等化水平越高。反之，泰尔指数的数值越大，说明各省人均公共财政就业支出的差异程度越大，即均等化水平越低。

泰尔指数（ *Theil* ）的分解计算公式为：

$$Theil = \sum_{i=1}^{n}\sum_{j=1}^{n}\frac{n_{ij}}{N}\times\log\left(\frac{n_{ij}}{N}/\frac{P_{ij}}{P}\right)$$

其中，具体可以分解为两部分：一部分用来测度区域间（东部地区、中部地区与西部地区）的支出差异；另一部分用来测度区域内（东部地区内各省间、中部地区内各省间，及西部地区内各省间）的支出差异。其分解结果为：$Theil_{总体} = Theil_{区域间} + Theil_{区域内}$，其中：

区域间的支出差异：

$$Theil_{区域间} = \sum_{i=1}^{n}\frac{n_i}{N}\times\log\left(\frac{n_i}{N}/\frac{P_i}{P}\right)$$

区域内的支出差异：

$$Theil_{区域内} = \sum_{i=1}^{n}\sum_{j=1}^{n}\frac{n_i}{N}\frac{n_{ij}}{n_i}\times\log\left(\frac{n_{ij}}{n}/\frac{P_{ij}}{Pi}\right)$$

其中，P_{ij} 表示第 i 区域第 j 省的支出，P_i 表示东部地区（或中部地区、西部地区）的支出，P 表示全国各省的支出。2007—2015 年财政预算科目是“社会保障和就业”，2006 年及以前年份财政预算科目是“社会保障补助支出”。n_{ij} 表示第 i 区域第 j 省的人口数，n_i 表示东部地区（或中部地区、西部地区）的人口数，N 表示全国的人口数。数据来源是《中国财政年鉴（2002—2016）》，各省、自治区和直辖市的公共财政（一般）预算收支决算总表（决算数），及《中国统计年鉴2017》。如图 4.1 所示，总体来看，2001—2015 年全国各省人均公共财政就业支出差距有所缩小，基尼系数和泰尔指数都呈现出了下降趋势。虽然 2001—2006 年两个指标都有小幅的上升，且在 2006 年两个指标都达到了最大值，其中，基尼系数为 0.381，泰尔指数为 0.248，但是 2006—2015 年，两个指标都出现大幅的下降，2015 年，基尼系数和泰尔指数都降至近年来的最小值，分别为 0.221 和 0.077。

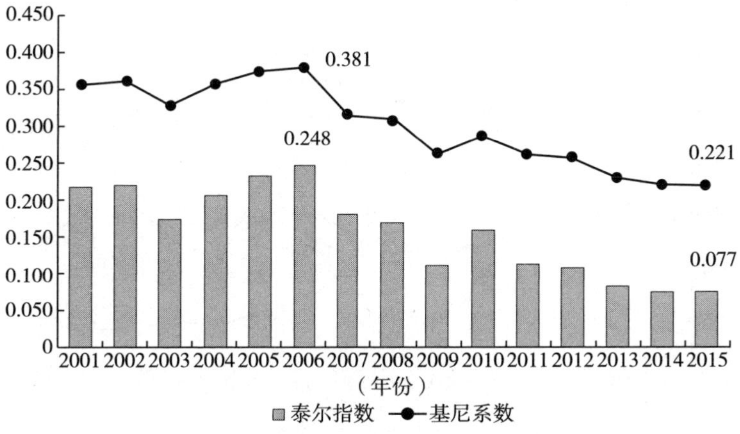

图 4.1　2001—2015 年全国各省人均公共财政就业支出的均等化水平

资料来源：《中国财政年鉴（2002—2016）》，各省、自治区和直辖市的公共财政（一般）预算收支决算总表（决算数），及《中国统计年鉴 2017》。笔者进行了计算。

说明：纵坐标代表基尼系数和泰尔指数的计算结果，横坐标代表年份。

此外，基本劳动就业创业服务项目尤其是公共就业服务、劳动关系协调和劳动权益保护等重点任务的省际差距也有所缩小。以职业指导、职业介绍、职业技能鉴定和劳动争议处理等四项服务为例，如图 4.2 所示，采用泰尔指数测算全国各省 2001—2015 年人均劳动就业创业服务的均等化水平，四项服务的泰尔指数总体都呈现出了下降趋势。其中，人均职业指导的泰尔指数在 2010 年最大，为 0.380，到 2015 年降至最小，为 0.248。人均职业介绍的泰尔指数在 2001 年最大，为 0.439，到 2015 年降至最小，为 0.231。人均职业技能鉴定的泰尔指数在 2007 年最大，为 0.403，到 2015 年降至最小，为 0.090。人均劳动争议结案数的泰尔指数在 2009 年最大，为 0.609，到 2015 年降至最小，为 0.389。

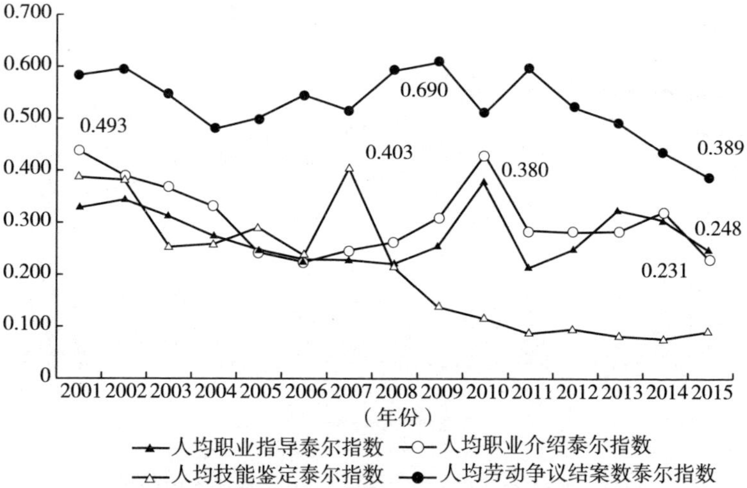

图 4.2　2001—2015 年全国各省四项劳动就业创业服务的均等化水平

资料来源：《中国劳动统计年鉴（2002—2016）》和《中国统计年鉴 2017》。笔者进行了计算。

说明：纵坐标代表泰尔指数的计算结果，横坐标代表年份。

四、服务多方供给的格局形成，个性化服务成趋势

目前，我国已经形成了以政府为核心、社会主体参与的劳动就业创业服务多中心供给格局。服务的供给主体不仅有省、市、区（县）、街道（乡镇）、社区（村）五级公共就业服务机构，还有用人单位、各类就业服务机构、社区（社会）公益性就业组织、工会、妇联和残联等（王阳，2015）。对于用人单位、各类就业服务机构和社区（社会）公益性就业组织提供就业服务的，政府还通过法律、财政税收、金融和行政等手段，给予行政上和经济上的支持。政府通过与企业、社会组织等开展合作，扩大了公共就业服务供给源，并运用最新就业服务成果，提升了服务专业化水平。比如，与工会、工商联合作开展“民营企业招聘周”活动，帮助高校毕业生就业；与妇女联合会合作，开展女大学生创业导师、农村妇女创业计划等；与残疾人联合会合作，实施残疾毕业生就业计划；与共青团合作，实施青年创业计划、青年见习计划等。

同时，服务项目更加关注劳动者的个性特征。针对特定群体的求职条件和就业需求，可以提供个性化服务，如采用合理分级、分类指导的方式开展职业指导；针对高校毕业生实施就业创业促进计划；针对农村劳动力推进培训、就业、维权一体化的工作模式，加强跨地区劳务协作和交流，引导农村劳动力外出务工、就地就近转移就业和自主创业；针对化解过剩产能企业职工多渠道分流安置、制订特别职业培训计划、开展劳务对接协作，及鼓励创业等；针对就业困难群体和零就业家庭，通过政策扶持、公益性岗位安置等扶持就业创业。此外，针对不同求职群体在不同时期的求职特点，在特定时间段集中组织

开展专项服务活动。

第四节 让更多劳动者实现尽快就业

通过定量方法估计基本劳动就业创业服务建设的就业影响，使用公共财政就业支出作为基本劳动就业创业服务建设的代理变量，解决基本劳动就业创业服务不易量化、缺少直接统计指标的问题。公共财政就业支出是政府提供劳动就业创业服务的主要经费来源和保障。近年来，我国公共财政的社会保障和就业支出规模不断扩大。2016 年，我国公共财政社会保障和就业支出达到 21591.45 亿元，占当年国内生产总值的比重为 2.90%，上述两个数值分别比 2015 年时两个指标的数据增加了 2572.76 亿元和 0.14 个百分点。①

一、研究方法和研究假设

已有的研究文献主要使用了主成分分析、面板固定效应模型、协整分析、一元回归分析和岭回归分析等。由于经济总量、平均工资等存在多重共线性问题，本研究使用面板固定效应模型的岭回归估计方法。目前，已有很多实证研究文献使用过岭回归估计模型（如罗良文、阚大学，2011；Kim H. H. and Swanson, N. R., 2014；闫里鹏、牟俊霖，2017）。该方法

① 数据来源：（1）2016 年全国一般公共预算支出决算表［EB/OL］. 财政部网站，2017 – 07 – 13. http：//yss. mof. gov. cn/2016js/201707/t20170713_ 2648981. html.（2）2015 年全国一般公共预算支出决算表［EB/OL］. 财政部网站，2016 – 07 – 20. http：//yss. mof. gov. cn/2015js/201607/t20160720_ 2365732. html.（3）中国统计年鉴（2016）。笔者进行了计算。

被认为可以克服宏观经济变量之间存在的严重多重共线性问题。

运用岭回归估计方法的一个关键点是如何确定模型的最优岭迹值。通过岭迹图确定最优岭参数的大小，能够直观地体现岭参数变化对系数的影响（Marquardt，D. W. and Snee，R. D.，1975）。对于面板固定效应模型的岭估计，可以进行如下描述：

$$y_{it} = \alpha + x_{it}\beta + v_i + \varepsilon_{it} \tag{1}$$

其中，被解释变量组成的向量为 y_{it}，解释变量组成的向量为 x_{it}，α 是截距项组成的向量，v_i 是个体效应组成的向量，ε_{it} 是误差项组成的向量，个体 i 的时期长度为 T_i，个体 i 的截面样本总数为 I。为了估计系数向量 β，令 $\bar{y}_i = \sum_{t=1}^{T_i}\frac{y_{it}}{T_i}$，$\bar{\bar{y}} = \sum_{i=1}^{I}\sum_{t=1}^{T_i}\frac{y_{it}}{IT_i}$，采用相同的方法求出 $\bar{x}_i$、$\bar{\bar{x}}$、$\bar{\varepsilon}_i$、$\bar{\bar{\varepsilon}}$、$\bar{v}$，最后令 $Y = y_{it} - \bar{y}_i + \bar{\bar{y}}$，$X = x_{it} - \bar{x}_i + \bar{\bar{x}}$，$E = \varepsilon_{it} - \bar{\varepsilon}_i + \bar{\bar{\varepsilon}} + \bar{v}$，就可以把计量方程（1）转化为计量方程（2），并求出其估计系数：

$$Y = X\beta + E \tag{2}$$

$$\hat{\beta} = (X'X)^{-1}XY \tag{3}$$

由于解释变量 X 存在严重的多重共线性，行列式 $|X'X|$ 的值趋近于 0，因此不能准确地求出逆矩阵 $(X'X)^{-1}$。我们在矩阵 X′X 的基础上增加一个正的常数矩阵 $\tau\Lambda$，其中 τ 称为岭参数，它的取值大于 0，就能求解逆矩阵 $(X'X + \tau\Lambda)^{-1}$，从而得到岭回归的估计系数：

$$\hat{\beta}_{\tau} = (X'X + \tau\Lambda)^{-1}XY \tag{4}$$

通过岭迹图寻找最优的岭参数 τ_{op}，并根据最优的岭参数 τ_{op} 从方程（4）得到计量方程（1）的岭回归系数 $\hat{\varphi}_{\tau_{op}}$。

围绕本章要回答的主要问题，提出研究假设如下：

研究假设 1：公共财政就业支出与全国就业人员数存在显著的正相关关系。

研究假设 2：公共财政就业支出与城镇就业人员数存在显著的正相关关系。

研究假设 3：公共财政就业支出与城镇单位女性就业人员数存在显著的正相关关系。

二、计量模型和数据描述

1. 模型设定和主要变量

首先，依据就业函数，确定影响就业的 4 个主要变量，包括生产总值、工资、利率和财政就业支出。对就业函数取对数，得到计量模型（5）如下：

$$\ln L_{it} = \varphi + \delta \ln expem_{it} + \gamma \ln gdp_{it} + \varepsilon \ln wage_{it} + \theta\, rl1_{it} + \sigma_i + \tau_{it} \tag{5}$$

为保证研究结果的稳健性，在计量模型（1）的基础上，增加两个控制变量，分别是技术进步和劳动者受教育程度。由此，得到本研究的计量模型（6）如下：

$$\ln L_{it} = \varphi + \delta \ln expem_{it} + \gamma \ln gdp_{it} + \varepsilon \ln wage_{it} + \theta\, rl1_{it} + \pi\, tfp_{it} + \mu\, edu_{it} + \sigma_i + \tau_{it} \tag{6}$$

其中，L_{it} 代表从业人员数，$expem_{it}$ 代表公共财政就业支出，

gdp_{it} 代表地区生产总值，$wage_{it}$ 代表平均工资，$rl1_{it}$ 代表一年期贷款利率，tfp_{it} 代表全要素生产率，edu_{it} 代表平均受教育年限。上述变量，除了贷款利率、全要素生产率和受教育年限外，均取了对数。此外，$i = 1,2,3,\cdots,31;t = 2001,2002,2003,\cdots 2015$ 。φ 代表常数项，$\delta,\gamma,\varepsilon,\theta,\pi,\mu$ 代表系数，σ_i 代表个体固定效应，τ_{it} 代表随机干扰项。

2. 指标说明和描述性统计

根据计量模型，以主要的就业指标作为被解释变量，就业指标包括就业人员总量（emp_{it}）、城镇就业人员数（$empu_{it}$）和城镇单位女性就业人员数（$empum_{it}$）；以公共财政就业支出、地区生产总值、平均工资和贷款利率作为核心解释变量；以全要素生产率和平均受教育年限作为控制变量。选取2001—2015年我国除港澳台以外的内地31个省（自治区、直辖市）作为分析样本。数据来源是如下的四类公开出版物，包括历年的《中国统计年鉴》《中国财政年鉴》《中国劳动统计年鉴》和《新中国六十年统计资料汇编》等。平均受教育年限使用插值法，根据1982年、1990年、2000年和2010年的四次人口普查数据计算得到。全要素生产率使用DEAP 2.1软件测算得到。本研究主要变量的名称、定义及描述性统计如表4.2所示。

表4.2　主要变量名称及描述性统计（N=31，2001—2015，NT=465）

变量名称	变量定义	均值	标准差	中位数	最大值	最小值
lnemp	就业人员总量的对数	7.47	0.92	7.62	8.80	4.84
lnempu	城镇就业人员数的对数	6.47	0.93	6.61	8.35	3.24

续表

变量名称	变量定义	均值	标准差	中位数	最大值	最小值
lnempum	城镇单位女性就业人员	4.77	0.90	4.90	6.71	1.72
lnexpem	公共财政就业支出的对数	4.79	1.24	5.01	6.88	0.59
lngdp	地区生产总值的对数	9.08	1.02	9.23	10.79	5.98
lnwage	平均工资的对数	10.22	0.49	10.28	11.47	9.19
*rl*1	一年期贷款利率	5.83	0.57	5.85	7.03	4.98
tfp	全要素生产率	1.04	0.07	1.05	1.22	0.82
eduy	平均受教育年限	8.28	1.17	8.34	12.15	3.73

资料来源：根据历年的《中国统计年鉴》《中国财政年鉴》《中国劳动统计年鉴》和《新中国六十年统计资料汇编》等的数据计算得到。

三、实证分析和主要结果

1. 多重共线性检验及岭迹回归

经过方差膨胀因子检验，发现模型（6）的财政就业支出对数、地区生产总值对数和平均工资对数和的膨胀因子都大于10，表明三个变量之间存在较强的多重共线性。经过豪斯曼检验公式及修正的豪斯曼检验公式检验表明，应当采用固定效应模型。图4.3（a）、图4.3（b）和图4.3（c）依次是基于模型（2）的全国就业人员、城镇就业人员和城镇单位女性就业人员的岭回归图，3个图形都显示了相似的规律，具体包括以下两个：第一，公共财政就业支出对数（*ssc*）对扩大就业有正向的影响。代表财政就业支出的 *ssc* 曲线的系数始终为正数；第二，公共财政就业支出对数、地区生产总值对数和平均工资对数的系数随岭参数 k 的增大而出现了一定幅度的变化。可见，有必要使用岭回归对解释变量之间的多重共线性进行处理，从而得到正确的结论。此外，通过岭迹法发现，当岭参数 k 等于 0.18 的时候，系数基本趋于稳定，因此最优的岭参数 k_0 设定为 0.18。

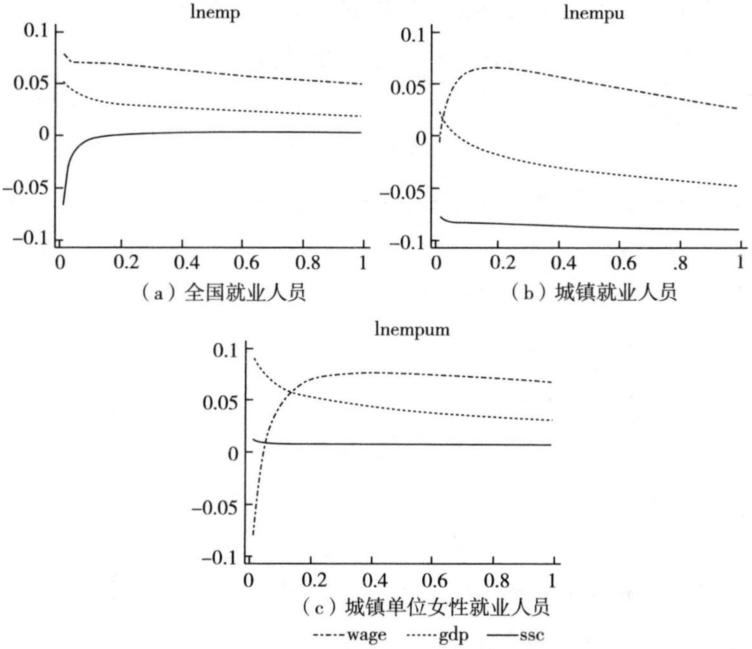

图 4.3　面板固定效应模型岭回归的岭迹图

说明：图形是以 2001—2015 年的数据为基础，采用面板固定效应模型的岭回归对模型（2）进行估计得到的岭迹图。其中，横轴代表岭参数，纵轴代表变量的系数。三个变量的英文简称及中文名称依次是：wage 代表平均工资对数；gdp 代表地区生产总值对数；ssc 代表公共财政就业支出对数。

2. 回归结果

表 4.3 报告了岭回归估计结果，验证了本研究提出的三个研究假设。表中对“全国就业”“城镇就业”和“城镇女性就

业”的估计结果显示，公共财政就业支出对就业规模存在显著的正向促进关系。具体而言，公共财政就业支出增加 1%，那么全国就业人员增长 0.033%、城镇就业人员增长 0.083%及城镇单位女性就业人员增长 0.053%。这就意味着增加公共财政就业投入，最有利于扩大城镇就业人员规模，其次是城镇单位女性就业人员规模，再次是全国就业人员规模。

此外，一些控制变量也显示出与就业规模存在显著的相关关系。其中，平均工资和平均受教育年限都对全国就业、城镇就业和城镇女性就业存在显著的正向促进关系。地区生产总值只对城镇就业和城镇女性就业存在显著的正向促进关系。相比之下，全要素生产率对全国就业、城镇就业和城镇女性就业都存在显著的负向抑制关系。贷款利率对城镇女性就业存在显著的负向抑制关系。归纳岭回归估计结果如下：

第一，平均工资对就业存在显著的正向促进关系。平均工资增长 1%，那么全国就业人员增长 0.069%、城镇就业人员增长 0.166%及城镇单位女性就业人员增长 0.067%。平均工资增长，最有利于扩大城镇就业人员量，其次是全国就业人员量，再次是城镇单位女性就业人员量。

第二，平均受教育年限对就业存在显著的正向促进关系。平均受教育年限增加 1 年，那么全国就业人员增长 0.013%、城镇就业人员增长 0.045%及城镇单位女性就业人员增长 0.037%。平均受教育年限增加，最有利于扩大城镇就业人员量，其次是城镇单位女性就业人员量，再次是全国就业人员量。

第三，地区生产总值对城镇就业和城镇女性就业存在显著的正向促进关系。地区生产总值增长 1%，那么城镇就业人员增长0.016%及城镇单位女性就业人员增长0.008%。地区生产总值增长，最有利于扩大城镇就业人员量，其次是城镇单位女性就业人员量，对全国就业人员量的促进关系不显著。

第四，全要素生产率对就业存在显著的负向抑制关系。全要素生产率提高1%，那么全国就业人员减少0.173%、城镇就业人员减少0.447%及城镇单位女性就业人员减少0.393%。全要素生产率提高，最不利于扩大城镇就业人员量，其次是城镇单位女性就业人员量，再次是全国就业人员量。

第五，贷款利率对城镇女性就业存在显著的负向抑制关系。贷款利率提高1个百分点，城镇女性就业人员减少2.1%。贷款利率提高不利于扩大城镇单位女性就业人员量，对全国就业人员量和城镇就业人员量的抑制关系不显著。

表4.3　公共财政就业支出对就业影响的岭回归估计结果

模型 / 变量	全国就业	城镇就业	城镇单位女性就业
lnexpem	0.0330*** (13.77)	0.0830*** (21.48)	0.0530*** (13.21)
lngdp	0.00100 (0.798)	0.0160*** (9.940)	0.00800*** (4.946)
lnwage	0.0690*** (11.82)	0.166*** (17.52)	0.0670*** (6.769)
*rl*1	-0.00500 (-0.977)	-0.00900 (-1.144)	-0.0210** (-2.475)
tfp	-0.173*** (-3.437)	-0.447*** (-5.512)	-0.393*** (-4.676)

续表

模型 变量	全国就业	城镇就业	城镇单位女性就业
eduy	0.0130 * * * (5.537)	0.0450 * * * (12.29)	0.0370 * * * (9.672)
常数项	6.696 * * * (67.67)	4.375 * * * (27.42)	3.990 * * * (24.07)
R^2	0.994	0.985	0.983
adj – R^2	0.994	0.984	0.982
F	109.8	269.5	93.40
N	465	465	465

注：* * * 、* * 和 * 依次表示在 1% 、5% 和 10% 的统计水平显著。小括号内为 t 值。

四、进一步的讨论

基本劳动就业创业服务建设有利于促进就业。对于上述回归结果的认识，不应仅限于劳动就业创业服务提供与就业实现的环节，而应当从两者之间更深层次的关联性上加以理解。具体而言，可以从以下两个方面展开：

第一，公共财政就业投入是国家提供基本劳动就业创业服务的主要经费来源，增加公共财政就业投入，从而推动建立完备、有效的劳动就业创业服务体系，改进劳动就业创业服务质量和效率，对增强基本劳动就业创业服务的就业效应起到了关键性的作用。实际上，与绝大多数发达国家相比，我国公共财政就业投入无论是在总量规模还是对国内生产总值的占比，都明显偏低。2017 年，全国公共财政用于基本劳动就业创业服务事务投入占国内生产总值的比重只有 0.08%，用于基本劳动就业创业服务项目投入占国内生产总值的比重只有 0.10%，[①] 而经合组织成员国家上述两个指标的平均值分别是 4% 和 2.46%，美国上述两项指标值分别是 13% 和 0.92%。[②] 因此，进一步增加公共财政就业投入，提升政府基本劳动就业创业服务提供者的作用，仍然十分必要。

第二，劳动就业创业服务体系是国家提供基本劳动就业创业服务的重要载体资源，健全覆盖城乡的劳动就业创业服务体系，从而确保基本劳动就业创业服务的普惠性、可及性和时效性，协助失业人员尽快就业，扶持特定群体稳定就业，对增强基本劳动就业创业服务的就业效应起到了基础性的作用。长期以来，我国城镇地区劳动就业创业服务体系建设步伐明显快于农村地区，在城市的市、区、街道和社区四级劳动就业创业服务网络已经比较完善，但是在农村还比较薄弱，一些省份乡镇和村两级劳动就业和社会保障服务平台建设缓慢。此外，城市的人力资源综合服务设施和条件也明显好于农村，城市对社会化的劳动力市场及劳务中介服务机构的监管能力更强。妇女、失业青年、下岗工人、中老年工人、长期失业人员和残疾工人等都是劳动者队伍中就业相对困难的特殊群体，部分民营劳动力市场或中介机构唯利是图，缺乏对用人单位的诚信监督，很

---

① 数据来源：（1）2017 年全国公共财政支出决算表［EB/OL］. 财政部网站，2018－7－12，http：//yss. mof. gov. cn/qgczjs/201807/t20180712_2959592. html.（2）中华人民共和国 2017 年国民经济和社会发展统计公报［EB/OL］. 国家统计局网站，2018－2－28，http：//www. stats. gov. cn/tjsj/zxfb/201802/t20180228_1585631. html. 笔者进行了计算。

② 数据来源：Dataset：Public Expenditure and Participant Stocks on LMP，经济合作与发展组织统计数据库（OECD. StatExtracts，http：//stats. oecd. org/）。笔者进行了计算。

容易给特殊劳动者群体合法的劳动利益造成损害。因此，进一步增加公共财政就业投入，加快推进农村劳动就业创业服务网络全覆盖，改善服务设施和条件，推动城乡区域各类劳动者均等享有基本劳动就业创业服务，仍然十分迫切。

第五节　劳动就业创业服务亟待解决的问题

受到一些矛盾和问题的制约，劳动就业创业服务对促进就业的积极影响尚难充分释放。突出的问题包括以下四个：

一、政策扶持对象存在城乡之间、群体之间和区域之间的多重分割

当前，尽管各类劳动者群体都能受惠于政策、受益于服务，但是政策的扶持对象却存在“分割”，造成部分劳动者群体的公共服务需求不能得到及时和最大化的满足。一是城乡分割。当前，农村劳动力无法获得全面的政策帮扶，只能享受鼓励单位招用、职业培训、职业介绍和小额担保贷款等少数就业政策；二是群体分割。就业困难群体、大学毕业生、复退转业军人、残疾人、刑满释放和社区矫正人员等均有就业扶持政策，既各自独立又相互交叉，政策覆盖群体、享受范围和帮扶力度各不相同，制约政策功能的充分发挥。同时，由于政策资金的来源多样，监管体系又缺乏共享机制，很容易产生同类政策被重复享受的问题；三是区域分割。省、市、区（县）及以下的就业政策仍有一些是以当地户籍作为享受待遇的必要条件，本地与外地、城市与农村的劳动者不能平等地获得就业地政策的扶持。

“零就业家庭[1]就业援助制度”是为解决零就业家庭获得工资性收入而建立起的一整套专项就业帮扶政策。按照国家现行政策规定，零就业家庭或其成员作为重点扶持对象，可以享受以下八项政策：职业培训补贴政策、岗位补贴和社会保险补贴政策、社区公益性就业组织安置就业困难人员专项补助政策、税收减免政策、行政事业性收费减免政策、小额担保贷款政策、资金补贴政策和免费服务政策。然而，对于大量的流动家庭而言，却不能在流入地享受该项制度的保护。原因在于，要成为上述八项政策扶持的“零就业家庭”，必须经过家庭申报、社区（村）调查核实及街道（乡镇）认定等过程，并且具有申报资格的只能是本地城镇户籍家庭，外地户籍的流动家庭不在其中。

据国家统计局发布的数据显示，2017 年我国有流动人口 2.44 亿人。[2] 按照 15—59 岁人口占全部流动人口的比重 75.5%[3]来估算，那么全国有劳动年龄的流动人口 1.842 亿人。如果按照农业户籍人口占劳动年龄流动人口的比重 90%[4]来估算，那么全国有农业户口的劳动年龄流动人口 1.658 亿人。如

---

① 根据《就业服务与就业管理规定》（根据 2015 年 4 月 30 日《人力资源社会保障部关于修改部分规章的决定》第二次修订）第五章第四十条：零就业家庭是指法定劳动年龄内的家庭人员均处于失业状况的城市居民家庭。

② 数据来源：2017 年经济运行稳中向好、好于预期［EB/OL］. 国家统计局网站，2018 - 01 - 18. http://www.stats.gov.cn/tjsj/zxfb/201801/t20180118_1574917.html.

③ 数据来源：国家卫生和计划生育委员会流动人口司. 中国流动人口发展报告 2017［R］. 北京：中国人口出版社，2017：5. 目前，尚未有公开数据显示 2017 年我国流动人口变动的趋势和特点，所以本篇论文使用了《中国流动人口发展报告 2017》关于“2016 年中国流动人口变动特点”的数据，对 2017 年流动人口的相关数据进行估算，下同。

④ 数据来源：国家卫生和计划生育委员会流动人口司. 中国流动人口发展报告 2017［R］. 北京：中国人口出版社，2017：22.

果再按照流动人口的失业率 1%[①]来估算，那么全国有处于失业状况的流动人口 184. 2 万人。可见，2017 年全国有 1. 658 亿农业户口的流动人口和 184. 2 万失业的流动人口及其家庭可能在流入地遭遇当地就业政策的“排斥”，劳动就业创业服务需求得不到完全满足，失业人员及其家庭得不到政策的及时扶持，不利于降低这类群体的失业风险。

二、公共财政体制在推进劳动就业创业服务均等化方面还存在不足

要深入评估财政就业支出对就业的影响，还需要考察各地区劳动就业创业服务资金的均衡保障状况（王悦荣，2010）。对照 2015 年人均地方公共财政就业支出和人均国内生产总值的关系，以及同年地方公共财政就业支出占一般预算支出比重和人均国内生产总值的关系进行描述，依次如图 4. 4 和图 4. 5 所示，得到以下发现：第一，人均地方公共财政就业支出与人均地方国内生产总值之间呈现出明显的“U 型”关系。相应地，地方公共财政就业支出占一般预算支出比重与人均国内生产总值之间呈现出明显的“倒 U 型”关系。第二，不少发达地区（如上海、天津、北京等）由于经济发展水平较高，财力比较雄厚，因而人均公共财政就业支出水平较高，而且公共财政就业支出占整个一般预算支出的比重较低。第三，一些欠发达地区（边疆少数民族地区，如西藏、青海、宁夏、甘肃等）尽管发展水平较低，但是人均公共财政就业支出却不低，说明这些地区得到了较多的转移支付。第四，一些流动人口较

① 数据来源：国家卫生和计划生育委员会流动人口司．中国流动人口发展报告 2017［R］．北京：中国人口出版社，2017：7.

多的省份，如广东、福建等，与发展水平接近但流动人口占比相对较低的省份（如江苏）相比，其人均公共财政就业支出也相对较低。第五，不少处于中等发展水平的地区（如河南、四川、山西等），尽管其整个一般预算中用于就业支出的比重较高（达到15%左右），但是其人均公共财政就业支出的水平不仅大幅低于发达地区，也明显低于前述那些发展水平更加落后的地区。

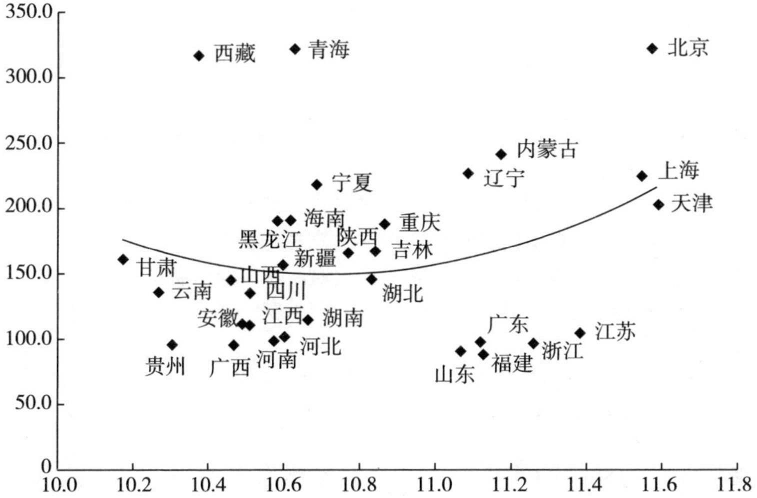

图 4.4　2015 年人均地方公共财政就业支出和人均国内生产总值的关系

资料来源：《中国财政年鉴（2016）》，各省、自治区和直辖市的公共财政（一般）预算收支决算总表（决算数）及《中国统计年鉴 2017》。笔者进行了计算。

说明：纵坐标代表人均地方公共财政就业支出，横坐标代表人均国内生产总值的自然对数。

综上所述，现有的公共财政体制在促进劳动就业创业服务均等化方面仍然存在不足，这不仅体现在不同发展水平的省份之间就业财力保障的不均衡，还体现在流动人口和户籍人口之

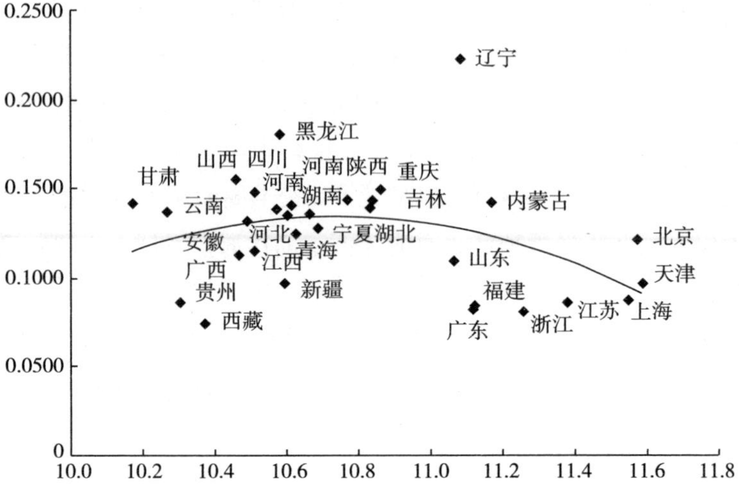

图 4.5　2015 年地方公共财政就业支出占一般预算支出比重和人均国内生产总值的关系

资料来源：《中国财政年鉴（2016）》，各省、自治区和直辖市的公共财政（一般）预算收支决算总表（决算数）及《中国统计年鉴 2017》。笔者进行了计算。

说明：纵坐标代表地方公共财政就业支出占一般预算支出比重，横坐标代表人均国内生产总值的自然对数。

间就业财力保障的差异。一些地区发展水平不高，又无法获取足够的转移支付，其公共财政就业支出水平明显偏低；还有一些地区流动人口较多，又无法获取为这些人口提高劳动就业创业服务的财政支持，最终导致劳动就业创业服务的支出水平也难以提高。因此，从推动基本劳动就业创业服务均等化的角度来看，我国目前公共财政体制机制的改革滞后。尽管现有的均衡性转移支付制度中农业转移人口公共服务支出的折算比例不断提高，但是仍然过低（崔松虎、金福子，2016）。地区间公平合理的均衡财政机制尚未建立，各地区劳动就业创业服务供给能力难以得到均衡的保障。

三、服务项目衔接劳动力供需双方错位，重数量、轻质量现象突出

在项目设计和提供上，劳动就业创业服务存在“供求不匹配”问题，造成服务实用性低和促就业成效不佳。一方面，政策衔接供求双方有所错位，造成了服务“不太有用”。尽管各类就业形式均有就业服务政策，但是对不同形式吸纳就业的差异特点却缺乏充分考虑，政策扶持对象与岗位要求不能准确对接。据直辖市 A 人力社保局 2018 年 4 月的一项调查结果显示，超过 60% 的用人单位招聘人员首先考虑岗位需求，补贴只是附带考虑因素，而“4050”等困难人员只适合安排进入有限的后勤服务岗位，不能满足单位主要用人需求。同时，部分公益性就业岗位素质要求过高，弱化了“托底”安置更多就业特困人员的功能。如某地级市社区公益性就业组织开发了劳动保障协管员、社区矫正协管员、城管协管、交通协管、残疾人员协管员等辅助管理类公益性岗位，同其最初成立时开发的保洁、保绿、保安等岗位相比，前者对个人素质和就业能力的要求相对偏高，就业特困人员不能完全符合岗位的要求，而能够胜任这类岗位的一般就业困难人员又不能享受公益性就业组织专项补贴政策，难以在公益性岗位上实现就业。最后，享受灵活就业社会补贴的人数虽然最多，但部分困难人员只是将其作为延续社会保险缴费的手段并未真正实现就业。

另一方面，重数量、轻质量的现象突出。劳动就业创业服务政策大多采取直接补贴资金的方式，不仅支持的项目数量、覆盖对象范围和资金帮扶力度都很有限，而且直接补贴政策的

资金风险大，使用和监管成本也高，并不能将经济增长带来的就业机会完全转化为促进就业的有力支撑。劳动者最关心的是提高就业质量。但是，现行劳动就业创业服务政策的重心在于帮扶失业人员或特殊群体实现就业，而缺乏帮扶不充分就业或低质量就业人员实现稳定就业或高质量就业的政策措施。据直辖市 B 人力社保局 2017 年底的一项调查结果显示，享受补贴政策用人单位的月人均工资、月人均缴纳社会保险及月人均福利总和，约占 2016 年该市城镇职工月平均工资的 45%，而社区公益性就业组织上述三项收入总和，只占全市城镇职工月均工资的 35%。进一步估算该市被招用就业困难人员的工资收入分布，在被单位招用的人员中，有超过 80% 的人的三项收入总和低于全市城镇职工月均工资的 35%，而在社区公益性就业组织托底安置的人员，三项收入总和只能达到全市城镇职工月均工资的 28% 左右。灵活就业困难人员的收入水平更低，由于工作不固定和主要从事传统社会服务业的特点，较难对其月收入水平做一估测。

四、政府与社会合作提供服务缺少政策支撑，且行政管理手段落后

政府购买服务存在政策空白。调研了解到，在推进就业城乡一体化进程中，劳动就业创业服务的工作量日益加大。江苏省某市人社系统的工作人员数量不足 1200 人，但服务对象的数量却达到 1200 万人，人力物力十分紧张。在人员编制暂时不能调整的情况下，该市引入了业务外包模式来解决工作重负问题。但是，由于公共就业服务机构设置、工作项目、人员配置、服务种类没有量化的统一制度性标准以及监管实施要求，

致使政府购买公共服务的评价体系无据可依，不利于提升公共就业创业服务质量。

此外，即使已有适合的项目、政策和服务，由于政策执行混乱、申请过程烦琐等，又影响了社会主体和服务对象的满意度和积极性。究其原因，一是与就业相关的定义标准和法律法规不能适应形式多样、层出不穷的劳动力市场形势变化，对就业、不充分就业、灵活就业和失业等概念的界定模糊，劳动用工监管不到位。二是政府职能部门之间的就业失业信息共享程度低，政策申请审批多依靠登记和证明材料，程序复杂，审批周期长，通过难度大。三是多年延续积累下来的政策文件缺少系统的梳理，项目众多，范围不一，有的前后矛盾，有的配套不力，无论是用人单位，还是劳动者，普遍感到“了解难、掌握难、使用难”，政策执行者也面临“宣传指导难、前后衔接难、核查审批难”。

第六节　新时代应更加注重服务建设

党的十九大提出“实现更高质量和更充分就业”的工作要求。《“十三五”促进就业规划》也将“就业规模稳步扩大，就业质量进一步提升”以及“城乡均等的公共就业创业服务体系更加健全，劳动者权益保护制度不断完善，企业劳动合同签订率保持在 90% 以上，工资收入合理增长，就业质量进一步提升”等，列为当前一个时期就业促进工作的主要发展目标。新时期实施积极就业政策，要求政策功能实现“三大转变”，从解决特定对象失业向扶持各类群体就业转变，从促进就业规模扩大向推动就业质量提高转变，从化解阶段性失业增加压力向构建高效的就业创业服务机制转变。在就业困难多元化、就业矛盾复杂化和稳定就业压力增大的发展趋势下，应进一步完善劳动就业创业服务相关政策，提升公共服务在促进就业中的作用。其具体包括以下五个政策建议：

一、尽快健全劳动就业创业服务标准体系

劳动就业创业服务标准体系是规范服务流程、加强科学管理、优化资源配置的基础工作。目前，我国公共就业服务标准体系建设刚刚起步，服务范围、内容、流程及开展服务所需的设施设备、人员配备、经费保障等还缺乏统一的标准和完备的质量监管体系，服务的实践缺少一致的依据，影响服务质量。同时，创业服务、职业培训、劳动关系协调和劳动权益保护等服务还未形成统一的标准，与开展服务相关和配套的其他工作也缺乏统一的指导和规范。为此，建议“十三五”时期尽快编制完成统一的劳动就业创业服务标准体系，包括全国统一的最低标准、全面质量管理标准和信息化服务标准等，同时，建立重要标准实施的监督和评价制度，形成统一的服务规程、管理方式和业务流程，提高服务质量和水平。

二、健全农业转移人口市民化成本分担机制

进一步明确中央政府、省级政府和城市政府在推进农业转移人口市民化方面的主要责任。中央政府主要负责制定基本公共服务全国最低标准，依法承担社会保障和就业基本公共服务成本，增加对接受跨省农业转移人口较多省份的支出补助。省级政府主要负责制定本省（区、市）公共服务标准，承担社会保障和就业公共服务成本省级负担部分，增加对接受跨市农

业转移人口较多城市的支出补助。城市（含区县）政府要承担社会保障和就业公共服务成本市（县）级分担部分，以及基础设施建设和运营成本。此外，进一步完善财税制度，以常住人口作为财政分成依据来调整各级政府之间的财政分配关系。健全中央和省两级专项资金转移支付制度，对吸纳农业转移人口较多的城市给予资金补助。完善事权和支出责任划分相匹配的财政管理体制，实现省以下各级政府财政事权与财力状况的对应，提高县域税收分成比例，加大对小城镇的转移支付力度。最后，完善基层就业创业服务经费保障机制。调整省级财政预算安排的就业专项资金列支范围，增加“公共就业服务基本经费”，或者扩大已有列支项目“扶持公共就业服务”的使用范围，将“公共就业服务基本经费”纳入，由省级财政安排专项资金支持基层劳动就业创业服务工作。

三、完善一体化的就业创业服务信息网

加强信息化建设，积极推进“互联网＋”与劳动就业创业服务业务领域的深度融合，打造线上线下一体化的劳动就业创业服务体系。充分运用“互联网＋”和大数据思维，发挥互联网应用规模优势和劳动就业创业数据资源优势，深度挖掘劳动就业创业服务工作与互联网融合发展潜力，改善公共服务供给方式，提高信息发布的及时性和广泛性。围绕公共就业服务、创业服务、职业培训、劳动关系协调和劳动权益保护等重点项目，通过构建一体化的信息网络，提升基层服务能力，创新服务管理方式。积极发展人力资源服务业，尤其是支持线上服务，增强就业和人力资源配置信息的双向流通。

四、加强政府购买就业创业服务制度建设

制定实施政府购买公共服务指导性目录，确定政府购买公共服务的种类、性质和内容，规范项目遴选、信息发布、组织购买、项目监管、绩效评价等流程，加强政府购买公共服务的财政预算管理。制定政府购买服务的机构标准，对各项公共就业创业服务的机构设置、工作项目、人员配置、服务质量等给出具体的量化指标，并对采购标准和监管要求予以详细的说明。

五、培育高素质的劳动就业创业服务人员队伍

目前，公共就业服务在农村还缺乏基础，不少省份乡镇和村两级没有公共就业服务机构。尽管城市的市、区、街道、社区四级公共就业服务网络比较完善，但是许多市、区乃至基层公共就业人才服务机构的人员编制不足，临时性工作人员较多，提供专业服务人员的文化素质水平与咨询业务要求不匹配。为此，建议重点健全农村就业服务组织体系，加强机构设施设备和服务人员的配置；大力培育专业性服务人员，如职业指导员、信息分析员等，建立职业准入制度，对从业者的知识、技能和任职资格等作出统一、明确的规定。

第五章

改善公共就业服务的国际视野

公共就业服务是以政府为主导、社会各方参与，通过就业服务机构帮助劳动者获得就业岗位和提升就业能力，帮助用人单位寻找合格劳动力的一系列活动的总称。公共就业服务是解决劳动力供给与劳动力需求双方均衡协调的关键手段。从历史的角度考察，公共就业服务起源于19世纪末的工业化国家。出于担心失业对社会和经济造成影响，欧洲许多国家和美国陆续出现了帮助求职者寻找工作的公共制度。在公共就业服务产生后的100多年时间里，发达国家越来越重视政府的公共就业服务职能，将提供社会公众所需要的公共就业服务作为政府应当承担的公共责任。

迄今为止，关于公共就业服务的研究和讨论，基本是围绕三个核心问题展开：提供什么、提供多少、如何提供。在意识形态和理论层面上对公共就业服务三个核心问题的论证从未停止，而在实践中，国外部分发达国家和地区已经切切实实地探索提高公共就业服务效率和质量的途径了。鉴于历史、文化等诸多因素的差异，不同国家乃至不同地区所选择的突破口、所走过的道路不尽相同，其中有成功的经验，也有失败的教训。对国外公共就业服务的制度安排和途径加以梳理，研究其作用的机理、条件和操作规程，本身就是一项具有实践意义的工作。

更重要的是，公共就业服务在我国起步较晚，发展相对滞后。2000年底，我国才在《劳动力市场管理规定》中首次提出公共就业服务概念，① 但作为政府基本职能的就业服务，早在概念产生之前就已经以实践的方式存在了。伴随我国对政府职能认识的不断深化、行政管理体制改革的不断推进以及建设服务型政府重大战略任务的提出，公共就业服务的问题日益引起人们的重视，公共就业服务的改革业已启动。然而，由于各种原因，政府公共就业服务职能不到位的问题依然比较突出，比如经济与社会发展的不平衡造成了公共就业服务水平的地区失衡、城乡失衡，政府公共就业服务职能尚不适应人民群众日益增长的公共就业服务需求，政府公共就业服务体系和机制还不健全等。

解决我国公共就业服务领域存在的诸多问题，既要把握公共就业服务发展的一般规律，深入分析我国公共就业服务体制机制的特殊性，又要深刻认识国外特别是发达国家公共就业服务的得失，因时因地挖掘、吸收国外经验。在此基础上，积极推进我国公共就业服务的改革创新，促进公共就业服务在效率和公正等方面的不断完善。这是本项研究的现实出发点，也是研究的重点。

第一节　公共就业服务的职能和特性

公共就业服务分为四个主要职能，具有公共物品和准公共物品综合的特性。

一、公共就业服务的主要职能

不同学科从各自研究视角出发，强调了公共就业服务某一

---

① 2000 年底，原劳动保障部颁布的《劳动力市场管理规定》（劳动和社会保障部令第 10 号）中专设“公共就业服务”一章，明确规定了公共就业服务的性质、内容、免费服务对象，以及政府组织开展公共就业服务的职责。这是我国政策法规中第一次正式提出公共就业服务概念。

方面的作用，比如经济学强调降低工作搜寻与岗位匹配的成本以及沟通、传递劳动力市场供需信息，管理学强调采取各种就业措施对劳动力市场实施干预，社会学强调保护工人及其家庭免遭失业贫困。但是，各学科对公共就业服务存在的合理性的认识是一致的，即公共就业服务不仅可以直接提供就业岗位和劳动力市场信息，而且是充分就业和开发人力资源的必要手段。国际劳工组织在 1948 年《就业服务公约》（第 88 号）中确定了公共就业服务总任务：招聘和安置工人；方便职业和地理流动；收集和分析劳动力市场数据；与失业保险部门合作；支持经济和社会计划。

总体来看，公共就业服务分为以下四个主要职能：

第一，职业介绍。职业介绍是公共就业服务或私营职业介绍所帮助求职者寻找工作和为雇主填补岗位空缺的过程。

第二，提供劳动力市场信息。劳动力市场信息是任何关于劳动力市场或其某个部分的规模和组成的信息，包括运转方式、存在的问题、可能出现的机会和其中部分人员与就业相关的意向或愿望（L. Richter，1989：2）。

第三，管理失业补贴。失业补贴是提供给失业者所有形式的收入支持，分为失业保险和失业救济两类。① 公共就业服务承担向失业补贴领取者提供求职帮助或再就业服务及持续的资

① 失业保险的资金来源是保险缴费，而失业补贴的资金来源是税收，发放标准依赖需求或收入调查。世界上一些国家（如日本、加拿大、美国、挪威、匈牙利、波兰等）只有失业保险，还有一些国家（如英国、法国、荷兰、西班牙等）兼有失业保险和失业救济。失业补贴可以由公共就业服务管理（如加拿大、美国、挪威等），也可以由另外的国家机构或社会合作伙伴管理（如法国、英国、日本、西班牙等）（资料来源：Phan，T，Hansen，E and Price，D，2002：99 – 100；WB，2003：2。笔者进行了归纳）。

格认证与求职认证两项职责。

第四，管理劳动力市场调整计划。劳动力市场调整计划是政府针对特定的劳动者群体，或为解决特定的劳动力市场问题而制定的政策措施，包括专项计划和综合计划。专项计划分为求职帮助、培训与教育计划及直接创造就业岗位计划[①]三类；综合计划是将多个专项计划串联组成一个总体计划。

二、公共就业服务的特性

公共物品具有两种特性，分别是收益的非竞争性和消费的非排他性。公共就业服务具有收益的非竞争性，但不完全具有消费的非排他性，既非纯粹的公共物品，也非纯粹的准公共物品，而是具有综合的特征。公共就业服务的三个职能，分别是职业介绍、提供劳动力市场信息及管理失业补贴，提供给劳动力市场所有的劳动者和用人单位，不会因为增加一个新的使用者而减少对其他使用者的供应，也不能将任何使用者排除在外，同时具有收益的非竞争性和消费的非排他性，属于纯公共物品；而另一个职能——管理劳动力市场调整计划，服务对象通常是劳动力市场的某些群体，比如妇女、长期失业者、失业青年、下岗工人、中老年工人和残疾工人等，调整计划要针对不同服务对象的需求完成不同的目标，在收益上具有非竞争性，但是在消费上却可以比较轻易地做到排他，属于俱乐部类物品。美国学者布坎南曾指出，俱乐部类物品只拥有部分的公共性，其最优的共享群体是介于个人或私人家庭与人数不限的

---

① 该计划主要有两个目标：一是增加劳动力需求；二是提供工作经历，提高失业者的就业能力。一般分为3类具体计划：公共部门计划（即由公共或准公共部门提供就业岗位）、促进自主创业计划及对雇主的就业奖励或工资补贴。

社会群体之间的群体，所以这种物品具有两大消费特征，分别是有限的竞争性和局部的排他性。[①] 为此，将公共就业服务属于纯公共物品的三个职能统称一般性服务，将属于俱乐部类物品的另一个职能称作特殊性服务。

公共就业服务的特性决定了其市场需求可以通过纵向累加所有个体需求曲线得到，那么生产的每一单位的价值就是累加所有使用者的价值的结果。萨缪尔森的公共物品供需均衡模型揭示了公共就业服务供给的最优产量。如果生产一个服务的边际成本给定为 MC，那么其最优产量就是生产的边际社会成本与产出的边际社会价值相等的点，如图 5.1 所示，产出的边际社会价值为 $\sum D$，在 $MC = \sum D$ 的点上生产 Q^*，作为该服务的最优产量。在现实生活中，公共就业服务供给量低于最优产量，从理论模型得出的解释来看，供给量仍由生产的边际社会成本与产出的边际社会价值共同决定，但是由于政府将部分使用者的价值确定为产出的边际社会价值，从而引起均衡点左移。此时，服务的使用会十分拥挤，增加使用者的边际成本提高，出现使用者被排除的现象，服务的价值不能实现最大化。

第二节 中外公共就业服务特点比较

中国公共就业服务的职能同国外的大体相同，但特点有所不同。中国公共就业服务具有政府供给、属地管理、地方融资、直接生产、纵向监督等特点，国外公共就业服务则具有多

---

① James M. Buchanan. *An Economic Theory of Clubs*. Economica, New Series, 1965, 32 (125): 1-14.

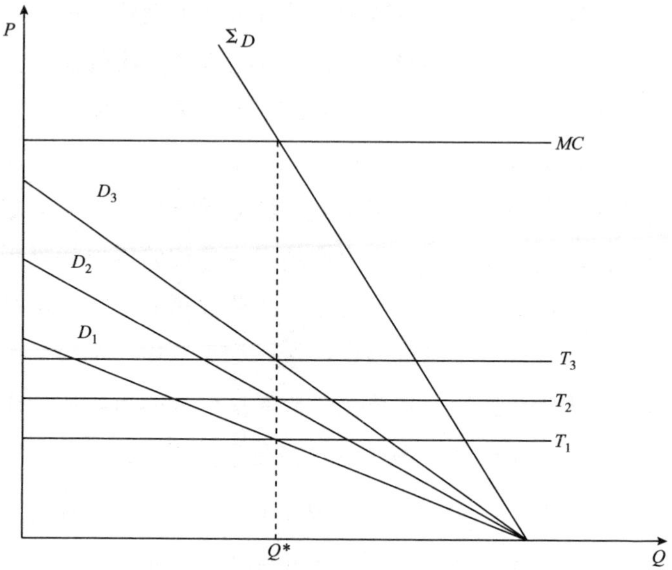

图 5.1　萨缪尔森的公共物品供需均衡模型

说明：纵轴代表公共物品的价格（P），横轴代表公共物品的数量（Q），D_1、D_2、D_3代表三个个体的需求曲线，ΣD 代表市场需求曲线，T_1、T_2、T_3代表三个个体的边际价值，MC 代表边际社会成本。

资料来源：［美］林德尔 · G. 霍尔库姆，2012：92。

方供给、垂直管理、中央融资、地方生产、社会监督等特点。

一、中国公共就业服务的职能和特点

新中国成立后的很长一段时间，公共就业服务是一种高度集中的计划管理模式，对要就业的劳动力统一登记、统一安置。20 世纪 80 年代初，国家实行“劳动部门介绍就业、自愿组织起来就业和自谋职业相结合”的就业方针，公共就业服务承担了安置就业和培训的职能，其机构的雏形——劳动服务公司[①]也在上海首次出现。[②] 20 世纪 90 年代，公共就业服务体系初步形成，分为职业介绍、就业训练、失业保险和生产自救四个职能。[③] 1998 年国家提出“劳动者自主择业、市场调节就业、政府促进就业”的新时期就业方针，着力完善了职业介绍、职业指导和职业培训三个职能。[④] 2000 年公共就业服务包括职业介绍、职业指导、就业训练和社区就业岗位开发服务四个职能，[⑤] 2002 年增加了劳务派遣、创业指导、劳动保障事务代理和就业服务技术支持四个职能。[⑥] 2008 年《就业促进法》规定，公共就业服务具有政策法规咨询、信息发布、职业指导和职业介绍、就业援助、就业登记与失业登记、职业培训、专项的就业服务七个职能。同年《就业服务与就业管理规定》

---

① 1981 年，党中央、国务院《关于广开门路，搞活经济，解决城镇就业问题的若干决定》中指出，劳动服务公司应当“逐步发展成组织经济事业、统筹劳动就业，输送和管理企业临时用工、开展就业训练的一种综合性的机构”。[资料来源：康永和．劳动服务公司的创建发展是一项重大改革［J］．经济工作通讯，1984，(13)：16]

② 资料来源：信长星．关于公共就业服务的几个问题［C］．人力资源和社会保障大讲堂：人力资源和社会保障公共服务均等化．胡晓义等著，北京：中国劳动社会保障出版社，2013：26.

③ 1990 年 12 月，在全国劳动厅局长会议上，第一次把劳动就业服务概括为职业介绍、就业训练、待业保险、生产自救四项主要任务。（资料来源：改革开放后我国治理青年失业政策的历史沿革［EB/OL］，中国共青团网，2009 - 10 - 27，http：//www. ccyl. org. cn/zhuanti/tgjyz/qsnyj/qyht/200910/t20091027_ 305400. html）。

④ 政策依据：《中共中央国务院关于切实做好国有企业下岗职工基本生活保障和再就业工作的通知》（中发〔1998〕10 号）；《关于加强国有企业下岗职工管理和再就业服务中心建设有关问题的通知》（劳社部发〔1998〕8 号）。

⑤ 政策依据：《劳动力市场管理规定》（劳动和社会保障部令 2000 年第 10 号）第二十六条：本规定所称公共就业服务，是指由各级劳动保障部门提供的公益性就业服务，包括职业介绍、职业指导、就业训练、社区就业岗位开发服务和其他服务内容。

⑥ 政策依据：《关于进一步加强劳动力市场建设完善就业服务体系的意见》（劳社部发〔2002〕7 号）。

（劳动和社会保障部令第 28 号）增加了招聘用人指导、招聘代理、跨地区人员招聘、人力资源管理咨询、劳动保障事务代理、职业技能鉴定六个职能。同年《国务院关于做好促进就业工作的通知》（国发〔2008〕5 号）又增加了创业服务和创业培训两个职能。自此，中国公共就业服务的职能确定，并且同国外公共就业服务的主要职能基本吻合（表 5.1）。

表 5.1　中外公共就业服务的职能比较

中国（2008 年以来）	国外
职业介绍；招聘用人指导；招聘代理；跨地区人员招聘	职业介绍
劳动力市场信息发布	提供劳动力市场信息
就业登记与失业登记；职业技能鉴定	管理失业补贴
政策法规咨询；职业指导；人力资源管理咨询；就业援助；职业培训；专项就业服务；创业服务；创业培训	管理劳动力市场调整计划

资料来源：笔者整理。

概括当前中国公共就业服务的特点有以下三个：

第一，公共就业服务供给者主要是政府设立的公共就业服务机构，并涵盖省、地市、区（县）、街道（乡镇）、社区（行政村）五个层级，职业中介机构、职业技能培训机构和职业院校等也是服务主体。《就业促进法》规定，县级以上人民政府建立健全公共就业服务体系，设立公共就业服务机构。对职业中介机构提供公益性就业服务的，按照规定给予补贴。鼓励和支持各类职业院校、职业技能培训机构和用人单位依法开展就业前培训、在职培训、再就业培训和创业培训。《就业服务与就业管理规定》要求，公共就业服务机构根据政府确定的就业工作目标任务，制订就业服务计划，为劳动者和用人单位提供就业服务。县级以上公共就业服务机构建立综合性服务场所，街道、乡镇、社区公共就业服务机构建立基层服务窗口。2012 年，全国各级公共就业服务机构共计 36.1 万个，其中县及县以上占 9.2%，县以下①占 90.8%（李保国，2013：75）。

第二，公共就业服务实行属地管理，同级财政安排资金，上级财政可适当补助，免费为劳动者提供服务，严格控制对用人单位服务收费，劳动保障行政部门监督、考评业绩。《就业促进法》规定，公共就业服务机构不得从事经营性活动，公共就业服务经费纳入同级财政预算。《就业服务与就业管理规定》要求，县级以上劳动保障行政部门统筹管理本行政区域内的公共就业服务工作。县级以上公共就业服务机构集中为劳动者和用人单位提供一站式就业服务，街道、乡镇、社区公共就业服务机构开展以就业援助为重点的公共就业服务。县级以上劳动保障行政部门应当定期对公共就业服务机构完成各项任务情况进行绩效考核。公共就业服务机构可以依法申请公共就业服务专项扶持经费。《关于进一步完善公共就业服务体系有关问题的通知》（人社部发〔2012〕103 号）还提出，对县及县以下公共就业服务机构开展公共就业服务所需经费确有困难的，上级财政部门要给予适当补助，所需经费从就业专项资金中列支。中央财政对中西部地区和老工业基地县级公共就业服务机构和基层公共就业服务平台能力建设给予适当奖励性补助。

第三，公共就业服务采取政府主导的供给形式，公共就业服务机构直接生产和提供，部分职业教育和培训、创业培训、

① 主要是街道（社区）、乡镇（村）劳动就业和社会保障综合性服务机构。

职业介绍等服务以合同外包、补贴等方式实现供给，鼓励社会力量参与技能鉴定和职业指导服务。《就业促进法》规定，县级以上人民政府培育和完善统一开放、竞争有序的人力资源市场，为劳动者就业提供服务，制订并实施职业能力开发计划。《就业服务与就业管理规定》要求，公共就业服务机构推动落实就业扶持政策，组织实施就业服务项目，开展人力资源市场调查分析。公共就业服务机构应当完善服务功能，统一服务流程，按照国家制定的服务规范和标准，提供优质高效的就业服务。《国务院关于做好当前经济形势下就业工作的通知》要求，强化政府购买培训成果的机制，广泛发动各级各类职业培训机构和职业院校开展多层次、多形式的职业技能培训。支持和动员社会团体开办的就业服务和职业培训机构积极为劳动者提供就业服务，按规定落实好职业介绍补贴、职业培训补贴政策。《国务院关于加强职业培训促进就业的意见》（国发〔2010〕36号）进一步提出，在现有补贴培训机构方式的基础上，积极推进直补个人、直补企业等职业培训补贴方式，有条件的地区可以探索发放培训券（卡）的方式。

二、国外公共就业服务的特点

1910年英国内阁大臣温斯顿·丘吉尔在英国开办了世界第一个国家职业介绍所，他认为“这是一种社会机制，对良好的社会秩序至关重要”（Phan T.，Hansen E. and Price D.，2001：1）。1912年英国建立了国家职业介绍所网络和国家经办的失业保险计划，到1920年失业保险计划几乎覆盖所有劳动者。两次世界大战期间，职业介绍所和失业保险经历了缓慢和零星的发展过程。第二次世界大战后的20年里，公共就业服务继续被作为“解决特定就业问题的有用手段和失业保险计划的附属品”（Phan T.，Hansen E. and Price D.，2001：5），在许多国家处于衰弱的状态。20 世纪 60 年代，公共就业服务再次受到发达国家的重视，将其与培训及其他积极的劳动力市场措施结合起来，作为促进经济增长的劳动力发展政策的一个关键手段。80 年代，许多国家的失业率急剧上升，公共就业服务开始参与消除失业的专门就业措施，并加强对失业补贴领取者的工作测试。90 年代，公共就业服务的职能进一步增强，一方面整合安置和咨询服务、失业补贴支付和劳动力市场计划管理等三个基本职能，另一方面更加重视空缺岗位信息的集中、处理和散发。进入 21 世纪以来，发达国家公共就业服务的职能重点转向了管理劳动力市场调整计划。概括国外公共就业服务的特点有以下三个（表 5.2 分项对比了中外公共就业服务的特点）：

第一，公共就业服务供给主体不仅有政府，还包括作为私人部门的企业、作为第三部门的非营利组织、社区乃至公民个人。一般性服务以政府为主要供给主体，特殊性服务由政府在内的多个主体分工合作供给。如实施一项旨在解决众多关联性问题的劳动力市场调整计划，问题不仅是失业，还有与社会排斥和贫困相关的问题（如福利依赖、住房、环境、毒品、犯罪、健康和教育等），这就需要公共就业服务同雇主、工会、一系列其他政府机构合作，同时还要有当地政府、公共和私营的发展机构、相关领域的志愿者组织或社区协会等的参与，从而使工作在一种多方合作的关系框架下开展。

第二，公共就业服务实行垂直管理，中央安排资金，地方安排生产，以需求为导向，提供多功能、一站式、自助与干预相结合的服务，并运用全面质量管理的方法，联合社会主体，全程监督服务，持续改进服务流程和业绩。这就要求中央将公共就业服务权力下放，由区域和地方根据条件制定具体的政策，并且中央减少对政策实施过程的控制，着力监督政策效果。将权力和责任下放到区域和州或省，是多数经合组织国家的普遍做法。[①] 中央政府负责主要资金、总体政策设计、服务体系开发及运行的监督和评价，地方政府负责制定具体的政策并组织落实，[②] 同时，地方处置权中还包括一定程度上灵活使用资金。[③] 权力下放使计划与服务的生产一体化，服务更适合各地的具体需要，而业绩监控使服务的提供紧紧围绕客户的需求，实现服务的整体性、针对性和便利性。

第三，公共就业服务既有政府直接供给，也有市场供给和社会供给，形成了多种实现形式并存的多元供给结构。管理失业补贴、求职帮助等周期长的服务由政府主导供给，提供劳动力市场信息、管理培训与教育计划等周期短的服务由政府与市场、社会合作供给，政府通过合同外包、补贴等方式引入市场供给，同时鼓励非营利组织、社区、志愿者等社会主体参与供给。在这个结构中，政府机构内部决策、执行、监督等制衡机制，同外部的竞争、监督、互动机制有机结合，促进了有效率

---

① 可参见Phan，T，Hansen，E and Price，D（2002：119－121）提供的若干经合组织国家的做法介绍。

② 如美国联邦政府只保留广泛的决策权和主要的资金责任，允许各州在比较宽的范围内选择适合当地需要的就业制度，而各州的大多数地方服务机构则有更大范围的灵活性去组织服务，以满足各自社区劳动力市场的需要。挪威的情况类似。郡县就业服务局依照劳动委员会的指导方针自行决定建立地方服务机构，指导方针的内容包括促进社区就业、强化招聘帮助和残疾人就业帮助、减少地方机构工作人员等。

③ 如德国地方就业服务机构有很大的资金处置权，可以自行决定服务生产和提供的方式，从而最大限度地满足当地需要。

的生产和贴近需求的服务，如向特定客户供给信息增值产品，政府只是原始数据的提供者，综合、分析、解释和分发的活动则由市场供给或社会供给。再如实施培训与教育计划，政府只是资金分配者、计划协调或监管者、参加人的挑选者乃至就业安置者，而培训的生产者和提供者则是其他公共或私营机构。

表 5.2　中外公共就业服务的特点比较

类别		中国（2008 年以来）	国外
服务主体		政府为主，职业介绍、职业培训、职业鉴定和职业指导也有职业中介机构、职业技能培训机构、职业院校和用人单位等参与	（1）职业介绍、提供劳动力市场信息、管理失业补贴：政府为主 （2）管理劳动力市场调整计划：政府、企业、非营利组织、社区和公民个人分工合作
服务过程	计划	总体政策：中央政府 具体政策：省、地市政府	总体政策：中央政府 具体政策：地方（各级）政府
	融资	同级财政预算安排基本支出和项目支出（就业专项资金）；上级财政（含中央财政）以专项转移支付方式给予适当补助	中央财政税收和（或）失业保险基金；地方（各级）政府有资金处置权
	生产	政府直接生产（免费；用者付费）为主，对职业介绍和职业培训也采取间接生产（合同外包；补助；凭单）	（1）职业介绍、提供劳动力市场信息：政府直接生产（免费；用者付费）和间接生产（合同外包；特许经营；补助；凭单）结合 （2）管理失业补贴、求职帮助：政府直接生产（免费） （3）管理培训与教育计划、管理直接创造就业岗位计划：政府直接生产（免费）和间接生产（合同外包；补助；凭单）结合

续表

<table>
<tr><th colspan="2">类别</th><th>中国（2008 年以来）</th><th>国外</th></tr>
<tr><td rowspan="2">服务过程</td><td>提供</td><td>政府安排，一站式提供，干预式服务</td><td>（1）职业介绍、提供劳动力市场信息：政府安排，一站式提供，自助式服务
（2）管理失业补贴、求职帮助：政府安排，一站式提供，干预式服务
（3）管理培训与教育计划、管理直接创造就业岗位计划：多个主体安排，一站式提供，干预式服务</td></tr>
<tr><td>监控</td><td>行政主管部门监督
工作成果类绩效评估</td><td>主管部门和社会主体共同监督
（1）职业介绍：工作成果类绩效评估（就业安置量等）；客户满意度评价
（2）提供劳动力市场信息：公众舆论评价；客户满意度评价
（3）管理失业补贴：工作成果类绩效评估（处理失业补贴申领者比例等）
（4）管理劳动力市场调整计划：工作成果类绩效评估（空缺岗位填补用时、特定目标群体服务比例、计划完成数量等）；客户满意度评价</td></tr>
<tr><td colspan="2">实现形式</td><td>政府直接供给为主，职业介绍、职业培训、技能鉴定和职业指导也通过市场供给和社会供给</td><td>（1）职业介绍、提供劳动力市场信息：政府直接供给、市场供给和社会供给并存
（2）管理失业补贴、求职帮助：政府直接供给
（3）管理培训与教育计划、管理直接创造就业岗位计划：政府直接供给、市场供给和社会供给并存</td></tr>
</table>

说明：（1）三类劳动力市场调整专项计划在供给过程和实现形式上有差别，上表分别归类。（2）公共就业服务主体是指公共就业服务的供给者和消费者。在服务主体中，更关注的是供给主体。（3）计划是关于服务质量和水平的政策界定过程。融资是获取资金支持服务产出成本的过程。生产是将有形（如资金和设备等）和无形（如制度和政策等）的资源转化为产品和服务的技术过程。提供是消

费者得到物品或服务的过程。监控是对服务供给全过程进行监督，针对政策实施过程的实时反馈调整或更改服务的供给。

资料来源：笔者整理。

第三节　公共就业服务供需矛盾分析

基于公共就业服务的特性，政府理当是供给主体，但随着政府提供公共就业服务种类、数量和范围的不断增加，使得其自身有限的资源难以为继。目前，中国公共就业服务供给不足，特别是不满足目标人群的服务需求，而国外公共就业服务解决类似问题已有成功的经验。

一、中国公共就业服务供需矛盾的突出表现

目前，我国公共就业服务不能满足弱势群体的求职需求、多样用户的信息需求、失业人员的培训需求和安置对象的就业需求。上述四个矛盾既是我国公共就业服务十分薄弱的表现，又是在提升服务水平过程中重点要解决的问题。

1. 职业介绍不能满足弱势群体的求职需求

提供职业介绍服务要求公共就业服务必须收集到尽可能多的适合求职者技能的岗位空缺信息，特别是对求职者中的弱势群体如长期失业者、青年、残疾人、妇女等，要安排他们融入劳动力市场的机会。然而，招聘信息少、更新迟、反馈慢却是我国公共职业介绍服务普遍存在的问题。有调查表明，不能提供有效的单位招聘需求信息是求职者不使用公共就业服务的一个主要原因（曾湘泉，2008：18）。大多数用人单位并不会主动向公共就业服务通报其岗位空缺，而我国也没有对各单位职位空缺信息统计和发布作强制要求，这就使得公共就业服务缺

乏有效的岗位空缺信息来源，即使得到了一些信息，岗位涉及面也较窄。

此外，信息更新速度慢，求职者在登记求职后，往往需要等待很长一段时间才能得到信息反馈。弱势群体的工作搜寻对公共就业服务体系有很强的依赖性，岗位空缺信息的匮乏给他们尽快找到合适的工作带来了不利影响。有调查结果显示，在受教育程度较低的求职者中，有超过70%的人将公共就业服务机构作为其获取岗位空缺信息的首要渠道，只有35%人认为其对找到工作最有效（崔钰雪、王鑫，2008：68－69）。

2. 信息发布不能满足多样用户的信息需求

提供信息发布服务要求公共就业服务必须收集数量庞大的信息，并从全国的视角确定劳动力市场信息需求和进行专家式开发。然而，信息数量有限、处理粗放、发布迟缓是我国劳动力市场信息发布服务普遍存在的问题。有调查表明，不能提供完整可靠的劳动力市场信息，是求职者和用人单位对公共就业服务最不满意的地方（袁国敏，2007：25）。其他政府部门以各自渠道采集的数据不会主动提供给公共就业服务，而我国也没有对政府各部门之间数据信息定期或不定期交换和比对作强制要求，这就使公共就业服务缺乏广泛的信息来源，即使是公共就业服务登记的求职者和用人单位信息，统计覆盖面也相当有限，何况公共就业服务在农村还缺乏基础，不少省份乡镇和村两级普遍没有就业服务机构。

此外，信息处理方法粗放，求职者和岗位空缺信息随时收集，但要到下个季度初发布，并且信息是按照公共就业服务规则使用的定义和分类，不符合劳动力市场信息用户的需要。国家政策制定和规划者、用人单位、教育与培训计划者、职业指导服务人员、个人、组织乃至广大公众都是劳动力市场信息用户（如表5.3分类列出了劳动力市场信息用户及他们对信息的需求），公共就业服务不能提供全面、准确、及时、可得、可操作的劳动力市场信息，给他们做决策带来了不利影响。有调查结果显示，接近60%的企业在职人员未曾关注过公共就业服务发布的信息，另有超过60%的被调查企业认为公共就业服务提供的信息不能满足企业的需求（王鑫，2008：37）。

表5.3　劳动力市场信息用户及其信息需求的分类

劳动力市场信息用户	对信息的需求及目的
国家政策制订者和规划者	需要就业、失业和不充分就业及其潜在趋势的信息，来制定可持续的财政和货币政策，及国家、地区和地方的经济发展政策，安排政府预算，出台职业培训、就业服务、劳动力市场和高等教育等政策和计划，以影响劳动力市场的变化，特别是调节当前和未来的劳动力供求
雇主组织和工人组织	需要劳动力供求和流动、就业者技能构成、培训机会、生产率、工资水平和工资级差、工作条件、集体协议规定、劳动规则对集体谈判的约束、健康和安全状况、不同工作和职业生涯模式，及生活成本指数等信息，以制定集体谈判过程和工资协商的政策，并形成对国家劳动力和就业问题的观点
教育和职业培训机构	需要了解短期和长期的劳动力供求状况，经济发展对技能的要求，技术变革及对技能发展的影响，及其他竞争性机构提供的项目等，以使劳动力开发政策和计划符合预期要求

续表

劳动力市场信息用户	对信息的需求及目的
职业指导服务人员	需要不同职业或职业束（Career Cluster）财富变化的信息，以向求职者、大学生或学生提供有意义的建议，包括当前和预期的工作机会和就业状况等
就业服务工作人员	需要知道哪里有岗位空缺，哪里有或可能会产生可利用的劳动力资源，以及正需要什么样的求职者资历，从而安排招聘和职业开发服务、岗位安置服务、迁移服务、岗前培训项目、工作经验计划，及行业培训方案，以夯实职业介绍和求职帮助的基础，避免在劳动力市场浪费时间和精力
个人、组织和广大公众	需要居住地、上班地和其他地区的劳动力供求信息，招聘单位所在地，各类职业，特别是针空缺岗位对教育和技能的要求，及教育和培训机构所在地、培训项目和申请条件等，以做出明智和理性的决策，及促进求职和获得工作的公平

资料来源：Phan，T，Hansen，E and Price，D，2001：61 – 62，Nicholas Mangozho，2002：6 –9。笔者进行了归纳和整理。

3. 职业培训不能满足失业人员的培训需求

提供职业培训服务要求公共就业服务必须准确了解培训对象的知识、技能和兴趣，特别是对其中的短期失业者，要安排他们接受最适合的培训以求尽快重返工作岗位。然而，培训计划针对性差、内容不贴近市场要求、授课重理论轻实践是我国公共职业培训服务普遍存在的问题。有调查表明，不能提供对日后工作和生活有帮助的培训，是培训对象不考虑公共就业服务的一个根本原因（何筠，2010：88）。各地政府及劳动保障部门不会根据每个培训对象的特点制订培训计划，而我国也没有对培训对象职业技能测量和评估作强制要求，这就使公共就业服务缺乏有针对性的职业培训计划，即使照顾到某些培训对象①的意愿和需要，深入程度也十分有限。

此外，培训内容跟不上市场，培训对象要学习实用技术，但课堂讲授比重偏大，课程安排与生产和服务实际脱节。提高失业人员就业能力的一种最好途径就是更新他们的知识和技能，但失业人员年龄、来源地、受教育程度等状况各异，实现就业的制约因素也因此不同（如表 5.4 具体列出了三类失业人员实现就业的制约因素），缺少个人具体情况评估使职业培训难以契合他们的需求，不利于缩短失业时间。有调查结果显示，不足 10% 的失业人员参加过公共职业培训，其中还有 20% 的人认为对找工作没有用（崔钰雪、王鑫，2008：67－68）。

表 5.4　三类失业人员实现就业的制约因素对比

制约因素排序	青年失业人员	农村转移劳动力失业人员	下岗失业人员
1	缺少工作经验	学历太低	缺乏就业信息
2	学历太低	缺少工作经验	年龄太大
3	没有职业资格证书	专业技能达不到要求	没有职业资格证书

资料来源：曾湘泉等，2008：62－88。笔者进行了归纳。

4. 就业援助不能满足安置对象的就业需求

提供就业援助服务要求公共就业服务必须洞悉失业人员的能力、志向和性格，以便帮助他们做出适合的职业选择，提供

---

① 目前，我国开展的有明确对象的公共就业培训计划涉及以下四类劳动者：困难企业职工、失去工作返乡的农民工、城镇登记失业人员和新成长劳动力。

持续的求职指导。然而，服务内容少、层次低、效果差是我国就业援助服务普遍存在的问题。有调查表明，不能给予“一对一”的求职帮助和指导，是失业人员最希望公共就业服务改进的方面（崔钰雪、王鑫，2008：72－73）。公共就业服务不会针对每位失业人员的兴趣和能力制定援助方案，而我国也没有对失业人员求职活动咨询和建议作强制要求，这就使公共就业服务缺乏基于服务对象偏好的就业援助计划，即使拓宽公益性岗位范围和开发各类就业岗位，人岗匹配程度仍难以达到目标状态。

此外，服务方式简单，失业人员需要直接得到职业指导和与用人单位沟通就业意向，但服务流程却是“提供岗位信息→自行求职/创业→安置岗位”，不适应获得个性化、专业化服务的需求。相关政策[①]鼓励用人单位在公益性岗位安排就业困难人员就业，公益性岗位补贴在就业专项资金中列支，但就业专项资金同时要求地方财政自行安排预算作为工作经费，由于开发公益性岗位需要公共就业服务四处联系单位，耗费大量的人力、财力、物力，这就构成了地方财政的预算负担。对于经济欠发达地区，公用经费安排比例有限，公共就业服务要拓展服务范围，细化服务方式，势必突破经费上限，做多反错，影响服务效果。有调查结果显示，公共就业服务开发数量最多的前两类就业岗位是促进自谋职业和创业及公益性岗位，而就业困难人员最想获得的前两类就业岗位是公益性岗位及鼓励企业吸纳（贾小溪、金野，2006：50）。公共就业服务希望

① 政策依据：《财政部、人力资源和社会保障部关于进一步加强就业专项资金管理有关问题的通知》（财社〔2011〕64号）。

推动劳动者自谋职业和创业，但安置对象却更愿意获得稳定的工作来源。

二、国外化解公共就业服务供需矛盾的经验做法

世界许多国家都通过立法建立了公共就业服务，并明确其作用和任务。发达国家的公共就业服务既提供传统的职业介绍服务，又越来越多地承担管理失业补贴和执行劳动力市场计划的任务；转轨国家和发展中国家的公共就业服务则仍然处于初始发展阶段，承担传统的就业安置和失业登记的职能。为此，本部分重点研究发达国家和地区的经验做法。

1. 利用现代信息技术进行即时职业介绍

在大多数国家，公共就业服务承担了帮助弱势群体求职的特别职责。尽管公共就业服务并不是填补岗位空缺的唯一渠道，个人联系、报纸广告、公告牌和私营职业介绍所等都是雇主最常用的招聘手段①，但是其他渠道都并不能保证照顾到劳动力市场最弱势群体的利益。

传统的职业介绍程序包括列出雇主的岗位空缺清单，获取求职者的个人信息，然后对二者进行匹配。随着信息技术的发展，借助公告栏、电话求职专线、计算机终端和互联网等设施的自助式职业介绍，已经在发达国家（如加拿大、日本、美国、法国、荷兰、瑞典、挪威等）及一些发展中国家、转型国家被广泛采用。特别是互联网上的自助式职业介绍，包括供

---

①　项对欧盟七国的调查结果显示，报纸广告、职业关系网和个人联系是雇主最常用的招聘手段（M. Tixier Essec，1998：82－83）。另一项就相同问题的国别研究也证实，大多数岗位空缺不是通过公共就业服务填补的，而是主要借助报纸广告和非正式的联系（U. Walwei，1996：7）。

求职者查询的空缺岗位库和供雇主查询的求职者库，使求职者和雇主可以即时查询对方的信息，双方直接接触、自行匹配，极大提高了职业介绍的效率和便利性。对于有能力自行求职的人，公共就业服务的工作人员较少或无须干涉，从而节省出大量时间来关注找工作更加困难的求职者，这些人可能无法在家中上网，或者缺乏使用自助设施的技能，需要个别辅导。[①] 即使完全能使用互联网的求职者，也会需要公共就业服务工作人员的帮助，比如工作很长时间又被裁减的人、不熟悉求职技巧的人以及想得到择业建议的人等（Phan T.，Hansen E. and Price D.，2001：52）。有研究表明，公共职业介绍机构使用先进方法为求职者服务十分划算，可以增加2—3倍的效益，对求职者而言，则缩短了近一半的求职时间（Christopher J. O'Leary and Randall W. Eberts，2008：27）。

2. 按客户需求开发劳动力市场信息产品

公共就业服务其他主要职能的管理信息，是劳动力市场信息产品的一个初始来源。公共就业服务要将求职者和岗位空缺信息准确、及时和连续不断地登记录入，才能提供关于劳动力供求短期波动的有用信息。失业补贴记录登载了雇主的信息，对劳动力市场统计很有价值。在美国，失业保险的雇主记录数据库是最全面的雇主信息登记册，可以据此提取样本，开展各类基层单位调查（Phan T.，Hansen E. and Price D.，2001：59）。此外，劳动力市场调整计划的管理性统计数据也可用于增强对劳动力市场动态的理解。

---

① International Labour Office. The United States Public Employment Service Country Study. Geneva，ILO，1998：39.

实际上，任何国家的公共就业服务，都会收集和加工个体在劳动力市场流动的信息，并进行分析、解释和发布。但是，这些信息的定义和分类都是依照公共就业服务的规则，可能并不符合劳动力市场信息统计数据用户的需要。信息的最终价值是帮助客户在充分知情的情况下做出决策。不断变化的劳动力市场供求形势，增强了系统的劳动力市场信息对所有活动主体的价值，从而产生了改善信息提供的需求。对此，发达国家（如美国、加拿大、丹麦等）的公共就业服务做出了回应，其对劳动力市场信息的使用，已经从常规的公布管理性统计数据，转向了开发用于某种目的或是符合某类客户需要的信息产品。公共就业服务会先收集和综合各种来源的初级统计数据，再分析劳动力市场供求特点和趋势，最后根据分析结果为就业政策和计划提供建议。在长期的高失业率、激烈的求职竞争、雇主招聘需求锐减的经济背景下，社会公众共同面临了缺乏信息指导的挑战，公共就业服务作为诚实的信息提供者，已经成为客户认识劳动力市场的帮手。据美国一项民意调查显示，2012 年关注各类劳动力市场信息的民众数量和 2011 年相比增加了 18.7%，同时，47.5% 的被调查民众表示劳动力市场信息对他们的决策起到了积极作用（U. S. Department of Labor，2012：12）。

3. 为失业补贴领取者定制就业培训服务

随着失业率增加，补贴开支大幅攀升，一些国家强化了公共就业服务帮助失业者重返工作岗位的职能。对于初次申领失业补贴者，每个国家都要求在公共就业服务登记求职，作为给付补贴的前提条件。在绝大多数经合组织国家，初次登记后的一周至数周不等，公共就业服务还要为补贴申领者做详细登记，进行深度面谈，并制订就业的个别行动计划[①]。英国、奥地利、新西兰和瑞士为所有补贴申领者制订计划，捷克、芬兰、挪威和葡萄牙为失业4—6个月的补贴领取者制订计划，还有一些国家选择最弱势的群体进行跟踪式干预（Phan T.，Hansen E. and Price D.，2001：103）；荷兰开发了名为“核心测量尺”（Kansmeter）[②] 的个人能力检测工具，对“离劳动力市场最远”的失业者加强额外帮助；美国、澳大利亚和加拿大使用统计方法识别可能长期失业的人，并在失业初期制订强制性再就业服务计划；比利时将教育、年龄、专业能力和职业经历作为确定弱势群体的衡量标准，以书面合同的形式列出建议采取的行动，如参加求职咨询、职业培训或财政资助的就业项目等，并规定要进行连续的评估。[③] 对公共就业服务而言，工作鉴定和个别就业服务可以提前找到最可能用尽失业补贴的申领者，评估他们的培训需求，帮助他们更快重返工作岗位，这样的服务花销仅相当于支付失业补贴的四分之一（Claire McKenna，Rick McHugh and George Wentworth，2012：11）。

4. 通过求职帮助指导就业困难者找工作

失业率增加使各国政府将劳动力市场政策重点，从消极地

---

① 内容大体包括：职业能力评估、求职咨询、职业培训、有补贴的劳动力市场计划等，但各国的侧重点有很大不同。

② 该工具用于评估求职者与劳动力市场的“差距”或“距离”，是一种评价求职者重回劳动力市场机会的实际方法。通过这一方法，求职者被分成四类或四个阶段，分数最高的被列为第一类客户，公共就业服务只为其推荐空缺岗位。第二类客户需要有限的再就业服务。第三类客户需要更多一些服务，如培训或工作经历。第四类客户是离劳动力市场最远的求职者，也是被社会救助机构指定的服务对象。即使他们以后回到第二类或第三类客户，也是“不能立即就业，需要额外帮助”的群体。

③ Organization for Economic Co - operation and Development. The Public Employment Service：Belgium. Paris，OECD，1997：51 - 53.

向失业者提供收入支持，转向提高失业者就业能力的积极措施。[①]“从福利到工作”，劳动力市场调整计划旨在使人们成为劳动力市场中有竞争力和独立的人。最近十几年，除少数几个国家保持不变之外，大多数国家的劳动力市场调整计划数量都在不断增加，针对多类劳动者群体如长期失业者、失业青年、下岗工人、老年工人、残疾工人、妇女等，制订了专项计划乃至扩展成综合计划。

只要得到合适的信息，许多失业者能够自己找到工作，但是不会利用信息或者缺少求职技巧的失业者，就需要公共就业服务的帮助，这促使公共就业服务的重点，从安置失业者演变为指导他们找工作。求职帮助是向求职者提供咨询和指导的过程。公共就业服务要评估求职者的技能、兴趣和性格，才会进行职业指导，推荐适合的就业机会，或是安排接受教育和培训，或是进入直接创造就业岗位计划。因此，清晰了解求职者的能力和动机是公共就业服务提供具体帮助的前提条件。世界银行的评估报告显示，完善的求职帮助计划特别是就业咨询，可以准确锁定目标群体，从而使其他劳动力市场调整计划更加有效（A. Dar and I. S. Gill，1998：97－101）。对于某类劳动者群体，劳动力市场调整计划要提高其就业能力，首要环节就是需求评估，如对残疾求职者的康复评估，对长期失业者、失业青年和社会救济金领取者的能力评估等。在一些国家（如加拿大、英国、法国、美国、波兰等），经济结构调整导致大规模裁员，公共就业服务会提早通知被裁人员，并积极提供再

---

① Organization for Economic Co－operation and Development. *Jobs Study*：*Facts*，*Analysis*，*Strategies*. Paris，OECD，1994：47.

就业引导和支持性服务。许多国家还专门建立了大规模裁员服务队，在工厂倒闭或大量裁员前开展现场服务，包括了解被裁人员的就业意向、评估再就业困难者的需求、延伸的就业和自我创业咨询及培训、岗位调配和特殊调动、提供失业保险金等，其中，评估被裁人员的技能及与现有空缺岗位要求的差距尤为重要（Phan T.，Hansen E. and Price D.，2001：87）。一项基于配对样本的实验研究表明，得到求职帮助和咨询的被试者的就业概率，大约是未得到服务的控制组被试者的2倍，并且前者的人均服务成本还不及其他服务的人均成本的四分之一（MoLSP，2002：34－35）。

第四节　中外服务体制机制比较分析

国外公共就业服务通过即时职业介绍、开发信息产品、定制培训服务和指导求职活动的做法，满足了日益增长的就业服务需求，有效化解了供需矛盾，为中国改善公共就业服务提供了启示。但是，发达国家的经验做法很难全盘照搬。因为与国外相比，中国公共就业服务体制机制还不健全、不完善。从服务主体上看，无论是公共机构，还是私营机构和社会主体，自身可投入服务的资源都严重不足；从服务过程上看，就业服务制度不完善，财政保障机制不健全，服务生产资源条块分割，基层服务提供媒介不完备，绩效评估监督机制不科学；从实现形式上看，市场供给和社会供给的体制机制不健全。

一、公共就业服务主体的中外比较

公共就业服务主体包括公共机构、私营机构、非营利组织、社区乃至公民个人，其中后三个主体可统称社会主体。下面针对公共机构、私营机构和社会主体展开中外比较。

1. 公共机构

与国外相比，中国公共就业服务机构的资源严重不足，主要表现在对职业介绍、信息监测和分析、技能鉴定和职业指导的可投入资源少。

第一，职业介绍。2011 年我国公共职业介绍机构共有工作人员 8.7 万人，按照调查失业率为 5% 估算，平均每名工作人员要服务 463 名失业者（表 5.5 对比了中国与若干国家公共职业介绍服务的能力）。而欧盟国家这一指标的平均值是 150 名，国际劳工组织的建议是 100 名（Arvo Kuddo，2009：25）。国外经验表明，公共职业介绍机构很难通过增加工作人员来应对高失业问题。如表 5.5 所示，一些失业率高企的国家（如法国、丹麦、加拿大、美国、日本等），公共职业介绍机构每名工作人员服务的失业人员数量也在增加。

表 5.5　中国与若干国家公共职业介绍服务的能力比较

国家（年份）	公共职业介绍服务			失业率（%）
	地方机构数量（个）	地方机构工作人员数量（万人）	每名人员服务失业人员数量（个）	
英国（2010）	1100	3.6	68	7.8
法国（2008）	736	1.7	122	7.3
挪威（2009）	120	0.3	27	3.2
德国（2010）	176	3.0	98	7.1
加拿大（2009）	300	1.5	101	8.3
荷兰（2009）	147	0.6	51	3.4
美国（2010）	3034	8.7	170	9.6

续表

国家（年份）	公共职业介绍服务			失业率（%）
	地方机构数量（个）	地方机构工作人员数量（万人）	每名人员服务失业人员数量（个）	
澳大利亚（2010）	2300	0.8	79	5.2
日本（2008）	152	1.6	166	4.0
丹麦（2010）	77	0.2	109	7.5
奥地利（2010）	99	0.3	63	4.4
俄罗斯（2008）	2840	3.6	42	6.3
中国（2011）	26013	8.7	463	5

说明：地方机构代表公共职业介绍服务的基层单位。失业率是以劳动力调查为基础的标准化失业率，但中国的数据为估测值。

资料来源：Arvo Kuddo，2009；J. Timo Weishaupt，2010，2011；中国人力资源和社会保障年鉴（2012 年工作卷）；中国劳动统计年鉴（2012）；经济合作与发展组织统计数据库（OECD. StatExtracts，http：//stats. oecd. org/）。笔者进行了计算。

第二，信息监测和分析。我国承担劳动力市场信息监测和分析职责的公共就业服务人员业务素质偏低。2011 年我国公共就业服务超半数的从业人员学历在大专及以下，硕士及以上学历者仅占 2.6%。[①] 而国外从事劳动力市场信息分析的研究部门通常拥有很强的专业人员队伍，包括人口、经济、统计等各领域的专家，即使是地方机构也都配有专业人员。美国 2011 年劳工统计局研究人员的构成是经济学家（49%）、人口和统计专业人才（25%）、电脑技术支持人员（16%）及经济和数学助理人员（6%）（桑助来，2013）。加拿大地方公共就业服务的劳动力市场信息分析师都具有统计知识并接受过专门

① 数据来源：中国人力资源和社会保障年鉴（2012 年工作卷）。

培训，可以提供各类咨询报告（Phan，T，Hansen，E and Price，D，2001：211）。

第三，技能鉴定和职业指导。2011 年我国各级公共就业服务机构登记求职人数达 5125.3 万人，这意味着平均每名工作人员要联系和服务 590 名求职者。[①] 而欧盟国家这一指标的平均值是 300 名，国际劳工组织的建议是 200 名（Arvo Kuddo，2009：25 - 26）。目前，我国公共就业服务在农村还缺乏基础，不少省份乡镇和村两级普遍没有公共就业服务机构，城乡公共就业服务不均等的问题突出。同时，尽管城市的市、区、街道、社区四级公共就业服务网络已比较完善，但是许多市、区乃至基层公共就业人才服务机构的人员编制不足，临时性工作人员较多，又造成职业指导员的文化素质水平与咨询业务要求不匹配的问题很突出。然而，发达国家公共就业服务普遍拥有健全的组织体系，机构设置不一定同行政区划一致。如英国公共就业服务机构隶属英国就业及退休保障部（DWP），分为四个层次，其中前三个层次主要是根据地域划分的中央、4 个大区、50 个次区的管理机构，第四个层次则是遍布全国各地的 1000 余个具体服务场所，机构的服务宗旨是为所有求职者提供就业机会和就业服务。对于职业咨询员，发达国家大多建立了职业准入制度，明确规定从业人员的专业知识、素质技能、任职资格及专业培训等。在地区公共就业服务机构中，多数国家的职业咨询师数量占全部工作人员数量的比重超过 60%，一些国家（如法国、德国、瑞典、捷克等）的这一指

---

① 数据来源：中国劳动统计年鉴（2012）。笔者进行了计算。

标值超过了 80%。[①]

2. 私营机构

与国外相比，中国私营就业服务机构的资源匮乏，集中表现在私营职业介绍机构和私营职业培训机构资源少的方面。

第一，私营职业介绍机构。2011 年我国共有各类职业介绍机构 3.9 万所，其中公共职业介绍机构 2.6 万所，占比达 66.7%，而个人开办的职业介绍机构不足 1 万所，占比仅 25.3%，另有 8% 是其他组织开办。[②] 私营职业介绍机构不仅数量少，规模和实力也不足，平均每个机构仅有 4.5 人。[③] 在美国，私营职业介绍机构的数量占比超过 90%，欧盟国家类似指标的平均值也达到三分之二（Dan Finn，2011：8）。发达国家私营职业介绍机构的人员规模也很大，2011 年平均每个机构有从业人员 14 人（CIETT，2012：14）。

国外私营职业介绍机构之所以相对强大，与市场准入门槛低和经营环境宽松密切相关。近年来，欧洲许多国家都放开了对私营机构的行政管制，放宽审批条件，并扩大业务范围。法国、德国、英国、比利时等国家废除了行政许可证制度，私营中介机构的申办手续、程序和成立同其他私有公司一样；美国、奥地利、荷兰、日本等国家允许私营职业介绍机构通过公共就业服务发布岗位空缺信息、招聘信息乃至广告。与发达国家不同，我国对私营职业介绍机构实行行政许可制度，申办条件也相对严格。《就业服务与就业管理规定》要求，职业中介

① 数据来源：Arvo Kuddo，2009：26－27，81。笔者进行了计算。

② 数据来源：中国劳动统计年鉴（2012）；国际劳动保障研究所课题组，2013：4。笔者进行了计算。

③ 数据来源：国际劳动保障研究所课题组，2013：4。笔者进行了计算。

实行行政许可制度，设立职业中介机构或其他机构开展职业中介活动，须经劳动保障行政部门批准，经批准获得职业中介许可证的职业中介机构，应当持许可证向工商行政管理部门办理登记。同时，对私营就业服务机构的申办条件也有严格规定，包括法人代表资格、资本金数额、营业场地面积、办公设施、专职工作人员职业资格等。

第二，私营职业培训机构。我国私营职业培训机构的办学条件差、师资力量弱。私营培训机构的经费来源主要是营业收入和自身投入，政府补助和社会资助较少，经费不足致使教学设施陈旧、训练设备落后。2011 年我国民办职业培训机构经费中的财政补助费和职业培训补贴分别仅占 6.4% 和 28.8% 。[①] 而发达国家私营职业培训机构的经费来源，除了营业收入，主要是企业社会团体赞助和国家资助。欧洲国家对从事初中后职业教育和培训的私营机构提供一定比例的资助，如挪威的国家资助比例达到 85%，美国联邦或州主管部门对私营培训机构开设符合劳动力市场计划课程的，从劳动力市场经费中划拨一定比例予以资助（张峻峰，2003：54）。多数发达国家还以法律规定、税收优惠、场地和经费支持等形式，大力倡导企业和非营利组织等向私营培训机构提供经费、场地、设备和师资等方面的帮助。

除办学条件外，师资力量也是短板。我国私营培训机构的教师构成主要是社会招聘人员、公办技工院校退休教师及企业一线职工三类人员，素质参差不齐。据对深圳市 2012 年上半年的调查显示，民办培训机构教师大多没有教师资格证，76%

① 数据来源：中国劳动统计年鉴（2012）。笔者进行了计算。

的人未取得专业技术职称，74%的人仅是初级职称甚至没有职业资格技术等级（申执谐，2013：50）。师资力量薄弱进一步造成教学研究缺失，培训质量低，不能形成品牌和特色。发达国家的私营培训机构普遍与国内外知名院校、行业组织和企业建立师资合作关系，拥有一批课程设计和培训授课专家，包括各专业门类的专职教师和来自行业、企业的兼职教师，可以根据企业的需求和学员的个人情况，有针对性地设计提高工作能力的课程内容。

3. 社会主体

与国外相比，中国社会主体的资源也十分稀缺，突出表现为社会组织和社区的资源少。

第一，我国社会组织的数量少、资金少和人才少。2012年我国每万人拥有社会组织的数量仅为3.7①个，而世界发达国家该项指标值超过50个，发展中国家也超过10个（郑晓燕，2013：90）。我国从事教育类活动的社会组织有90%②以上都是民办非企业单位，经费来源主要是营业收入，财政补助和社会捐助少，资金匮乏，而发达国家社会组织总收入的50%③以上都来自政府资助和慈善捐赠。人才缺失方面也是短板。我国社会组织就业人数占非农业就业人口比重仅为1.2%④，远低于世界各国该项指标的平均值4.8%，更大大低于发达国家该项指标的平均值10%，并且还有相当多的人员

---

① 数据来源：中国统计年鉴（2013）。笔者进行了计算。

② 数据来源：2012年社会服务发展统计公报。笔者进行了计算。

③ 数据来源：王浦劬，［美］莱斯特·M. 萨拉蒙. 2010：204。笔者进行了计算。

④ 数据来源：中国统计年鉴（2013）。笔者进行了计算。

属于兼职者和志愿者，流动性大，专业素质不一（黄晓勇，2013：9）。

第二，我国社区服务还没有形成系统、明确的服务体系，组织架构、职责归属和收费标准等比较模糊。社区公共服务集中在便民利民、后勤保障及特殊群体帮扶等方面，对从业人员的素质要求不高。社区组织和志愿者组织的发展也比较零星和弱小。而发达国家的社区服务已基本形成了机构健全、组织完备、内容广泛的服务体系，并呈现职业化和专业化等特点。在就业服务方面，社区通过非营利组织、私营机构等主体整合公共资源，设立了社区学院、职业俱乐部、妇女之家等机构，为社区各类居民提供职业咨询、指导等服务。在美国、英国、加拿大等发达国家，社区学院已经成为公共就业服务与辍学青年、叛逆青年等之间重要的联系纽带，职业俱乐部则是职业兴趣相同的失业人员分享求职经验的活动天地，妇女之家成为帮助单身妈妈、离职母亲、低学历妇女、中老年女性求职者等重返工作岗位的职业向导（Ellen Hansen，2006：33 – 34）。

二、公共就业服务过程的中外比较

现实中，公共就业服务表现为一个动态运作过程，可细分若干具体的步骤，包括计划、融资、生产、提供和监控等。下面针对五个步骤逐一展开中外比较。

1. 计划

与国外相比，中国公共就业服务制度不完善，主要表现是缺乏统一的服务标准体系和科学的服务标准规定。

第一，缺乏统一的公共就业服务标准体系。《关于印发人力资源和社会保障标准体系的通知》（人社部发〔2010〕53

号）提出，各地公共就业服务的机构名称、服务场所、设备配置、人员配置等要实施规范化和标准化建设。《人力资源和社会保障事业发展“十二五”规划纲要》强调，开展公共就业服务标准的制修订。目前，我国公共就业服务标准体系建设刚刚起步，服务范围、内容、流程及开展服务所需的设施设备、人员配备、经费保障等还缺乏统一的标准和完备的质量监管体系，服务的实践缺少一致的依据，影响服务质量。

以职业介绍为例。一些城市公共职业介绍的定位、运行和管理上都带有明显的计划体制色彩，服务方式是组织招聘洽谈会或登记介绍工作，求职者等待周期长、花费大、成本高，不适应流动性较大的人员的特点，对临时工或低层次求职者也不适用。而多数欧盟国家都出台服务宪章或服务守则来推动标准化建设，树立了“质量文化”的理念。公共就业服务根据职能和层级分类制定服务质量标准，使用 ISO 9000、欧洲基金会质量模式（EFQM）及流程再造等方法，分析工作过程，实现服务流程的标准化管理；同时，按照雇主和求职者的需求制定服务规划，质量标准由上级机构监督，保证提供负责任的服务。

第二，缺乏科学的公共就业服务标准规定。尽管目前我国公共就业服务领域已颁布了一批国家、行业和地方标准，涉及劳动定员定额、信息化建设、职业技能鉴定、职业培训等项目，但是标准的设定与公共就业服务的业务流程脱节，并且同教育、培训等行业标准也不衔接，影响服务效果。

以职业技能鉴定为例。《职业技能鉴定规定》（劳部发〔1993〕134 号）提出，职业技能鉴定是指对劳动者进行技术等级的考核和技师、高级技师资格的考评。1994 年《劳动法》

规定，国家确定职业分类，对规定的职业制定职业技能标准，实行职业资格证书制度，由经过政府批准的考核鉴定机构负责对劳动者实施职业技能考核鉴定。1999 年《职业分类大典》以工作性质的同一性为基本原则，确定了职业分类系统，并描述了职业的定义、工作内容和形式及工作活动的范围，而《国际标准职业分类（2008）》[①] 采用的基本标准则是工作的技能水平和技能的专业程度。前者与工作任务和工作职责的复杂性及范围有关，后者由完成工作要掌握的知识范畴、应用的工具和设备、工作材料及工作提供的产品和服务决定（李文东、时勘，2005：87）。国际职业分类标准可以描述职业的技能要求、教育、培训或资格证书及工作经验，但我国的职业分类比较依赖行业分类，不能体现技术分工，由此形成的职业技能标准就难以准确定义技能的种类、水平、等级和专业化程度，造成鉴定结果对开展下一步服务（如求职匹配、培训、再培训及岗位创造等）的信息指导作用不大。

服务标准不科学还影响了社会主体提供服务的成效，仍以职业技能鉴定为例。《职业教育法》规定，行业组织和企业、事业组织应当依法履行实施职业教育的义务，实施职业教育应当同国家制定的职业分类和职业等级标准相适应，实行学历证书、培训证书和职业资格证书制度。由于我国职业分类并未采用国际分类标准，对职业的描述不能体现技能的水平和专业程度，从而使社会主体提供服务缺乏一个基本的、可以准确反映实际工作实践的职业资格标准。而在发达国家，工作分类标准

---

① 2007 年 12 月，国际劳工组织召开国际标准职业分类修订大会通过，简称 ISCO－08。

化和现代职业标准已在社会主体当中广富信誉，是雇主报告岗位要求、培训机构发布学员要求乃至求职者介绍个人资格，必定要使用的通行标准，为各主体衡量职业技能提供了可信的准则。

2. 融资

与国外相比，中国公共财政保障机制不健全，公共就业服务的基本支出和项目支出经费“双匮乏”。

第一，基本支出经费匮乏。基本支出是公共就业服务机构为保障正常运转、完成日常工作任务而发生的人员经费和公用经费支出。2011 年，我国公共财政公共就业服务和职业技能鉴定机构支出占国内生产总值的比重仅为 0.0039%①，不及经合组织成员国家公共就业服务和管理机构支出占国内生产总值比重平均值的 3% 和美国该项指标值的十分之一。②

第二，项目支出经费匮乏。项目支出是公共就业服务机构为完成特定工作任务和事业发展目标，在基本支出之外发生的经费支出。2011 年，我国公共财政就业补助支出占国内生产总值的比重仅为 0.14%③，远低于绝大多数经济合作与发展组织（后文简称“经合组织”）成员国家劳动力市场公共支出占国内生产总值的比重，如图 5.2 所示，28 个经合组织成员国

---

① 数据来源：2011 年全国公共财政支出决算表［EB/OL］. 财政部网站，2012 - 07 - 10，http：//yss. mof. gov. cn/2011qgczjs/201207/t20120710_665233. html. 中国统计年鉴（2013）。笔者进行了计算。

② 数据来源：Dataset：Public Expenditure and Participant Stocks on LMP，经济合作与发展组织统计数据库（OECD. StatExtracts，http：//stats. oecd. org/）。笔者进行了计算。

③ 数据来源：2011 年全国公共财政支出决算表［EB/OL］. 财政部网站，2012 - 07 - 10，http：//yss. mof. gov. cn/2011qgczjs/201207/t20120710_665233. html. 中国统计年鉴（2013）。笔者进行了计算。

家该项指标的平均值高达 1.46%。就单个国家的指标值来看，超过 2% 的国家有 7 个，包括丹麦（3.91%）、西班牙（3.71%）、比利时（3.68%）、荷兰（2.74%）等；在 1% ~ 2% 的国家有 8 个，包括葡萄牙（1.93%）、德国（1.82%）、意大利（1.78%）、瑞典（1.72%）等；低于 1% 的国家有 13 个，包括加拿大（0.91%）、澳大利亚（0.8%）、美国（0.71%）、韩国（0.64%）、日本（0.62%）等。2012 年我国公共财政就业补助支出占国内生产总值比重为 0.14%①，与国外的差距并未缩小。

在就业补助支出总量不足的前提下，职业培训、就业援助等服务的支出同国外类似项目支出的差距更大。2011 年我国职业培训补贴占国内生产总值的比重为 0.01%②，仅相当于经合组织成员国家公共培训支出占国内生产总值比重平均值的十五分之一③。同时，由于就业专项资金由同级财政预算安排，地方财政收入状况又进一步影响了就业专项资金的投入水平，在财力较弱的地方，项目资金配套不到位、工作经费拨付不足等现象十分普遍。相比之下，国外公共就业服务实行垂直管理，基本支出和项目支出经费主要来自中央财政税收或失业保险基金。其中，中央财政税收由公共就业服务拨付（如比利

---

① 数据来源：2012 年全国公共财政支出决算表［EB/OL］. 财政部网站，2013 - 07 - 15，http：//yss. mof. gov. cn/2012qhczjs/201307/t20130715_ 966261. html. 中国统计年鉴（2013）。笔者进行了计算。

② 数据来源：2011 年全国公共财政支出决算表［EB/OL］. 财政部网站，2012 - 07 - 10，http：//yss. mof. gov. cn/2011qgczjs/201207/t20120710_ 665233. html. 中国统计年鉴（2013）。笔者进行了计算。

③ 数据来源：Dataset：Public Expenditure and Participant Stocks on LMP，经济合作与发展组织统计数据库（OECD. StatExtracts，http：//stats. oecd. org/）。笔者进行了计算。

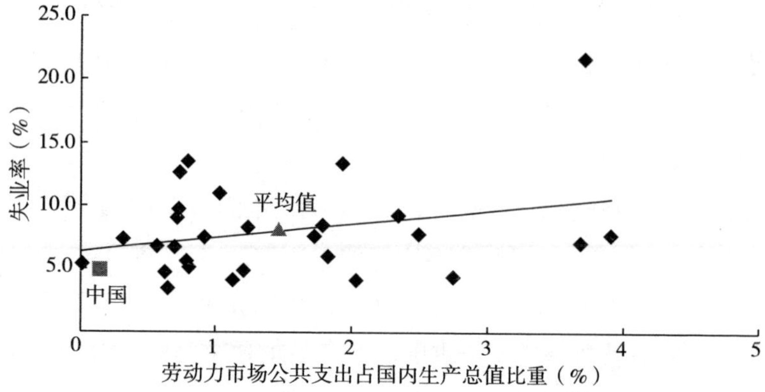

图 5.2　中国与经合组织成员国公共就业服务财政支出的强度比较（2011 年）

说明：失业率是以劳动力调查为基础的标准化失业率，中国的数据（5%）为估测值。28 个经合组织成员国分别是：澳大利亚、奥地利、比利时、加拿大、智利、捷克、丹麦、爱沙尼亚、芬兰、法国、德国、匈牙利、以色列、意大利、日本、韩国、卢森堡、墨西哥、荷兰、新西兰、波兰、葡萄牙、斯洛伐克、斯洛文尼亚、西班牙、瑞典、瑞士和美国，缺失希腊、爱尔兰、挪威和英国。GDP 指代国内生产总值。

数据来源：2011 年全国公共财政支出决算表；中国统计年鉴（2013）；经济合作与发展组织统计数据库（OECD. StatExtracts，http：//stats. oecd. org/）。笔者进行了计算。

时、荷兰、葡萄牙、西班牙等），失业保险基金由社会保障机构拨付（如德国、美国、荷兰、瑞士等）。还有少数国家在项目支出的资金筹措上采取“技能贷款”[①] 的方式（如加拿大、波兰等）。垂直管理并提供主要资金，有力地保障了国外公共就业服务的活动，包括管理和实施劳动力市场调整计划在内，

① 失业补贴领取者在省立或政府认可的其他院校学习必需的职业技能，可向失业保险基金申请贷款或助学金，即使在学时间超过领取失业金的时期，也可继续取得贷款或助学金。

其支出项目已涉及公共就业服务与管理、培训、工作轮换和工作分享、就业奖励、支持性就业和康复、直接创造就业岗位、初创业奖励、失业收入维持及提前退休等10个领域。

3. 生产

与国外相比，中国公共就业服务生产资源条块分割，集中表现在劳动力市场信息资源上。

我国劳动力市场信息产品从收集、处理、分析到发布的全过程是由公共就业服务负责，信息统计渠道单一，数据挖掘处理薄弱。劳动力市场初始信息的提供者主要是人力资源和社会保障行政部门、公共就业服务或其信息统计机构及培训机构（如图5.3绘制了中国劳动力市场信息从生产者到用户的流动过程），采集方式是下级单位和机构的层层上报，数据来源是企业工资水平调查、职业介绍记录和职业培训计划。这就造成农村居民，特别是进城就业农民工的就业信息被排除，并且私营就业服务机构的信息也不在统计覆盖范围之内。我国城市公共就业服务以城市居民为主要服务对象，对农民工以被动响应自发零散来城市求职和在城市转岗的人员为主，缺少完善的农民工就业统计和信息发布制度。而且近年来，私营就业服务机构尤其是网络招聘等新兴业态，已成为我国重要的劳动力市场配置平台之一。有数据显示，2012年我国经营性就业服务机构数量占全国就业服务机构总量的比重超过50%①，其中网络招聘市场营收规模占全国招聘市场总量达17.6%，且市场规

① 数据来源：国际劳动保障研究所课题组，2013. 4。笔者曾对北京市的该指标值作了计算和佐证。2012年北京市经营性就业服务机构数量占全市就业服务机构总量的比重为62.3%。（数据来源：《关于2012年度北京市〈人力资源服务许可证〉年审结果的通告》（京人社发〔2013〕5号）。笔者进行了整理和计算。）

模增速高于招聘市场的总体增速①。劳动力市场初始信息对上述主体信息统计缺失，凸显信息资源条块分割，影响信息产品可靠性。

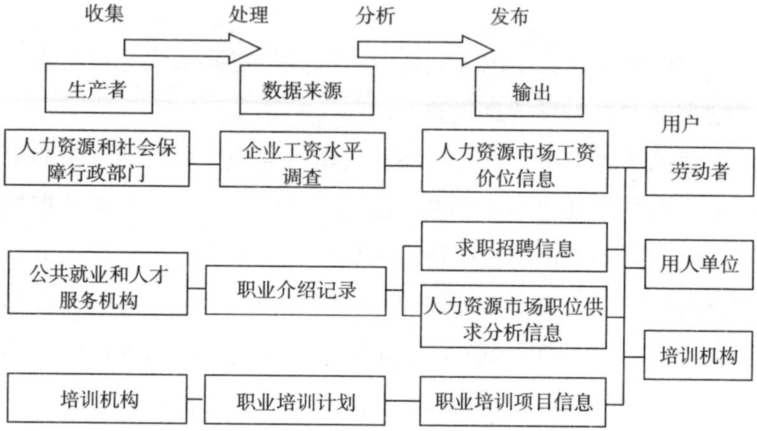

图 5.3　中国劳动力市场信息产生和流动过程

资料来源：笔者整理。

此外，我国公共就业服务独立承担挖掘、加工和处理劳动力市场数据的职责，数据开发力量不足，导致信息产品呈现“供给导向”的特点。目前，劳动力市场信息分析基本采取单变量描述性统计，缺乏对变量间关系的深入分析及对样本数据的推断性统计。信息产品的指标设计以公共就业服务为边界，包括服务机构的自然属性和总体业务情况及服务对象（即劳动者和用人单位）的自然属性和需求配置情况，缺乏以就业、创业、培训等为目的的咨询建议类指标。信息的输出集中在劳

① 数据来源：中国电子商务研究中心．2012 年网络招聘行业研究报告［EB/OL］．中国电子商务研究中心网，2012－07－26，http：//b2b. toocle. com/detail－6049492. html.

动力供求领域，侧重对历史情况的描述，缺乏对未来形势的分析预测。

然而，国外劳动力市场信息产品从收集、处理、分析到传播的全过程则是由多个部门、中央和地方、公共就业服务和其他服务主体共同负责（如图5.4绘制了国外劳动力市场信息从生产者到用户的流动过程）。公共就业服务将职业介绍和失业补贴的行政记录作为劳动力市场初始信息的一种来源，同时与其他政府部门（如中央统计局、教育部等）、地方政府、雇主组织和工会组织、教育和职业培训机构、社会保障机构、商业和贸易协会等合作建立信息采集平台，收集各种来源的统计数据，公共就业服务或中央统计局负责数据加工整理，再与公共科研机构、高等院校、社会团体、私营经济分析机构等合作，深度挖掘和多角度分析数据，以满足客户的信息需求为目标，形成了面向多类决策咨询的丰富的信息产品（附件1展示了加拿大阿尔伯特省丰富的劳动力市场信息产品及其复杂的数据来源），从而也有力地支持了更广泛或有针对性的公共就业服务。

4. 提供

与国外相比，中国基层公共就业服务提供媒介不完备，突出表现在互联网等现代通信技术不发达。

中国公共就业服务使用现代通信技术管理业务和开展服务的基础薄弱，基层获取服务的渠道不畅。目前，我国互联网普及率远不及发达国家，并且城乡的差距较大。截至2013年12月，我国互联网普及率只有45.8%，而发达国家该指标值的平均水平已达到71.6%；同时，农村互联网普及率只有

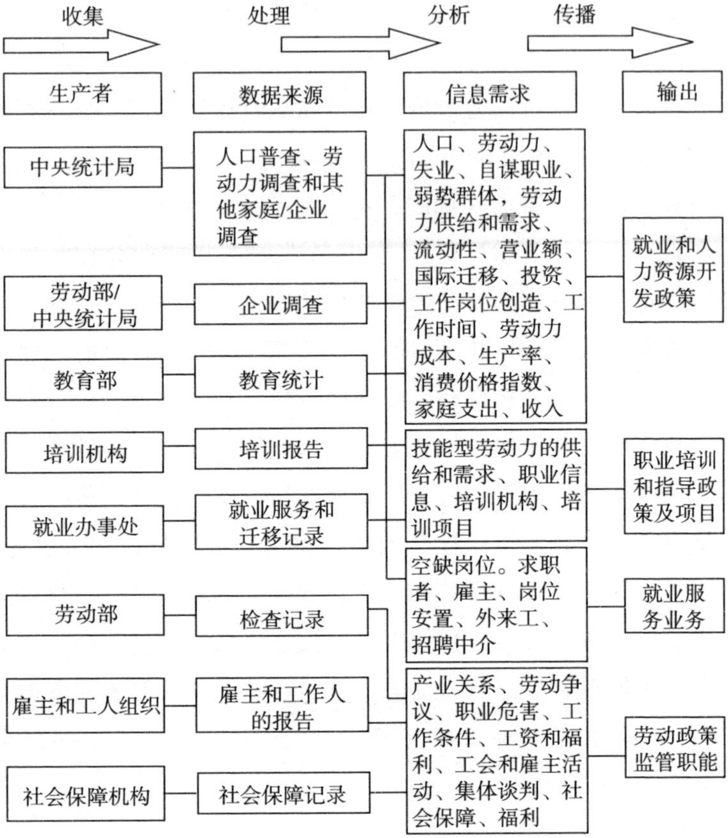

图 5.4　国外劳动力市场信息产生和流动过程

资料来源：Nicholas Mangozho，2002：11。笔者进行了调整和补充。

23.7%，与城镇的 59.1% 相差 35.4 个百分点。[①] 农村互联网普及率低，不利于农民主动获得及时、有效、准确的相关政策措施、就业服务和劳动力市场信息等，也不利于城镇的信息向

---

① 数据来源：中国互联网络信息中心．CNNIC 发布第 33 次《中国互联网络发展状况统计报告》［EB/OL］．新华网，2014－01－16，http：//news. xinhua-net. com/tech/2014－01/16/c_ 126015636. html.

农村的传递。各级公共就业服务网站建设质量参差不齐，服务机构之间缺乏沟通，网络也不能互联互通。面向农村劳动力的在线服务和信息，不仅纵向短路，难以“进村入户”，而且横向阻隔，不能交流共享。然而，发达国家多年来一直使用计算机技术管理和控制公共就业服务活动，在内部管理上，开发了管理信息（爱尔兰）、案例管理（英国）、数据收集（美国）、数据处理和分析（加拿大）、现金转账（法国）等系统；在外部服务上，建立了岗位空缺库、求职者库、劳动力市场信息库、职业指导信息、培训信息、远程教育技术、客户调查等系统（各国普遍的做法）（Phan T.，Hansen E. and Price D.，2001：135－136）。信息通信技术的使用和创新极大地改善了信息储备，增加了服务资源，同时也带来了信息分析和处理能力的提高。一些国家大量的劳动力市场分析报告、统计预测和模型都来自数据库提取的信息（如加拿大、荷兰、瑞士、德国等），更复杂的系统还支持提供业务咨询（爱尔兰）和电话面谈（美国）。此外，互联网和自动电话的使用为社会公众提供了另一种获得服务的渠道，地方公共就业服务机构不再是唯一的服务网点，获取服务的便利性正在改善它的可及性（Claire McKenna，Rick McHugh and George Wentworth，2012：8）。

5. 监控

与国外相比，中国公共就业服务绩效评估监督机制不科学，主要表现在缺乏对服务全过程有效监控的绩效管理体系。

目前，我国多数公共就业服务还没有建立科学的绩效管理体系，绩效评价多集中在职业介绍等职能上定性指标偏多，不能反映工作结果与目标的差距；并且在考核过程中，主要以上级主管部门评价为主，对用人单位和求职者的评价意见考虑较少。而发达国家（如英国、瑞典、芬兰、荷兰、法国、奥地利等）普遍建立了以服务成果为导向的绩效管理体系，绩效测量包括资源配置（投入）、过程控制、直接结果（产出）和最终影响（成果）四个环节（表5.6对比了中外公共就业服务绩效测量所使用的一般指标），定量指标为主，既细化监督过程，又注重社会主体参与，使服务全过程紧紧围绕绩效目标展开。

表5.6 中外公共就业服务绩效测量的一般指标比较

	中国	国外
资源配置（投入）	场地设施设备；制度建设；规范服务；编制落实；人员素质；经费保障；日常培训	员工时间；员工支出；项目支出；办公室数量；合规及处理支出
过程控制	工作监督；群众评议	填补空缺岗位所用时间；计划完成数量；面试或计划评估；求职者满意率；雇主满意率
直接结果（产出）	资源管理工作；失业人员管理；就业援助工作；创业服务工作；个性化服务；证件发放；再就业基地建设；充分就业社区创建；养老金资格认定；退休人员跟踪管理；待遇保障；困难帮扶和走访慰问；组织活动	登记空缺岗位数量；填补空缺岗位数量；安置求职者数量；减少失业者数量；推荐培训或得到其他帮助求职者比例；特定群体服务比例（如长期失业者、残疾人等）；制订个人就业计划的失业者比例；安排职业培训人数；处罚
最终影响（成果）	管理服务创新；工作措施创新	就业率；失业率；稳定性；生产力；受益期限测量；长期工资/受益者就业经历

资料来源：Nunn, A., T. Bickerstaffe and B. Mitchell, 2009: 47; Dan Finn, 2013: 13－14；王芳，2011：26－28。笔者进行了归纳和整理。

三、公共就业服务实现形式的中外比较

公共就业服务实现形式包括政府供给、市场供给和社会供给，其中后两种实现形式是提高服务效率和质量的重要手段。下面针对市场供给和社会供给展开中外比较。

1. 市场供给

与国外相比，中国公共就业服务市场供给体制机制不健全，集中表现在合同外包和补贴两种方式上。

第一，合同外包。我国政府购买公共服务制度不完善、购买流程不合理，制约政府通过签订合同方式实现公共就业服务供给。

在购买制度方面，《政府采购法》规定服务是“除货物和工程以外的其他政府采购对象”，但对政府购买服务无限制性规定。《国务院办公厅关于政府向社会力量购买服务的指导意见》（国办发〔2013〕96 号）提出教育、就业、社保等基本公共服务领域，要加大政府向社会力量购买服务的力度，但未明确政府购买公共就业服务的种类和内容。《政府采购品目分类目录》（财库〔2013〕189 号）将“专业技能培训服务”列入了采购品名，但项目范围较窄。职业培训、就业援助等服务既具有无形、成本不确定、专业性强、周期长等服务项目的特点，又涉及社会评价和社会效益问题，项目管理和操作的复杂程度高，应当在一定的法律制度框架下推进政府购买服务。

然而，发达国家针对政府购买服务普遍都有国家层面的相关立法，如美国的《政府采购规则》、英国的《政府与志愿及社区部门关系协定》、澳大利亚的《政府采购法案》、新西兰

的《国家行业法》、日本的《关于导入竞争机制改革公共服务的法律》，及韩国的《非营利性私人组织支持法》等。国家法律对政府购买服务的程序、工作流程、资金管理、项目实施和质量标准等内容都作出了明确规定，多数国家的地方层面还有相关立法。

在购买流程方面，目前我国政府购买职业培训等服务的具体操作依据是2004年施行的《政府采购货物和服务招标管理办法》（财政部令第18号），购买流程与政府采购货物、工程类似，不适应公共服务的特点和要求。我国政府购买服务的流程是：采集市场用工需求→需求信息汇总分析→确定培训招标工种→招标培训工种发布→培训机构参加竞标→评标小组开展评标→公布中标培训机构→组织招生实施培训→组织实施鉴定考核→培训经费申报审核→就业认定费用申报，侧重对用工方需求的回应和对过程的控制，项目管理成本高。然而，国外政府购买服务的流程是：评估求职者能力、兴趣和性格→收集社会发展规划及财政计划→制订服务计划和财政收支方案→公布预算、价格、数量和与服务相关的各项质量指标→公开竞标→与中标方签订购买合同→项目实施→政府、社会公众特别是服务对象全程监督→项目考核→专家学者或评估机构评估服务项目→制订后续计划①，侧重对求职者需求的回应和对结果的监督，有利于承包方发挥优势。与过程控制的合同相比，结果监督的外包合同通常具有竞争性，规定了培训对象、名额或天数，但在科目设置、课程安排及内容等方面给予承包方较大的自主性，即使是凭单制，为求职者提供服务也具有吸引力

① 资料来源：Oliver Bruttel，2005：8－19。笔者进行了归纳和总结。

(Arvo Kuddo，2009：54)。

第二，补贴。我国政府给予公共服务生产者的补贴标准核定不科学，制约政府通过给予补贴方式实现公共就业服务供给。

尽管我国已经建立了公共就业服务补贴制度，推动职业培训、就业援助等服务的市场供给，但是补贴标准的确定还不够科学，难以吸引其他主体的参与。我国相关政策[①]规定，就业专项资金各项补贴的具体标准由省级财政、人力资源社会保障部门确定。对于职业培训[②]补贴，补贴标准及条件由省级财政和人社部门根据职业（工种）及其培训课时确定，具体补贴标准则由市、县财政和人社部门根据培训课时和成本参照省级办法确定，最高补贴标准不超过省级办法确定的最高补贴标准。但是实际上，人均补贴标准同平均培训成本相差甚远，培训承包方只能在亏本和降低培训成本之间作出选择（张福新、孔丽艳、王焱，2013：25）。

然而，国外政府支付给服务承包方的费用标准，通常依照求职者实现就业的难度而定。求职者的个人情况是主要考察因素，包括性别和年龄、最近的工作经验、求职经历、受教育程度、职业资格、语言熟练程度、出生国家、居住地区、本地亲属、地理位置、距离空缺岗位技能需求的远近、上班的交通工具、联系电话、健康状况、居住稳定性、生活情况、前科状况、个人爱好等。公共就业服务会根据上述因素综合评估和预

---

① 政策依据：《财政部、人力资源和社会保障部关于进一步加强就业专项资金管理有关问题的通知》（财社〔2011〕64 号）。

② 包括以下四类培训：就业技能培训、创业培训、在岗培训和劳动预备制培训。

测求职者的就业前景，并确定服务的费用标准，就业前景越不乐观（实现就业难度越大）的求职者，费用标准就越高。对于服务取得成效[①]的承包方，还可以得到额外的奖金（Oliver Bruttel，2005：6）。一些国家还将服务承包方所处的地区作为支付费用的一个依据，偏远地区的承包方可以获得更多的经费。按照服务对象个人条件确定费用标准，是对服务承包方努力的一种奖励，公共就业服务应该针对服务对象的特点开展个别服务，而不是在补贴和奖励水平既定的情况下，将就业有障碍的求职者排除在服务对象之外（Dan Finn，2011：21）。

2. 社会供给

与国外相比，中国公共就业服务社会供给体制机制不健全，突出表现是社会主体供给服务的活力不足。

近年来，公共就业服务社会化已经成为世界各国一个较有共性的发展趋势。在服务的提供上，政府不再是唯一的提供者，而是更多地转向为社会主体活力的持续释放提供制度保障这一角色上来。当前，我国职业介绍、职业指导和咨询、职业培训等服务都出现了非营利组织供给、社区供给等社会供给的形式，但是服务提供的质量和范围仍然有限。非营利组织和社区自身资源相对薄弱，非营利组织的发展缺少一个完善的法律政策体系，社区生产公共就业服务并通过社区满足成员需求的能力不足，而志愿者和志愿者组织的服务力量也很零散和微小。

① 例如，培训后实现就业的速度越快，或就业的持续时间越长等，得到的奖金就越高。

然而，发达国家私人机构、非营利组织、社区乃至公民共同参与、多维的网络，已经成为公共就业服务供给一项有效且不可或缺的制度安排。政府除管理一些属于政府福利范围内的社会事务外，绝大多数的社会问题均由活跃于社区中的各类非政府组织承担，从而社会公众的生活工作需求和个性化的精神文化需求，都能够得到全方位、深层次的满足（张康之、石国亮，2012：169 – 170）。社会主体通过各自的实践表明，从自身特点出发，它们在一些功能上能够替代政府解决许多社会问题。以职业指导为例，对比中外社会主体提供职业指导服务的对象如表 5.7 所示，可以发现我国社会主体还不能充分发挥自身优势提供服务：社区的服务对象范围较窄。社区公众拥有丰富的人格和多样化的需求，但是相比国外，我国社区缺乏对学生、问题青年和妇女等群体的职业指导；非营利组织的服务专业程度偏低。非营利组织贴近基层，具有灵活性、多样性和专业性的特点。相比国外，尽管我国非营利组织的服务对象范围较广，但是却缺少专业性服务的提供，特别是对刑满释放人员、社区矫治人员、残疾人、少数民族、无家可归者等特殊群体还缺乏关注。

表 5.7　中外社会主体提供职业指导服务的对象比较

	中国	国外
私人机构	在职人员；下岗、失业职工；失地农民	在职人员；残疾人；退伍军人；有犯罪、吸毒或酗酒等记录的人；少数民族

续表

	中国	国外
非营利组织	残疾人；退伍军人；妇女；学生；失业青年；外来流动人口；即将回归社会的“两劳人员”；失地农民	残疾人；退伍军人；有犯罪、吸毒或酗酒等记录的人；少数民族；学生；问题青年；妇女；无家可归者；申请培训者
社区	下岗、失业人员；刑满释放人员；社区矫治人员；残疾人；“零就业家庭”人员；外来流动人口	学生；问题青年；妇女；中老年求职者
公民	——	学生；问题青年

资料来源：Thuy Phan，Ellen Hansen and David Price，2001；Ellen Hansen，2006；Arvo Kuddo，2009；张佃友，2013；曹晗峰，2010；严陆根，2013；杨德敏，2012；赵仁花，2013；赵艳霞、张红，2011；张文杰，2012。笔者进行了整理。

第五节　国外公共就业服务经验借鉴

国外解决公共就业服务供需矛盾的基本思路是一方面增加供给主体，除政府直接供给外，采用市场供给和社会供给，建立多个主体分工合作的互动机制，另一方面中央下放具体政策和资金处置的权力，减少过程干预，加强结果评估，形成需求导向、质量管理、市场驱动、社会监督的运作过程。中国可以借鉴国外的思路，根据公共就业服务的特性及服务周期的长短（如表5.8具体列出了中外公共就业服务主要职能按服务周期的归类），分类别、有重点地健全和完善体制机制，推动形成完整的制度，促进效率和公平等方面的改进。

表 5.8　中外公共就业服务主要职能的服务周期分类

服务的特性	服务周期	主要职能	
		国外	中国（2008 年以来）
一般性服务	短期	职业介绍；提供劳动力市场信息	职业介绍；招聘用人指导；招聘代理；跨地区人员招聘；劳动力市场信息发布
	长期	管理失业补贴	就业登记与失业登记；职业技能鉴定
特殊性服务	短期	管理培训与教育计划；管理直接创造就业岗位计划	就业援助；职业培训；专项就业服务；创业服务；创业培训
	长期	求职帮助	政策法规咨询；人力资源管理咨询；职业指导

说明：国外三类劳动力市场调整计划在服务周期上有差异，上表分别归类。
资料来源：笔者整理。

一、对职业介绍、信息发布等服务，建立政府主导、市场和社会补充的“一主多元”供给机制

职业介绍、劳动力市场信息发布、招聘用人指导、招聘代理及跨地区人员招聘五个职能，属于周期短的一般性服务。一般性服务以政府为主要供给主体，但并非是政府独家供给，特别是周期短的服务，政府通常作为主要生产者和提供者，并通过签订合同、给予补贴方式联合其他主体协助生产和提供，采用“一主多元”的实现形式。

1. 借助市场供给和社会供给增加弱势群体的就业机会

国外公共就业服务同私营职业介绍机构在信息和基本的匹配服务、积极的职业介绍和调整等领域合作，在安置弱势群体就业、为专业人员和管理人员服务上相互补充，在向雇主服务

方面展开竞争。合作的形式多样，有放松对私营职业介绍机构的限制，有合同外包一些服务给私营机构，有将某些行业或人群的服务权出让给私营机构，还有给提供公共服务的私营机构以补助。私营职业介绍机构可以提供短期工作、技术或管理类工作等的岗位空缺信息，安排青年、长期失业者、残疾人、社会救助金领取者、妇女等弱势群体短期就业，增加工作经验，还可以推荐专业人员和管理人员就业机会，促进能岗匹配。一些国家（如英国、法国、荷兰、瑞士、比利时等）的公共就业服务还与私营机构签订合作协议，联手向求职者和雇主提供更广泛的服务。由公共就业服务制订统一的服务标准，所有的服务机构（包括有合作关系的私营机构）共同签署质量保证书，承诺提供标准一致且质量达标的服务。

放松管制同时迫使公共就业服务改善对雇主的服务，增进双方的信任，促使雇主主动通报岗位空缺（J. de Koning et al.，1998：51－52）。许多发达国家建立了定期走访企业的制度，提供雇佣咨询或就业服务信息（如德国、奥地利、瑞典等）、人力资源规划建议（如英国、加拿大、比利时等）、就业管理问题解决方案（如日本、法国、西班牙等）及劳动力市场信息和分析（如美国、丹麦、韩国等）等服务。

此外，国外公共就业服务还与行业协会、雇主协会、工会、职业联合会、劳工服务类非政府组织等非营利组织合作，交换劳动力市场、就业法律政策、岗位空缺和求职者信息（如英国、匈牙利、墨西哥等）；与劳工服务类非政府组织签订服务购买合同（如德国、英国、法国等），一对一为弱势群体介绍符合能力和兴趣的工作岗位；与社区合作，发放职业介绍券（如德国、荷兰等），及收集失业者特别是当中弱势群体的求职需求并定制个人行动计划（如爱尔兰、匈牙利等）。

中国可借鉴国外的做法，鼓励和扶持私营职业介绍机构发展，放宽私营机构的申办条件；加强公共就业服务同私营机构的合作，交换岗位空缺信息；建立统一的、标准化的服务流程，使用质量管理的方法，优化服务方式，改进服务效果；改善公共职业介绍机构对企业的服务，发掘和调动行业协会、工会、职业联合会等非营利组织以及社区的资源，借助市场供给和社会供给增加就业机会，着力满足弱势群体的求职需求。

2. 利用市场供给和社会供给增加劳动力市场信息产品

国外劳动力市场信息采集平台的运转基于三层伙伴关系①：一是同级政府部门之间，如国家劳动局与国家统计局在就业、失业等数据信息上互换共享（德国）；二是各级政府之间，如中央政府与地区政府联合建立信息监测体系，国家制订总体计划，规定地区的工作框架、监测频率及要采集的信息，地区则接受国家的技术和业务指导，并提交监测结果（丹麦）；三是公共部门与私人部门、非营利组织之间，如公共就业服务与私营职业介绍机构整合信息（比利时），与雇主组织联合开展雇主调查（加拿大），及与商贸协会合作进行工商业就业调查（美国）等。

在数据挖掘、决策咨询和信息发布上的合作则有所不同。国外公共就业服务会通过签订合同，将上述任务部分乃至全部

① 伙伴关系是指“与其他人为达到共同目标和共同利益而分享权力和信息的一种关系”。［资料来源：Kenneth Kernaghan. Partnership and Public Administration：Conceptual and Practical Considerations. Canadian Public Administration，1993（1）：61］

外包给其他公共和私营机构或组织。如德国联邦劳动局下属的IAB劳动就业研究所专门负责研究政策实施效果，其与德国的大学、其他公共经济和社会科学研究机构、私营商业分析公司等一起，在联邦劳动局的委托下，协助公共就业服务开发数据产品、提供决策咨询及评估就业措施的实施情况（北京市统计局人口和就业统计处，2012：29）。美国私营公司受托于美国劳工部开发职业信息网，涵盖了各州及地方职业需求和职业培训等信息，是美国公共就业服务①最重要的信息发布平台之一（Phan T.，Hansen E. and Price D.，2001：67；赵宁，2010：11－12）。

中国可借鉴国外的做法，在信息采集和加工整理环节，建立公共就业服务与其他政府部门、地方政府、私营就业服务机构等的数据交换和比对机制，在信息分析和解释发布环节，建立公共就业服务与公共研究机构、高校、企业等的联合开发和推广机制，利用市场供给和社会供给，增加信息来源，扩大信息覆盖面，改进信息产品；同时，加快农村互联网发展，加强公共就业服务内部管理和对外服务的信息化建设，提高信息发布平台的服务质量，运用现代通信技术加速信息传播，促进信息提供和获取的畅通、便捷，更好地满足各类用户的信息需求。

二、对职业培训、就业援助等服务，建立政府引导、市场和社会推动的“多元协同”供给机制

职业培训、就业援助、专项就业服务、创业服务及创业培

① 美国公共就业服务的门户网站——“美国公共就业服务网”，共有三个分支网站：美国就业交易所（AJE）、职业航程和美国职业信息网。

训五个职能，属于周期短的特殊性服务。特殊性服务由政府在内的多个主体分工合作供给，但政府并非占据主导地位，特别是周期短的服务，政府通常作为投资者和部分服务的供给者，主要是依托其他主体承担生产和提供任务，采用“多元协同”的实现形式。

1. 联合市场供给和社会供给提供各类人员需要的服务

大多数国家的培训与教育计划都是通过合同外包、补贴、用者付费等方式实现供给。公共就业服务越来越多地成为立约方和资助者，向其他公共和私营机构、社会组织购买培训项目（如法国、德国、日本等），向企业或行业协会发放在职培训补助（如比利时、爱尔兰、西班牙等）及向求职者发放培训券（如法国、意大利、挪威等）。对于青年、残疾人和退伍军人等群体的职业培训，主要是通过社会供给。国外公共就业服务与社会组织间的伙伴关系支持了此类培训项目的运作，包括推荐培训学员（意大利）、设计课程指南（爱尔兰）、提供培训场所和设备（法国）、帮助学员求职（挪威）及为社会组织工作人员培训（英国）等。

国外直接创造就业岗位计划同样依赖市场供给和社会供给，主要表现为公共就业服务向雇主发放工资补助（如英国、挪威等）、与社区和乡镇合作开发就业岗位（如德国、印度等）及向社会组织购买创业培训项目（如墨西哥、印度尼西亚等）等。国外公共就业服务还通过与企业和社会组织间的伙伴关系，推动针对长期失业者、失业青年、单身父母、残疾人等的多项创造就业计划。伙伴关系既有向雇主发放就业奖励补助，又有雇主的志愿性行动。如英国 2006 年推出的新政计划——提供失业超过 6 个月、18—24 岁青年四个月的志愿工作机会，参与的雇主都是公共就业服务的合作伙伴（J. Timo Weishaupt，2010：473）。市场供给和社会供给之所以被国外公共就业服务推崇，一项对美国公共就业服务的调查表明，省钱、提高服务质量和提供得不到的服务是三个最主要的动机（Dan Finn，2011：6）。

中国可借鉴国外的做法，加大对职业培训、就业援助等服务的外包和购买力度，支持私营培训机构的发展，培育教育、培训类社会组织，充分挖掘和发挥企业、社会组织、社区志愿者和志愿者组织在帮助长期失业者、失业青年、下岗工人、残疾人、退伍军人等实现就业的优势，采取多样化、混合式和局部安排等方式实现职业培训、就业援助等服务的有效供给，最大范围地满足各类人员的服务需求。

2. 鼓励市场供给和社会供给提供失业人员满意的服务

国外培训与教育计划、直接创造就业岗位计划等合作供给格局的形成，是伴随政府职能转变而进行的。政府改变垄断服务的局面，将服务的供应与生产两个环节分离，政府负责供应环节的计划和融资，通过签订合同、用者付费、给予补贴等方式，让其他主体负责服务的生产。然而，政府职能的转变并不代表其他主体会自觉参与服务的合作供给，它们是否进入服务领域，受到一些前提和条件的影响：私人部门要考虑经济可欲性，非营利组织要考虑实力可及性，而社区要考虑资金可持续性。因此，在建构“多元协同”供给的过程中，政府不仅担当服务供给者，还肩负着激励和扶持其他主体的责任，要通过法律和政策的手段，调动私人部门、非营利组织、社区乃至公民参与供给的积极性。

发达国家政府对其他主体参与服务供给的支持主要表现在

两个方面：一是行政上的支持。政府通常指定公共就业服务或其他部门[①]指导和管理项目，并通过法律或法规的形式，规定其推动项目的权力和责任，包括推荐和决定项目参加人（如德国、美国、芬兰等），规划、调整和确定项目内容（如英国、奥地利、澳大利亚等），在项目伙伴关系中负有职业责任（如加拿大、挪威、英国等）及遵守正确实施程序的过程责任（如瑞典、波兰、荷兰等）等；二是经济上的支持。主要包括通过采购方式直接购买服务（如英国、法国、瑞典等），向私人部门、非营利组织和社区提供适当补贴（如加拿大、日本、匈牙利等），免税、捐款抵扣税款、低息或贴息贷款和降低资费标准（如澳大利亚、美国、韩国等），给予免费办公场所或场地、设施、设备等优先使用权（如法国、比利时、澳大利亚等），保护知识产权和其他秘密信息（如美国、瑞典、德国等）及免费提供增值服务（如英国、法国等）等。

中国可借鉴国外的做法，从行政和经济两个方面激励市场供给和社会供给。在行政方面，加快政府购买公共服务的相关立法，或修改《政府采购法》，增加购买公共服务的内容，明确规定政府购买公共服务的目标、原则、实施程序、资金管理、质量标准和监管措施等；通过法律或法规的形式，规定公共就业服务机构指导和管理项目的责任；加强对求职者服务需求的调查和评估，完善政府购买服务计划；以培训学员实现就业为目标，在科目设置、课程安排及内容等方面给予培训机构一定的自主性。在经济方面，增加中央财政就业补助的投入，

---

① 一些国家培训与教育计划管理由公共就业服务以外的部门承担，如日本、法国、英国和中国香港等。

提升失业保险基金促进就业的作用；依据服务对象的条件确定服务补贴标准，向企业、社会组织和社区提供适当补贴，免税、捐款抵扣税款、低息或贴息贷款和降低资费标准给予免费办公场所，及场地、设施、设备等优先使用权，奖励社会力量发挥优势，最大限度地满足失业人员的服务需求。

三、对技能鉴定、职业指导等服务，建立政府负责、市场和社会参与的“多元混合”供给机制

职业技能鉴定、就业登记与失业登记、职业指导、政策法规咨询及人力资源管理咨询五个职能属于周期长的服务。周期长的服务要求政府主导供给，对于职业技能鉴定、就业登记与失业登记等一般性服务，政府是理所当然的投资者和生产者，服务以免费的方式提供，而对于职业指导、政策法规咨询、人力资源管理咨询等特殊性服务，政府不是唯一的供给者，非营利组织、社区、企业乃至公民都可以直接成为供给者，采用“多元混合”的实现形式。

1. 政府开展安置岗位所需的技能鉴定和职业指导服务

管理失业补贴和求职帮助是国外公共就业服务两个核心职能，它们的目标相同，都是安置就业。公共就业服务会通过失业登记、面谈、小组会、电话等方式直接接触失业补贴领取者，鼓励他们求职，并提供咨询和指导。许多国家（如韩国、瑞士、西班牙、澳大利亚等）将接受求职帮助作为申领失业补贴的前提条件。失业补贴申领者要先在公共就业服务登记求职，与后者共同制订个人就业行动计划，并定期汇报求职活动。一些国家（如荷兰、美国、英国、德国等）将就业难度大的失业补贴领取者作为求职帮助的主要对象。公共就业服务

会通过个人技能检测手段识别可能经历长期失业的人员，作为密切关注和跟踪服务的对象，提供一对一的求职帮助，给予岗位空缺、教育和培训计划等信息，并根据对方的能力、兴趣和性格，指导作出职业选择。求职帮助不仅需要公共就业服务开发有效的技能评价方法，更重要的是工作人员要充分了解劳动力市场信息、职业的技能和资格信息、经济和失业状况及其对职业发展前景的影响，并掌握职业诊断和指导的技巧。目前，这项服务已经成为国外地方公共就业服务机构或其便利服务网点最常提供的服务项目（Arvo Kuddo，2009：45）。特别是个别式的服务，在美、欧、日等发达国家十分普遍，被称作“个案管理”。

中国可借鉴国外的做法，以实现就业作为提供技能鉴定和职业指导等服务的最终目标，通过技能鉴定识别培训需求，通过职业指导发掘就业需求，形成公共就业服务各职能相互衔接、配合的动态体系。一方面，完善职业技能鉴定标准，对职业的技能水平和专业程度作具体的描述；增加公共财政投入，建立城乡统一的就业服务体系，加强工作人员队伍建设，利用在职培训、委托培养、函授等形式提高业务能力。另一方面，健全绩效管理体系，加强对技能鉴定和职业指导等服务的考核，从服务的投入、产出（工作结果）、过程（客户满意度）到结果（就业率/失业率）实施全过程监督，量化考核指标，增加考核主体，综合运用公共就业服务主要职能，重点满足岗位安置对象的就业需求。

2. 社会主体参与开展多样的技能鉴定和职业指导服务

国外私人机构、非营利组织、社区乃至公民都是技能鉴定和职业指导等服务的供给主体。政府与社会主体广泛合作，呈现政府为核心、社会主体参与的“多中心”供给结构。社会主体运用雇主的岗位要求、培训机构的学员要求等标准，分析和评估失业人员的培训需求，通过心理测试、技能测试、深度面谈等方式，了解求职者的兴趣和能力，提供就业建议。

目前，发达国家的技能鉴定和职业指导等服务已经发展成为一个综合的服务系统，包括个别式服务、专门职业指导和职业生涯规划三个类型，其中，公共就业服务主要负责客户导向、以安置岗位为目标的个别式服务（包含核准失业补贴资格），其他两类服务则由社会主体主要承担（Arvo Kuddo，2009：46）。专门职业指导要求更加精细和有专业水准的咨询，服务对象通常是数量较少的特殊群体如残疾人，退伍军人，有犯罪、吸毒或酗酒等记录的人等，私人机构和社会组织是服务的主要供给主体。职业生涯规划要求工作人员不仅就当前劳动力市场的就业机会提供职业指导，还要求其以更长远的眼光和更开放的姿态就未来的就业机会提出职业选择建议，服务对象通常是学生或特殊群体中的青年人，学校和社区是服务的主要供给主体。对于上述两类服务，公共就业服务会提供劳动力市场信息，并同服务双方保持密切联系，还会为社会主体服务机构的工作人员培训，及为学校和社区提供电子设备。

中国可借鉴国外的做法，为社会主体参与提供技能鉴定和职业指导等服务创造条件，完善职业技能标准，增加劳动力市场信息产品；培育社会主体，特别是增强社会组织和社区的力量，支持私人机构和社会组织提供更加精细和有专业水准的职业咨询，服务对象是数量少的特殊群体，如残疾人，退伍军人，有犯罪、吸毒或酗酒等记录的人等；支持学校和社区提供更加长远和开放的职业生涯规划服务，就当前及未来的就业机会提供职业指导，服务对象是青年人、学生或特殊群体中的年轻人，形成技能鉴定和职业指导等服务的政府与社会主体集体行动格局，多方面调动资源，满足社会公众丰富多样的服务需求。

第六章

北京市实现更高质量就业实践

第一节 研究北京市就业质量的意义

就业历来是重要的民生议题。近年来，随着我国经济进入新常态，经济增速有所放缓，经济增长动力不足。尽管就业形势总体稳定，但是受到各种宏观因素和政策的影响，就业稳而承压，问题和隐忧增加。一方面，失业人口的规模持续扩大，劳动力市场上工作岗位的需求量有所上升；另一方面，“在职贫困”或称“工作贫困”（Working poor）的问题持续蔓延。劳动者即使拥有一份稳定的工作并且努力工作，所得到的工资收入依然不足以满足其本人及家庭成员维持合理生活的需要。根据国际劳工组织发布的《2016 年世界就业与展望》显示，“工作贫困”正日益成为世界各国，尤其是发展中国家和新兴国家就业的一个突出问题。同时，据该报告的数据显示，阿拉伯国家的“工作贫困”率接近 40%，南亚接近 50%，而位于南非洲地区的撒哈拉几乎达到 70%。[①] 如何为大量的就业人口提供足够多的体面工作岗位，是各国及地区面临的共同挑战。

---

① 资料来源：《2016 年世界就业与展望》发布，关注就业者在职贫困［EB/OL］．搜狐新闻网，http：//mt. sohu. com/20160825/n465896306. shtml，2016－08－25.

就业包括数量（或称规模）、结构和质量等。比较而言，就业数量和就业结构问题已经普遍受到了世界各国政府和学界的重视。从20世纪70年代开始，西方发达经济体，如美国、欧盟成员国的劳动力市场政策制定者，开始探索超越单纯数量意义的就业概念，进一步深入分析劳动者从就业过程中获得的全部效用和价值，这就是“就业质量”。当然，就业质量问题真正进入人们关注的视野还是在20世纪90年代末期。1999年，时任国际劳工组织总干事的胡安·索马维亚提出了“体面就业”的概念和理念，自此以后，很多国家都将就业质量纳入了议事日程。2016年“工作贫困”概念的提出，为深入推进就业质量的研究指明了方向。

当前，就业质量已经成为我国各级政府促进就业工作的一项重要内容。习近平总书记指出，“就业，牵动着千家万户的生活。如果就业问题处理不好，就会造成严重的社会问题。所以，我们必须统筹抓好经济社会发展和促进就业工作，千方百计增加就业岗位，着力在提高就业质量、提高劳动人口尤其是就业困难人口就业能力、改善创业环境上下功夫，建立全员培训制度，引导劳动力适应和促进企业实现转型升级”。[①]《中华人民共和国国民经济和社会发展第十三个五年规划纲要》提出，实施更加积极的就业政策，创造更多就业岗位，着力解决结构性就业矛盾，鼓励以创业带就业，实现比较充分和高质量就业。《“十三五”促进就业规划》明确要求，到2020年，就业规模稳步扩大，就业质量进一步提升。这都体现了在以民为

---

① 资料来源：中共中央宣传部．习近平总书记系列重要讲话读本（2016年版）［M］．北京：学习出版社，人民出版社，2016：216.

本、以人为本的理念指导下，对就业工作要求的不断提高，实现从注重就业数量向就业数量与质量兼顾的转变。

北京市一直十分重视就业问题。近年来，在经济增长放缓、人口调控持续加强的形势下，北京市制定出台了一系列促进就业的政策措施，使全市的就业形势保持基本稳定，民生有所改善。2016 年《北京市“十三五”时期职工发展规划》（以下简称《职工发展规划》）的提出，为职工提供了就业质量提高、收入增长同步、劳动保护全面、保障形式多样、参与渠道畅通、发展平台广阔的职业环境。其中，对于就业质量提高，《职工发展规划》进一步明确要求，努力为职工创造就业更加充分公平、劳动关系更加和谐稳定的就业环境，促进绿色就业，使越来越多的职工和劳动者能够稳定就业、舒心工作、体面劳动。

在新时期、新形势和新要求下，对北京市就业质量水平变化进行客观衡量和评价，并对职工群体尤其是当中的就业困难人群的就业状况展开专门调研和剖析，既是研判北京市整体就业状况，为完善促进就业政策提供决策参考的重要手段和路径，又是进一步落实新发展理念，做好经济新常态下北京市就业工作的有力支撑和保障。

第二节　就业的基本特点和宏观环境

近年来，北京市就业形势保持总体稳定，就业结构持续优化，创新创业活动日益活跃，带动新就业机会不断涌现，高校毕业生等重点群体呈现多元化就业态势。但受到宏观环境的影响，就业岗位数量、区域分布和就业结构等仍将处在变化过程中。

一、北京市就业的基本特点

1. 主要就业失业指标保持在合理区间

2016 年，北京市城镇新增就业人数是 42. 8 万人，比 2015 年增加了 0. 2 万人，与 2005 年相比，增加了 11. 3 万人，增幅达到 35. 9%。2016 年末，城镇登记失业率为 1. 41%，虽比 2015 年末提高了 0. 02 个百分点，但仍持续保持在 2% 以下的低位水平。如图 6. 1 所示，2005 年北京市城镇新增就业人数只有 31. 5 万人，2011 年攀升至近年来的最高值 44. 69 万人，2016 年虽有小幅回落，但仍保持了近 43 万人的规模。城镇登记失业率也显示出了大幅下降的稳定趋势。2005 年城镇登记失业率高达 2. 11%，2013 年下降至近年来的最低值 1. 21%，2016 年虽有小幅回升，但仅增加了 0. 2 个百分点，就业形势保持总体稳定。截至 2017 年三季度末，全市法人单位从业人员达到 1042. 5 万人，增长 3. 1%，呈现稳定增长的态势。

2. 就业行业结构有所优化

伴随产业结构优化升级和非首都功能疏解加快推进，各行业就业有所分化。严格执行禁限目录，全年一般制造业、农林牧渔业和批发零售业新设市场主体数分别下降 72. 75%、26. 42%、18. 36%，符合首都功能定位的金融业、文化体育娱乐业和科学技术服务业新设企业数分别增长 12. 77%、26. 76% 和 22. 53%。服务业主导型就业的特征突出，2016 年全市第二产业、第三产业从业人员分别达到 193 万人和 977. 5

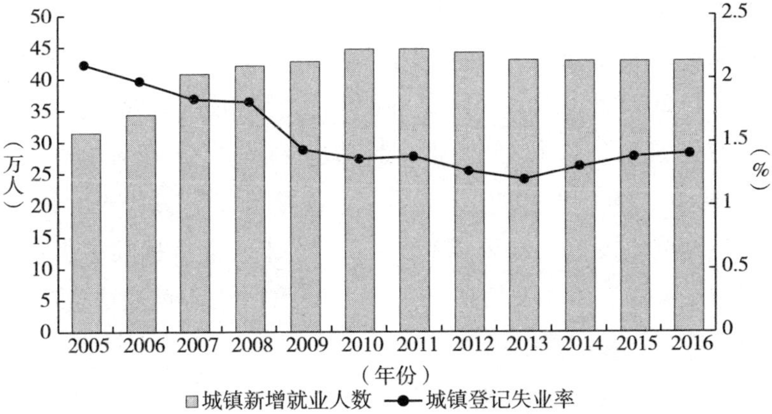

图 6.1　2005—2016 年北京市主要就业失业指标的变化趋势

说明：左边坐标轴对应城镇新增就业人数，单位是万人；右边坐标轴对应城镇登记失业率，单位是%。

资料来源：北京市统计年鉴（2016）、北京市 2016 年国民经济和社会发展统计公报（http：//www. gov. cn/shuju/2017 -02/25/content_ 5170810. htm#1）。

万人，占全市的比重分别为 15. 8% 和 80. 1%。[①]

第三产业是北京市人口就业的主要载体。租赁和商务服务业、批发和零售业、制造业、科技服务业、信息服务业和建筑业是全市吸纳从业人员的主要行业，占全市从业人员比重超过 60%。与 2013 年相比，工业、交通运输业和住宿餐饮业等从业人员明显减少，租赁和商务服务业、科技服务业、信息服务业、房地产和金融业等从业人员明显增加。截至 2017 年二季度末，全市法人单位从业人员达到 1042. 5 万人，增长 3. 1%，呈现稳定增长态势。其中，服务业从业人员占全市从业人员的

① 资料来源：2016 年北京市经济运行情况新闻发布会［EB/OL］. 国务院新闻办公室网站，http：//www. scio. gov. cn/xwfbh/gssxwfbh/xwfbh/beijing/Document/1540994/1540994. html，2017 -01 -22.

比重由2015年同期的79.4%提高到81%，就业的“蓄水池”功能得到充分发挥。2016年，城六区新设个体工商户8009户，与2015年相比，下降了14849户，降幅达64.96%；城六区的建筑业、农林牧渔业、制造业新设户数降幅分别为99.34%、95.68%和89.61%。以“互联网+”为代表的新经济持续健康发展，截至2017年二季度末，全市批发零售业、科技服务业、商务服务业、信息服务业四个行业就业增量对服务业就业增量的贡献超过四分之三。

3. 劳动年龄人口规模和比重双下降

北京市人口老龄化加速推进，自2010年以来北京市老年人口占常住人口的比重持续提高，2016年60岁以上常住老年人口达到348.4万人，65岁以上常住老年人口达到230.4万人，占总人口比重分别为16%和10.6%（按国际标准衡量，一般60周岁以上人口占比达到10%，或65周岁以上人口占比达到7%，即进入老年型社会）。常住外来人口的老龄化程度较低，65岁以上人口占比为4.2%，劳动年龄人口比重持续保持在85%以上的高位，减缓了北京市常住人口的老龄化，延长了人口红利。劳动年龄人口规模和占比持续下降。根据北京市统计局发布的数据显示，北京市15—59岁劳动年龄人口占比自2010年开始逐年下降，由78.8%降至目前的73.7%，绝对数自2014年开始逐年减少，由1621.1万人减至2016年的1600万人，与全国趋势保持一致。①

① 资料来源：北京2016年常住人口增量增速双下降［EB/OL］．中国政府网，http：//www.gov.cn/shuju/2017-01/22/content_5162253.htm，2017-01-22.

4. 创新创业活动日益活跃

持续推进“大众创业、万众创新”。强化大学生创业引领，搭建大学生创业服务平台和创业板。在北京联合大学等创业培训定点机构，开展大学生创业培训课程教学大纲使用试点，增强高校毕业生培训的针对性和有效性。大力推进创业孵化基地建设，为示范基地入驻创业实体提供人才引进、培训指导、政策对接等有针对性的服务。2016 年，全市累计授予 141 家机构“北京市众创空间”称号，其中 125 家入选国家级众创空间，居全国首位。“新三板”北京地区新增挂牌公司 716 家、总数达 1479 家，北京地区挂牌公司募集资金 351 亿元，居全国首位，推动设立北京中关村银行。成功举办全国双创活动周北京会场活动和 2016 年世界机器人大会，吸引一批世界先进技术企业及产品落户。根据中关村管委会数据，园区平均每天诞生科技型企业 40 家；专项调查结果显示，近 4 成大学生创业与互联网相关。[①] 创新活力不断迸发，创业服务加快成长，促使大量新的就业机会不断涌现。全年北京市共扶持失业人员、农村劳动力、高校毕业生等群体创业超过 1 万人，带动就业接近 3 万人。

5. 以高校毕业生为代表的重点群体就业多元化

2016 年北京高校学生就业意愿调查显示，高校学生就业意愿日益多元。一是就业区域主要集中在北上广等一线城市，但赴西部就业的占比也在上升。其中选择在北京就业的占毕业生就业人数的 71.6%，较 2015 年下降 2.5 个百分点；选择在广东和上海就业的分别占毕业生就业人数的 3.3% 和 3%，占

---

① 资料来源：中关村每天诞生科技企业 40 家［EB/OL］. 千龙网，http://beijing.qianlong.com/2016/0818/846475.shtml，2016－08－18.

比与 2015 年基本持平。2016 年选择赴西部就业的毕业生占 8.2%，比 2015 年提高 1.7 个百分点。二是选择机关事业单位的占比下降，私企占比上升。其中，本科和硕士毕业生选择到机关事单位就业的比重分别为 29.4% 和 40.2%，比 2015 年分别下降 5.5 个和 0.6 个百分点；选择到大中型私企和小微企业就业的比重分别为 28.8% 和 16.5%，比 2015 年分别提高 9.7 个和 3.9 个百分点。2016 年，全市约 23 万名高校毕业生办理就业手续，就业率超过 91%，其中北京生源毕业生约 6 万人，就业率接近 92%，均与 2015 年同期基本持平。①

二、北京市就业面临的宏观环境

1. 非首都功能疏解加快推进显著影响就业岗位的数量和分布

按照《京津冀协同发展规划纲要》的要求，2017 年是有序疏解北京非首都功能取得明显进展的一年。为此，北京将加快非首都功能疏解步伐，集中疏解与分散疏解并举，加快推进部分市属高校、中等职业学校、医院以及部分培训机构等社会公共服务功能疏解，实质性地推动北京市级行政性、事业性服务机构疏解；继续关停退出一般制造业和污染企业，加大大红门、官园、万通等批发市场调整疏解的力度。这些产业和功能加速向郊区以及津冀地区疏解转移，不可避免地带来关联行业就业岗位的转移和减少，加上城市运行管理服务领域劳动力供给不足的问题也逐步显现，不可避免地对全市就业规模、就业

① 资料来源：2016 年北京高校学生就业意愿调查结果公布［EB/OL］. 网易财经网，http：//money.163.com/16/0810/07/BU3D2GNF00253B0H.html，2016 - 08 - 10.

结构施加日益突出的影响。具体来看，目前疏解过程中存在的“业走人留”问题，可能释放出数量可观的剩余劳动力，将加大产能过剩行业职工分流安置压力。根据市统计局相关调查，在计划疏解的批发市场中，超过七成的外来从业人员选择继续生活在北京，愿意迁往京外的比例不足二成。北京传统产业企业在疏解和转型过程中也面临一定数量的分流安置人员，仅京煤集团煤矿退出后就将带来约1.7万名矿工的安置任务。[1]

2. 重点项目和工程建设带动形成新的就业集聚区

新机场、通州副中心、冬奥会场馆区、新首钢高端产业综合服务区等是北京未来若干年着力建设的重点区域，这些地区基础设施、公共服务等重大项目建设步伐的加快，就业岗位、新增就业人口将明显增加，建设时期将主要带动建筑业等领域就业人口猛增，运营时期将主要创造可观的服务业就业规模，并将保持持续增加的态势。数据显示，2016年北京新机场、通州副中心等重点区域的重大项目建设增加了4万左右的就业人口。[2] 随着公共服务配套、基础设施建设的加快推进和逐步完善，上述重点区域有望形成服务业新业态、新产业的集中分布区，临空关联型、临空附属型、机场服务型[3]产业以及冰雪

---

① 资料来源：市人大代表、京煤集团总经理阚兴建议设立疏解转移基金［EB/OL］. 京报网，http://sdjsb.bjd.com.cn/html/2016-01/25/content_347738.htm，2016-01-25.

② 资料来源：通州全境纳入北京城市副中心，未来疏解40万人口［EB/OL］. 中国新闻网，http://www.chinanews.com/gn/2016/05-10/7864133.shtml，2016-05-10.

③ 临空关联型主要为与机场功能直接有关的产业，如物流、配送及适宜空运的高新技术产业；临空附属型则大多指与机场相邻而得益的产业，主要有会展业、分销中心等；机场服务型则包括宾馆、餐饮业、商业中心、金融业、咨询业以及基本的服务设施等。

运动和冰雪旅游文化产业等将逐步形成气候，达到一定规模，第三产业就业吸纳能力将明显增强，最终形成北京市新的充满活力的新兴产业就业集聚地区。

3. 产业转型升级对就业的影响日益凸显

影响主要表现在如下四个方面：一是信息技术进步下新业态带来新岗位。互联网的普及和创新为众创空间、网店、微商等的发展创造有利条件，创造新经济的增长空间，衍生出一批新模式和新业态，在线旅游、在线医疗、在线教育、网络约车、第三方支付等蓬勃发展，个性化定制、普惠金融、智慧城市等新模式越来越火爆，将有助于满足新增青年劳动力的就业需求，传统服务业就业被替代的步伐将逐步加快。二是“机器替代人”的趋势更为凸显。北京市大力发展高精尖产业过程中，部分领域将更多地使用机器人，如智能制造等领域，这必将带来工业行业就业人数的减少。2016 年，北京京东方年产 1800 万台整机智能制造生产线项目约四分之三采用机器人等自动化设备，预计全市工业领域机器替代人工的势头将日益突出，重点产业聚集区以及汽车、电子等产业的母工厂将大量应用机器人等智能制造装备，工业用工人数逐步下降。[①] 有关数据显示，全球最大的工业机器人市场是中国。2015 年，我国工业机器人保有量突破 40 万台，2016 年安装的工业机器人数量更

---

① 资料来源：(1) 京东方年产 1800 万台整机智能生产线开建［EB/OL］. 中国机器人网，http：//www.robot - china.com/news/201601/15/30279.html，2016 - 01 - 15.（2）京东方 A：关于投资整机智能制造生产线项目的公告［EB/OL］. 东方财富网，http：//data.eastmoney.com/notices/detail/000725/AN201512020011680716，JUU0JUJBJUFDJUU0JUI4JTlDJUU2JTk2JUI5QQ.html，2015 - 12 - 03.

是位居全球之首。[①] 三是高精尖人才供需结构性矛盾将持续存在；在人才需求方面，产业转型升级加速背景下，全市大力发展高精尖产业，着力提升生活服务业发展品质，产生日趋旺盛的中高端人才需求。在人才供给方面，高校教育课程设置、学生能力培养等与市场需求脱节的程度不一，导致近年频繁显现的大学毕业生难就业、慢就业的趋势常态化，同时，北京市中高技能人才总量仍然不足，高精尖人才供给不足与需求旺盛的结构性矛盾将持续存在。四是居民消费观念更新、消费结构升级不断创造就业机会。经济发展水平和居民收入水平的双提升，加之居民消费观念的不断更新以及居民消费结构的升级，将大大促进教育、医疗保健、养老、文化娱乐、体育、旅游、餐饮等服务业的发展，产生越来越多的就业岗位，巩固提升服务业就业的主导地位。

第三节　北京市扶持就业的主要措施

北京市 1998 年先后颁布了《北京市人才市场管理条例》和《北京市劳动力市场管理条例》两个涉及就业服务的地方性法规，2000 年又出台《北京市职业介绍管理规定》，明确提出就业服务包括职业介绍、招聘用人指导、招聘代理、跨地区劳务输出和输入、政策咨询、职业指导、职业培训、失业登记、职业供求和培训信息发布及职业技能鉴定十个职能。2009 年《北京市人民政府办公厅关于做好 2009 年普通高等学校毕

① 资料来源：2016 年中国工业机器人保有量全球第一［EB/OL］. 中国机器人网，http：//www. robot - china. com/news/201607/18/34189. html，2016 - 07 - 18.

业生就业工作的通知》、2011 年《北京市人民政府办公厅转发市人力社保局关于营造创新创业环境推进创业带动就业工作指导意见的通知》和 2012 年《北京市就业援助规定》的陆续出台，又进一步增加了专项就业服务、创业培训、创业服务和就业援助四个职能。至此，北京市用于调节就业服务与被服务关系，指导公共就业服务机构行为的一系列政策，形成了相对完整和系统的就业政策体系（附件 2 列出了北京市主要就业创业政策的目录）。

目前，北京市已将城乡特定家庭纳入政策扶持对象范围，安排就业再就业资金，加强就业援助；同时，明确区、县级政府的政策执行责任，规范基层平台服务标准，此外，综合使用法律、财税和金融等手段，鼓励多方主体增加服务供给，提高服务质量。

一、将特定家庭作为一类群体纳入政策扶持对象的范围

零就业家庭是指城镇家庭中所有法定劳动年龄内、具有劳动能力和就业愿望的家庭成员均处于失业状态，且无经营性、投资性收入的家庭。① 2006 年《中共中央关于构建社会主义和谐社会若干重大问题的决定》要求，扩大再就业政策扶持范围，健全再就业援助制度，着力帮助零就业家庭和就业困难人员就业。2007 年原劳动保障部《关于全面推进零就业家庭就业援助工作的通知》（劳社部发〔2007〕24 号）要求，各地要积极探索建立动态援助的长效机制，做到零就业家庭“产

---

① 引自《关于全面推进零就业家庭就业援助工作的通知》（劳社部发〔2007〕24 号）。

生一户，援助一户，消除一户，稳定一户”。同年，北京市原劳动保障局《关于促进“零就业家庭”劳动力就业的通知》提出，各区县要将“零就业家庭”劳动力列为重点帮扶对象，通过加强就业服务、加大政策扶持力度、实施动态跟踪服务等措施，尽快促进“零就业家庭”中至少有1人实现就业。并且，该政策还指出，“零就业家庭”不仅是城镇的非农业户籍家庭，还包括农村的农业户籍家庭，只要后者中的家庭成员未从事一产经营项目，进行了转移就业登记，且无一人在第二、第三产业就业。① 2010年《北京市“纯农就业家庭”转移就业援助工作意见》出台，又将“纯农就业家庭”纳入重点援助对象的范围。② 该政策提出，要建立“纯农就业家庭”的登记管理制度，向认定的“纯农就业家庭”提供转移就业援助，同时建立转移就业援助跟踪调查机制，了解服务的情况、满意度和实际就业状况等。

---

① 根据《关于促进“零就业家庭”劳动力就业的通知》（京劳社就发〔2007〕53号）中“关于零就业家庭的概念”的说明，城镇“零就业家庭”是指本市非农业户籍家庭中，在法定劳动年龄内（在校学生、现役军人、内退人员、办理提前退休人员除外）有劳动能力的家庭成员，进行了失业登记，且无一人就业的家庭。农村“零就业家庭”是指本市农业户籍家庭中，男16—59周岁，女16—49周岁，有劳动能力的家庭成员，既未从事一产（农、林、牧、渔）经营项目，又进行了转移就业登记，且无一人在第二、第三产业就业的家庭。

② 《关于印发〈北京市“纯农就业家庭”转移就业援助工作意见〉的通知》（京人社就发〔2010〕97号）对“纯农就业家庭”的概念作了如下解释：本意见所称“纯农就业家庭”是指本市农业户籍家庭中，在法定劳动年龄内（在校学生、家务劳动者除外）且有劳动能力的成员（以下简称“家庭劳动力”），在上年度无一人在第二、第三产业转移就业累计达到三个月的家庭。家庭劳动力有从事下列活动的，不列入“纯农就业家庭”范围：（一）经营从事含餐饮、住宿、娱乐、旅游等项目的观光农业的；（二）经营从事农、林、牧、渔产品深加工制造的；（三）收购农畜产品、肉、禽、蛋及水产品并进行批发、零售的；（四）从事市、区县、乡镇政府或村级组织出资的公共管理、公共服务工作的；（五）其他不列入“纯农”范围的生产经营活动。

除了直接将特定家庭列为特殊扶持对象以外，一些家庭成员也是政策重点帮扶的群体，如随迁配偶、随军家属等。2009年《北京市鼓励海外高层次人才来京创业和工作暂行办法》明确提出，随迁配偶愿意在本市就业的，由用人单位妥善安排工作；暂时无法安排的，用人单位可参照本单位人员平均工资水平，以适当方式为其发放生活补贴。2010年北京市人力社保局《关于进一步做好驻京部队随军家属就业安置工作的通知》要求，全市事业单位每年拿出一定数量的岗位定向招聘随军家属，公益性岗位优先安置无工作的随军家属，将初次进京落户的随军家属纳入促进就业政策范围，比照就业困难人员享受各项促进就业的政策。

二、安排专项资金，明确执行落实责任，规范服务标准

2008年《就业促进法》（中华人民共和国主席令第七十号）规定，县级以上人民政府建立健全公共就业服务体系，对就业困难人员实施就业援助，公共就业服务经费纳入同级财政预算。2009年《北京市就业再就业资金管理办法》（以下简称《管理办法》）提出，建立市级就业再就业资金，包括财政预算安排的就业专项资金和失业保险基金预算安排的促进就业资金；建立区、县就业专项资金，纳入区县财政预算。就业援助涉及多项就业促进政策，包括职业介绍补贴政策、职业培训补贴政策、岗位补贴和社会保险补贴政策、税费减免政策、小额担保贷款政策、社区（社会）公益性就业组织“托底”安置就业特困人员补助政策、资金补贴政策，及免费服务政策等。对于上述政策所需资金的保障，《管理办法》明确提出，

由就业再就业资金列支[①]，同时还规定，市、区（县）财政预算安排的就业专项资金可用于扶持公共就业服务，资金的列支范围包括公共就业服务机构为各类就业困难人员开展的就业援助，及为失业人员开展的各项公共就业服务支出等。[②] 扶持公共就业服务资金必须单独安排、单独核算、单独管理，不得与其他就业专项资金相互调剂使用。

人力资源和社会保障基层公共服务平台是直接面向群众提供就业服务的基层单位，由街道、乡镇社会保障事务所和社区、行政村劳动保障工作（服务）站组成。2012 年《北京市就业援助规定》提出，各级人民政府设立的公共就业服务机构应当建立和完善就业援助工作制度。市和区、县人力资源和社会保障行政部门具体负责本行政区域内就业援助工作的组织实施和检查。乡镇人民政府、街道办事处应当落实国家和本市有关就业援助的政策和措施，组织开展基层就业援助服务工作。本市就业困难人员可以到住所地街道、乡镇公共就业服务机构进行失业登记或者转移就业登记，申请就业困难人员认

---

① 《北京市就业再就业资金管理办法》规定：就业再就业资金的列支范围：（一）市、区（县）财政预算安排的就业专项资金，主要用于：职业介绍补贴、职业培训补贴、社会保险补贴、社区公益性就业组织专项补贴、岗位补贴、职业技能鉴定补贴、小额贷款担保基金、小额担保贷款贴息、劳动密集型企业贷款贴息、呆账损失补偿资金和经办银行一次性手续费、高技能人才公共实训经费补助、扶持公共就业服务、就业绩效考核奖励及报经市、区（县）政府批准的其他支出。（二）失业保险基金预算安排的促进就业资金，主要用于：职业介绍补贴、职业培训补贴、社会保险补贴、社区公益性就业组织专项补贴、岗位补贴、职业技能鉴定补贴、预防失业补贴、营业税等额补助、高技能人才公共实训经费补助以及经市政府批准的其他项目支出。

② 《北京市就业再就业资金管理办法》规定：扶持公共就业服务资金用于加强人力资源市场信息网络建设支出，公共就业服务机构为各类就业困难人员开展的就业援助以及为失业人员开展的各项公共就业服务支出。

定。街道、乡镇公共就业服务机构应当对辖区内的就业困难人员进行登记，建立专门台账，实行就业困难人员认定、退出动态管理制度和援助责任制度。目前，北京市各街道、乡镇都已成立了社保所，98%以上的社区和行政村组建了就业服务组织。社保所为全额拨款事业单位，所需经费列入同级财政预算。截至2016年底，全市有社保所329个、工作人员4548名，负责失业人员动态管理和就业服务、退休人员社会化管理服务等工作，为约1200万名失业人员、社会化管理退休人员、城乡低保人员等提供服务。

建立健全工作机制，颁布实施服务标准，推动服务管理规范化、标准化。2004年北京市原劳动保障局《关于加强全市街道（乡镇）劳动保障工作行风建设的意见》提出，从规范服务内容、明确服务标准，优化服务流程，提高办事效率和服务质量入手，将基层劳动保障平台工作纳入年度行风考核中。2006年《北京市街道、乡镇社会保障事务所评估工作方案》指出，社保所服务大厅、基本办公设备、服务设施要达到规定标准。2008年《关于进一步规范全市社保所劳动保障业务工作台账的通知》要求，统一社保所的工作制度及各项业务工作台账。目前，北京市社保所99%达到合格标准，其中，五星级社保所144个，四星级社保所118个。

三、运用多种手段，鼓励并引导多方主体扩大服务供给

北京市就业服务的供给主体，不仅有市、区（县）、街道（乡镇）、社区（村）四级公共就业服务机构，还有用人单位、各类就业服务机构、社区（社会）公益性就业组织、工会、

妇联和残联等。对于用人单位、各类就业服务机构和社区（社会）公益性就业组织提供就业服务的，政府通过法律、财政税收、金融和行政等手段，给予了行政上和经济上的支持。《北京市就业援助规定》明确提出，公共就业服务机构应当优先为提供岗位空缺信息的用人单位提供服务。免费为就业困难人员提供职业介绍、职业指导等服务的职业中介机构，按照国家和本市有关规定享受职业介绍补贴。免费为就业困难人员提供职业技能培训、创业培训、技能鉴定的职业技能培训机构、职业技能鉴定机构，按照国家和本市有关规定享受培训补贴、鉴定补贴。用人单位招用就业困难人员的，按照国家和本市有关规定享受营业税、企业所得税等税费减免，贷款贴息，养老、医疗、失业等社会保险补贴和岗位补贴。[①]

财政税收手段是政府运用最广泛的政策工具，连同金融手段、法律手段和行政手段，形成了一系列面向公共部门、私人部门和非营利组织的扩大就业服务供给政策。以北京为例，如表6.1所示，政府用于鼓励其他主体扩大就业服务供给的政策共计9类（不包括《北京市就业援助规定》），其中，有7类属于财政税收政策，另外有1类属于金融政策，1类属于行政规定。[②] 多种政策手段的组合使用，促使了各类主体积极参与和增加服务供给，特别是直接扶持特定家庭的就业援助，与之相关的岗位补贴和社会保险补贴政策及税收减免政策，正是吸

---

① 引自《北京市就业援助规定》的第十三条、第十四条和第十五条。

② 7类财政税收政策，即职业介绍补贴政策、职业培训补贴政策、岗位补贴和社会保险补贴政策、社区公益性就业组织安置就业困难人员专项补助政策、税收减免政策、行政事业性收费减免政策，及资金补贴政策。1类金融政策，即小额担保贷款政策。1类行政规定，即免费服务政策。

引社会各类用人单位招用城乡就业困难人员的主要原因。据北京市人社局2015年的调查结果显示，2006—2014年，累计有4810家用人单位享受岗位补贴政策，有3560家用人单位享受社会保险补贴政策，其中全部或部分考虑政策补贴因素的用人单位占补贴单位总数的39%。对于城乡就业困难人员而言，用人单位提供的就业岗位增强了其就业稳定性。据调查结果显示，城乡就业困难人员的劳动合同签订期限在三年以上至无固定期的达到52.3%，并且还有88%的用人单位愿意与其续签劳动合同。

表6.1　北京市扩大就业服务供给的政策及对应的服务职能

政策类别	政策对象	就业服务职能	供给主体
1. 职业介绍补贴政策	职业中介机构	职业介绍、信息发布、职业指导、政策咨询	私人部门
2. 职业培训补贴政策	用人单位（本市行政区域内的国家机关、社会团体、企业、事业单位、个体工商户，下同）、职业技能培训机构、职业院校	职业技能培训、职业技能鉴定、创业培训	公共部门、私人部门、非营利组织
3. 岗位补贴和社会保险补贴政策	用人单位	专项就业服务、就业援助	公共部门、私人部门、非营利组织
4. 社区公益性就业组织安置就业困难人员专项补助政策	社区（社会）公益性就业组织	就业援助	公共部门

续表

政策类别	政策对象	就业服务职能	供给主体
5. 税收减免政策	国家机关、各类所有制企业、事业单位、社会团体和民办非企业单位、个体经济组织	专项就业服务、就业援助、创业服务	公共部门、私人部门、非营利组织
6. 行政事业性收费减免政策	用人单位	职业介绍	公共部门、私人部门、非营利组织
7. 小额担保贷款政策	劳动密集型小型微型企业、科技型小型微型企业	专项就业服务	私人部门
8. 资金补贴政策	劳务派遣企业、企事业单位、集中安置残疾人就业单位、中小企业、孵化基地	专项就业服务	公共部门、私人部门、非营利组织
9. 免费服务政策	用人单位	职业介绍	公共部门、私人部门、非营利组织

资料来源：笔者根据北京市现行政策整理得到。

第四节　就业质量变化及其趋势分析

更高质量就业指就业带给劳动者更平等的机会和权利、更稳定的岗位和保护、更安全的环境和条件、更体面的收入和保障及更和谐的关系和氛围。为此，要评价就业质量水平，就至少从劳动力市场、就业稳定性、工作安全性、收入保障性和劳动关系和谐度五个维度展开。同时，评价指标体系应力求全面、系统和综合，也就是通过编制“一揽子”的就业质量水平评价指标池，采用客观赋权法确定指标权重，构建北京市就业质量水平指数（通过主观赋权法的结果检验），从而对北京市就业质量水平进行多角度、立体式、动态化而又突出重点的整体性评估和比较分析。

一、就业质量水平评价的研究述评

就业质量反映劳动者与生产资料结合的状况，包括工作的性质（此处指是否为自由、自愿的选择就业）、聘用条件、工资水平、工作稳定性、工作环境、社会保险和劳动关系等主要内容（曾湘泉，2012；Bescond，D. et al.，2016；R. Johri，2016），其与就业数量是综合反映就业“一体两面”的概念（Ministers，H.，2006；赖德胜、石丹淅，2013；Anker，2015）。就业质量不仅关系到劳动者的权益保护，其优劣还会直接影响就业数量（Fredrick，2007；杨宜勇，2000；王阳，2013）。

针对就业质量水平评价的研究，国外文献已经取得三个重要进展。具体如下：一是建立了微观工作层面就业质量评价体系。已有文献使用了工作满意度、自由、公平、工作生活平衡度、个人尊严和安全等指标（L. Davoine & C. Ethel，2006；Bergemann，A. & A. Mertens，2014）。二是建立了中观劳动力市场和行业层面的就业质量评价体系。其中，劳动力市场层面的就业质量评价，主要涵盖劳动力市场的运行状况、资源配置效率，包括劳动力供求状况、公共就业服务质量（Bratberg，E. et al，2010）。行业层面的就业质量评价，则是开发了工作岗位质量评价指标——“就业质量指数”（Employment Quality Index，简称 EQI）。加拿大帝国商业银行（CIBC）经济委员会开发的 EQI 包含相对就业补偿指数（Weighted Ratio of Employment in High - paying & Stability Industries to Jobs in Low Paying & Stability Industries）、就业稳定性指数（Ratio of Paid Employment to Self - Employment）和全职等量就业比重（Ratio of Full - Time to Part - Time Employment）三个分指标（指数），[①] 并建立了 EQI 月度发布制度。三是形成了国家层面就业质量整体评估框架（R. Johri，2011；Bonnet，2014）。如国际劳工组织使用“体面劳动”指标，欧盟委员会使用“工作质量”指标[②]，欧洲基金会使用“工作和就业质量”指标（Quality of job and employment）[③] 等。2010 年，上述三个国际组织编制完成统一的“就业质量”（Quality of employment）指标体系，包括了劳动报酬、劳动安全与规范、工作时间及工作与生活平衡度、技能培训与发展、员工关系、工作稳定性与社会保护、社会对话七项指标，并发布了法、德、加拿大等 9 个国家的就业质量水平评价报告。[④]

国内文献集中在微观层面研究，并得出了三个基本判断。具体如下：一是要从主观和客观两个角度进行评价（秦建国，

---

① 更深入地了解，可阅读：Benjamin Tal. On The Quality of Employment in Canada, in CIBC World Market Inc. Special Report, March 8, 2006, Toronto, Canada. http://research. cibcwm. com/economic_ public/download/srpt_ eqi_ 03082006. pdf.

② 该指标既包含单个工作的特点，也包含更广泛的工作环境的特点，从内在工作质量、技能、终身学习和职业发展、性别平等、健康和工作安全、灵活性和安全性、劳动力市场进入和包容性、工作组织和工作 - 生活平衡、社会对话和员工参与、多样性和非歧视、整体经济表现和生产率等 10 个维度共计 31 项测量指标。

③ 包括职业和就业保障、健康和福利、技能开发、协调工作和非工作生活 4 个维度共计 13 个项目。

④ 更深入地了解，可阅读：UNECE. Measuring Quality of Employment: Country Pilot Reports [EB/OL]. http://www. unece. org/publica - tions/oes/STATS_ MeasuringQualityEmployment. E. pdf, 2011 - 07 - 30.

2011；王阳，2014）。二是要从微观和宏观两个层次把握评价的内容。前者要关注与劳动者个体就业状况相关的要素，如工作条件、稳定与安全、个人尊重、健康与福利、社会保障、职业发展等（杨河清、李佳，2007；赖德胜等，2011）。后者要聚焦国家、地区或行业的就业质量，使用如社会保险参保率、劳动合同签约率、平均工资等统计指标（刘素华，2005；劳动科学研究所课题组，2013）。三是本土的评价体系不会等同于国外，但是两者的评价指标是能够开展比较分析的（国福丽，2009；田永坡、满子会，2013）。

总体来看，我国多数研究文献提出的就业质量水平评价体系，倾向于选择客观指标和微观指标，对劳动者主观感受的评价不足，从国家、地区或行业的角度评价也不足，这并不利于全面乃至比较系统地把握我国就业质量水平，也不能将有关研究结论和建议较为确切地转化为推动我国就业质量提高的政策措施。

评价就业质量水平的初衷是面向更高质量就业，因此评价维度要考虑劳动者可主观感受到的，并且是可以利用政策工具综合协调和推动改善的内容，那么至少应包括三个维度。具体如下：一是劳动者的就业状况是否良好。好的就业状况可描述为劳动者就业机会充分，就业结构良好，就业的稳定性、工作的安全性得到改善。二是劳动者是否能获得公平、合理的劳动报酬。合理的劳动报酬可描述为劳动者通过就业能够获得合理的、稳步增长的劳动报酬，并且所获报酬能有效改善其家庭生活，体现劳动者自身的社会价值；同时，劳动者能享受到法律政策制度提供的、完备的和必要的社会保护，社会保险覆盖率不断扩大。三是劳动关系是否和谐稳定。和谐稳定的劳动关系可描述为劳动者的社组织权和合法就业权益能够得到充分、有效的保障，劳动关系改善并趋向规范，劳动争议可通过有效途径解决。

二、北京市就业质量水平指数的构建

首先，建立北京市就业质量水平评价指标体系。甄选评价指标，依据如下四个基本原则：（1）特征明确，有代表性。从众多影响就业质量的因素中按照一定的准则选取关键的影响因素作为评价指标（莫荣，2014；R. Johri，2016）。（2）维度完整，高适用性。选取的指标应具有普遍性、多层次性，保证总体指数能够尽量客观地反映就业质量（赖德胜、石丹淅，2013）。（3）数据可得，度量可行。指标的获取、收集和整理要简便易行，数据可从官方的、公开的渠道获取（罗燕，2013；B. Tal.，2015）。（4）逻辑清楚，衡量有效。指标的划分在逻辑上保持一致，指标体系的合成能够客观、定量地反映就业质量的状态，避免指标交叉和重复（张丽宾，2014；Ramón P. C.，2016）。

北京市就业质量水平评价指标体系如表 6.2 所示，其中，评价维度即一级指标依照更高质量就业的概念设立五个，评价指标即二级指标进一步细分，共设立十个，具体包括城镇登记失业率、城镇新增就业弹性、单位从业人数比例、工会会员人数比例、产均工伤事件发生率、工伤事故死亡率、最低工资保护程度、社会保险保护程度、劳均劳动争议案件发生率，及劳动争议劳动者当事人数比例。表 6.2 同时给出了各二级指标的定义、计算方法和单位。

表 6.2　北京市就业质量水平评价指标体系

评价维度	评价指标（单位）	指标的定义和计算方法
1. 劳动力市场	1.1 城镇登记失业率[b]（%）	城镇登记失业人员与城镇单位就业人员（扣除使用的农村劳动力、聘用的离退休人员、港澳台及外方人员）、城镇单位中的不在岗职工、城镇私营业主、个体户主、城镇私营企业和个体就业人员、城镇登记失业人员之和的比
	1.2 城镇新增就业弹性[a]	地区经济总量每变化 1 个百分点所对应的城镇新增就业数量变化的百分点。计算公式如下：$\frac{(\text{当期城镇新增就业人数} \div \text{上一期城镇就业人数}) \times 100\%}{\text{当期地区生产总值增长率}}$
2. 就业稳定性	2.1 单位从业人数比例[a]（%）	城镇单位从业人员年末人数占当期城镇从业人员总数的比例。计算公式如下：$\frac{\text{城镇单位从业人员年末人数}}{\text{城镇从业人员年末人数}} \times 100\%$
	2.2 工会会员人数比例[a]（%）	当期工会会员人数占当期从业人员年末人数的比例。计算公式如下：$\frac{\text{当期工会会员人数}}{\text{从业人员年末人数}} \times 100\%$
3. 工作安全性	3.1 产均工伤事件发生率[b]（件/1 亿元）	一亿元地区生产总值的当期认定（视同）工伤事件发生率。计算公式如下：$\frac{\text{当期认定(视同)工伤事件数}}{\text{地区生产总值}}$
	3.2 工伤事故死亡率[b]（人/10 万人）	工矿商贸十万就业人员生产安全事故的死亡率

续表

评价维度	评价指标（单位）	指标的定义和计算方法
4. 收入保障性	4.1 最低工资保护程度[a]（%）	当期地区月最低工资标准占从业人员月平均工资的比例。计算公式如下：$$\frac{\text{当期地区月最低工资标准}}{\text{从业人员年平均工资/12}}\times 100\%$$
	4.2 社会保险保护程度[a]（%）	城镇职工基本养老保险、基本医疗保险、失业保险、工伤保险和生育保险五项社会保险覆盖率的算数平均数。单项社会保险覆盖率的计算公式如下：$$\frac{\text{当期参加单项社会保险的在岗职工人数}}{\text{从业人员年末人数}}\times 100\%$$
5. 劳动关系和谐度	5.1 劳均劳动争议案件发生率[b]（件/人）	当期劳动争议案件受理数占从业人员年末人数的比例。计算公式如下：$$\frac{\text{当期劳动争议案件受理数}}{\text{从业人员年末人数}}$$
	5.2 劳动争议劳动者当事人数比例[b]（%）	当期受理的劳动争议案件劳动者当事人数占从业人员年末人数的比例。计算公式如下：$$\frac{\text{当期受理案件的劳动者当事人数}}{\text{从业人员年末人数}}\times 100\%$$

说明：上标 a 指正向指标；上标 b 指负向指标。

资料来源：根据已有的研究观点整理得到。

就业质量水平指数是对就业质量水平评价指标体系中全部具体指标进行综合评价后，以年为单位，将各具体指标的分值加总，进而得到的总分值。该指数值反映各年度就业质量整体水平及变动态势，并可进一步利用该指数同经济发展指标（如地区生产总值指数等）的变化趋势进行比较分析。

基于此，依据北京市就业质量水平评价指标体系拟合北京市就业质量水平指数。十项具体指标的缩写表达如表 6.3 所示，使用 S_i 表示北京市就业质量水平指数，公式（1）如下：

$$S_i = \varphi_{ur} \times ur_i + \varphi_{newempe} \times newempe_i + \varphi_{unempr} \times unempr_i + \varphi_{unionmr} \times unionmr_i + \varphi_{pinjr} \times pinjr_i + \varphi_{injdr} \times injdr_i + \varphi_{minwr} \times minwr_i + \varphi_{sinrpr} \times sinrpr_i + \varphi_{lldinr} \times lldinr_i + \varphi_{ldlar} \times ldlar_i \quad (1)$$

其中，$i = 2006, 2002, \cdots, 2015$。

使用北京市2006—2015年的历史数据，对十项具体指标进行描述性统计分析的数据如表6.3所示，全部数据来自历年的中国劳动统计年鉴、北京市统计年鉴、北京市国民经济和社会发展统计公报等公开出版物，使用Stata12完成全部的计算和预测。

表6.3　具体指标及北京市样本数据的描述性统计分析

评价指标(单位)/缩写表达	平均值	中位数	最大值	最小值	标准差	现状值(2015)
城镇登记失业率(%)/*ur*	1.502	1.39	1.98	1.21	0.27	1.39
城镇新增就业弹性/*newempe*	0.005	0.006	0.006	0.004	0.0009	0.006
单位从业人数比例(%)/*unempr*	93.13	93.29	94.91	90.98	1.54	94.91
工会会员人数比例(%)/*unionmr*	36.04	36.05	38.70	34.71	1.10	35.51
产均工伤事件发生率（件/1亿元）/*pinjr*	1.58	1.62	2.06	0.99	0.39	0.99
工伤事故死亡率（人/10万人）/*injdr*	1.31	1.19	2.4	0.43	0.60	0.43

续表

评价指标(单位)/缩写表达	平均值	中位数	最大值	最小值	标准差	现状值(2015)
最低工资保护程度（%）/*minwr*	17.94	17.99	19.14	16.51	0.79	18.25
社会保险保护程度（%）/*sinrpr*	72.45	72.17	91.69	47.17	16.42	91.69
劳均劳动争议案件发生率（件/人）/*lldinr*	0.005	0.006	0.007	0.002	0.002	0.006
劳动争议劳动者当事人数比例（%）/*ldlar*	0.005	0.006	0.007	0.002	0.002	0.006

说明：数据时间跨度为2006—2015年，全部基础数据来自国家和北京市的相关统计年鉴、统计公报等公开出版物。

资料来源：根据国家和北京市统计数据计算得到。

三、北京市就业质量水平的测度：兼及主、客观赋权法的结果检验

1. 利用熵值法①确定北京市就业质量水平评价指标体系全部具体指标的权重。熵值法避免人为主观影响，使指标的赋权

① 熵值法是确定评价指标体系中各指标权重的一种客观赋权法，是源于客观环境所提供的原始信息来决定指标权重的方法，又如“聚类分析法”。熵值法在社会系统应用时是指信息熵，其数学含义与物理学中的热力学熵等同，是指系统无序状态的一种度量。一般认为，信息熵值与系统结构的均衡程度成反比，熵值越大表明系统结构越混乱，携带的信息越少，因此熵值的大小也即各指标的变异程度，可以根据熵值计算各指标的权重。除客观赋权法，指标权重还可使用主观赋权法，是根据主观的重视程度决定各指标权重的方法，如“德尔菲法（Delphi）”和“层次分析法（AHP）”等。

更为科学，尤其适用于分析制度变迁对客观环境、系统结构等带来的影响（陈明星等，2009）。就业质量水平的提升，暗含了制度调整进步对劳动者与生产资料结合状况的优化，符合方法使用的基本条件。基于此，使用北京市完整、可得的历史统计数据，采用熵值法计算全部就业质量水平评价指标的系数。

第一步，将就业质量具体指标的量纲和数量级做正规化处理，获得横向的可比性和实用性。在正规化过程中，需要区分指标走向对就业质量整个系统的意义。当单个指标值越大，对就业质量提高越有利时，采用正向指标计算方法，公式如下：

$$\chi_{ij} = \frac{X_{ij} - min\{X_j\}}{max\{X_j\} - min\{X_j\}}$$

当单个指标值越小，对就业质量提高越有利时，采用负向指标计算方法，公式如下：

$$\chi_{ij} = \frac{max\{X_j\} - X_{ij}}{max\{X_j\} - min\{X_j\}}$$

其中，χ_{ij} 为正规化处理后的指标，$max\{X_j\}$ 为所有年份的指标值中的最大值，$min\{X_j\}$ 为所有年份的指标值中的最小值，i 为年份，j 为指标项。

第二步，计算第 i 年的第 j 项指标值所占的比重，使用 ω_{ij} 表示，其中 $\omega_{ij} = \frac{\chi_{ij}}{\sum_{i=1}^{m} \chi_{ij}}$，m 为年数。

第三步，计算指标的信息熵值和信息熵冗余度。使用 e_j 表示信息熵值，计算公式为 $e_j = -\frac{1}{\ln m}\sum_{i=1}^{m}(\omega_{ij} \times \ln \omega_{ij})$，$0 \leqslant e_j \leqslant 1$，m 为年数；信息熵冗余度用 d_j 表示，计算公式为 $d_j = 1 - e_j$。

第四步，根据信息熵冗余度计算具体指标的权重，$\varphi_j = \frac{d_j}{\sum_{j=1}^{n} d_j}$，n 为评价指标体系全部具体指标的数量。

将计算结果代入就业质量水平指数的公式（1），形成如下公式（2）：

$$S_i = 0.0822 \times ur_i + 0.0963 \times newempe_i + 0.1213 \times unempr_i + 0.1185 \times unionmr_i + 0.1390 \times pinjr_i + 0.0761 \times injdr_i + 0.0729 \times minwr_i + 0.0953 \times sinrpr_i + 0.0989 \times lldinr_i + 0.0995 \times ldlar_i \quad (2)$$

其中，$i = 2006, 2002, \cdots, 2015$。

最后，依据北京市就业质量水平评价指标体系，综合计算各年度就业质量水平指数。

第一步，计算第 i 年的第 j 项指标的分值。将第 j 项指标在第 i 年的正规化值 χ_{ij} 乘以其权重 φ_j，得到分值 $S_{ij} = \varphi_j \chi_{ij}$。

第二步，加总第 i 年全部具体指标的分值，得到第 i 年北京市就业质量水平指数，计算公式为 $S_I = \sum_{j=1}^{n} S_{ij}$。计算结果如图 6.2 所示，由于对选取的指标作了正规化处理，就业质量水平指数的取值范围在（0，1）之间。

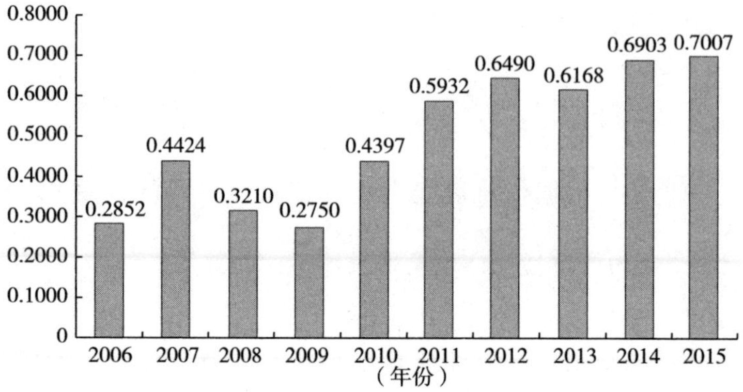

图 6.2　2006—2015 年北京市就业质量水平指数及其变化

说明：（1）横坐标设为年份，纵坐标设为就业质量水平指数值。（2）在选定期内，就业质量水平指数的高低仅表示一个相对水平，而非一个绝对量，也就是说，改变选定期，同一年份的就业质量水平指数会有所不同。

资料来源：根据本课题的计算结果绘制而成。

2. 利用层次分析法[①]确定北京市就业质量水平评价指标体系全部具体指标的权重。尽管使用熵值法（客观赋权法）得出的指标权重值具有较高的可信度和精确度，但是由于熵值法自身存在一些缺陷，包括缺乏各指标之间的横向比较，及各指标的权重数会随着样本数量的变化而变化等，所以使用此法测量得到的就业质量水平指数值可能与北京市就业质量水平的实际状况有所偏误。为考察前述偏误的严重程度，同时，也为更好地服务于北京市就业工作、促进首都就业服务管理科学化和规范化，再次采用层次分析法计算全部就业质量水平评价指标

① 层次分析法（Analytic Hierarchy Process，简称 AHP）是将一个复杂的多目标决策问题作为一个系统，将目标分解为多个目标或准则，进而分解为多指标（或准则、约束）的若干层次，通过定性指标模糊量化方法算出层次单排序（权数）和总排序，以作为目标（多指标）、多方案优化决策的系统方法。该方法的优点包括系统性、简洁实用和所需定量数据信息较少等。

的系数。

编制《北京市就业质量水平评价指标重要性的调查问卷》（附件3），使用结构性调查问卷方法，向两类对象搜集意见。一是北京市级和区级发改、人社等部门直接从事就业工作处（科）室的人员（后文简称“部门组”）；[①] 二是在京国家部委直属科研单位、北京地区高等院校及北京市属科研单位具有副高级及以上职称的从事教学或科研工作的人员（后文简称“专家组”）。[②] 部门组完成结构性调查问卷的方式有两种：一是实地走访，通过部门座谈和工作人员的深度访谈，发放纸质版调查问卷。在问卷填答前，当面介绍调查的目的及问卷填写的方法，在走访结束前，回收全部纸质版调查问卷。二是电话访谈，通过电子邮件发放电子版调查问卷。在电话中介绍调查的目的及问卷填写的方法，在约定的反馈时间之前回收全部电子版调查问卷。部门组问卷调查的完成时间是2017年3月底。专家组完成结构性调查问卷的方式与部门组类似，同样有两种方式：一是专家面对面访谈，同时完成纸质版调查问卷的填写，在访谈结束前回收。二是通讯方式的专家咨询和发送电子版调查问卷，并在约定的反馈时间之前回收。专家组问卷调查的完成时间是2017年4月上旬。

采用层次分析法确定各级指标判断矩阵，计算权重。使用

① 部门组共获得31份有效问卷。其中，北京市发改委就业处、市人社局就业处各2份，合计4份；北京市9个区人社局就业科各3份，合计27份。9个区包括：海淀区、东城区、西城区、朝阳区、丰台区、门头沟区、房山区、昌平区和顺义区。

② 专家组共获得11份有效问卷。其中，国家发改委、人社部直属科研单位共计4份；中国人民大学、北京师范大学、首都经济贸易大学和中国劳动关系学院等北京地区高等院校共计5份；北京市发改委直属科研单位共计2份。

Excel 完成全部的计算和一致性检验。具体操作步骤为：

第一步，构造判断矩阵 $A=(a_{ij})_{n\times n}$。将同属于一级的要素两两进行比较，进而确定相对重要程度，以此构造判断矩阵 $A=(a_{ij})_{n\times n}$。其中，a_{ij} 表示第 i 行指标相对于第 j 列指标进行重要性两两比较的赋值，即 X_i 与 X_j 关于某一个评价指标相对重要程度之比的赋值，n 为同一层次内评价指标的数量。采用 1－9 的标度法赋值。一级评价指标 $n=5$，二级评价指标 $n=10$。

假设判断矩阵为 $A=(a_{ij})_{n\times n}$，则满足 $a_{ij}>0$，$a_{ij}=1$（当 $i=j$），$a_{ij}=\frac{1}{a_{ji}}$（其中，$i,j=1,2,\cdots,n$）。通过部门组和专家组对指标重要程度的打分，按照几何平均的方法分别对两组的打分结果进行整合处理，构造判断矩阵。

第二步，确定指标权重和最大特征根。采用方根法计算判断矩阵特征向量和特征值。具体的计算步骤如下：

（1）计算判断矩阵每一行元素的乘积 $M_i=\prod_{j=1}^{n}b_{ij}$，$i=1,2,\cdots,n$。

（2）计算 M_i 的 n 次方根 $\bar{W}_i=\sqrt[n]{M_i}$。

（3）对向量 $w=[\bar{W}_1,\bar{W}_2,\cdots,\bar{W}_n]^T$ 归一化，$w_i=\frac{\bar{W}_i}{\sum_{i=1}^{n}\bar{W}_i}$，$w$ 即为指标权重。

（4）计算判断矩阵的最大特征根 $\lambda_{max}=\frac{1}{n}\sum_{i=1}^{n}\frac{(AW)_i}{w_i}$。

第三步，进行一致性检验。对判断矩阵进行一致性检验，是考察客观成分能否达到足够合理的地步（曹茂林，2012）。

一致性指标 $CI = \frac{\lambda_{max} - n}{n - 1}$。一致性指标 CI 是衡量判断矩阵 A 的不一致性程度的数量指标。一般情况下，$CI > 0$，即 $\lambda_{max} > n$。CI 越小，表明一致性越好。判断矩阵的平均随机一致性指标 RI 值，用于度量不同阶数判断矩阵是否具有满意的一致性。1 – 14 阶判断矩阵的 RI 值如表 6.4 所示。

判断矩阵的一致性比率 $CR = \frac{CI}{RI}$。通过将 CI 和平均随机一致性指标 RI 进行比较，一般认为，当阶数大于 2，$CR < 0.1$，则判断矩阵就具有满意的一致性。否则，需要调整判断矩阵，以使之具有满意的一致性。由于一阶判断矩阵、二阶判断矩阵总是呈现一致性，因此不必进行检验。

表 6.4　平均随机一致性指标 *RI* 值

n	1	2	3	4	5	6	7	8	9	10	11	12	13	14
RI	0	0	0.52	0.89	1.12	1.24	1.36	1.41	1.46	1.49	1.52	1.54	1.56	1.58

资料来源：曹茂林，2012：40。

指标权重的计算结果如表 6.5 所示。鉴于部门组和专家组的经验判断各有侧重，其中，部门组具有丰富的就业政策和就业工作实务经验，专家组具有丰富的就业理论和就业问题研究经验，分别对两类对象的经验判断进行定量化，继而分别确定指标权重和计算北京市就业质量水平指标值。原因主要有两个：一是共同检验客观赋权法测度结果的可信度；二是相互检验主观赋权法测度的两个结果的可信度。

表 6.5　采用层次分析法得到的北京市就业质量水平评价指标权重

一级指标	权重 W1		二级指标	权重 W2	
	部门组	专家组		部门组	专家组
劳动力市场就业机会	0.316	0.318	城镇登记失业率	0.464	0.448
			城镇新增就业弹性	0.536	0.552
就业稳定性	0.198	0.108	单位从业人数比例	0.700	0.618
			工会会员人数比例	0.300	0.382
工作安全性	0.174	0.226	产均工伤事件发生率	0.471	0.545
			工伤事故死亡率	0.529	0.455
收入保障性	0.207	0.201	最低工资保护程度	0.428	0.390
			社会保险保护程度	0.572	0.610
劳动关系和谐度	0.106	0.147	劳均劳动争议案件发生率	0.535	0.675
			劳动争议劳动者当事人数比例	0.465	0.325

资料来源：根据本课题的计算结果整理得到。

分别计算得到部门组和专家组经验判断定量化后的指标权重。如表 6.5 所示，使用 W1 代表一级指标的权重，W2 代表二级指标的权重。计算公式：$W_{ij} = W1_i \times W2_j$。其中，$i = 1, 2, \cdots, 5$；$j = 1, 2$。

将部门组的计算结果代入就业质量水平指数的公式（1），形成如下公式（3）：

$$S_i = 0.1466 \times ur_i + 0.1694 \times newempe_i + 0.1386 \times unempr_i + 0.0594 \times unionmr_i + 0.0820 \times pinjr_i + 0.0920 \times injdr_i + 0.0886 \times minwr_i + 0.1184 \times sinrpr_i + 0.0567 \times lldinr_i + 0.0493 \times ldlar_i \qquad (3)$$

将专家组的计算结果代入就业质量水平指数的公式（1），形成如下公式（4）：

$$S_i = 0.1425 \times ur_i + 0.1755 \times newempe_i + 0.0667 \times unempr_i + 0.0413 \times unionmr_i + 0.1232 \times pinjr_i + 0.1028 \times injdr_i + 0.0784 \times minwr_i + 0.1226 \times sinrpr_i + 0.0992 \times lldinr_i + 0.0478 \times ldlar_i \quad (4)$$

通过比较两种赋权方法、三组指标权重下三组北京市就业质量水平指标值的变化趋势和极值分布，如图 6.3 所示，可以发现，使用熵值法为北京市就业质量水平评价指标赋权，得到的北京市就业质量水平指数值具有较高的可信度和准确性。该指数值变化与北京市就业质量相关制度变迁的时间轨迹密切契合，较好地反映了制度变化给就业环境、就业结构等带来的影响。三组北京市就业质量水平指标值表现出了相似的变化趋势，2006—2009 年北京市就业质量水平在波动中稳步、显著的提高。2015 年，三组北京市就业质量水平指标值都达到了最大值。

此外，使用层次分析法为北京市就业质量水平评价指标赋权，得到的两组北京市就业质量水平指数值十分相近，计算结果的可信度同样较高。尽管两组调查对象的经验判断有所侧重，但是并未明显影响到赋权的结果。由于 2009 年以来北京市就业工作的目标结构趋向多元和复杂，诸多影响就业质量水平的宏观、中观和微观因素尚缺乏统计数据作为支撑，而是有赖于实务经验判断，这也导致部门组和专家组的意见有所差别。表现为 2006—2008 年部门组的北京市就业质量水平指数值略低于专家组的，而 2009—2015 年部门组的北京市就业质量水平指数值则略高于专家组的。

在新时期和新要求下，北京市就业工作目标结构仍将进一步复杂化，影响决策的不确定因素增加，为增强本课题研究服

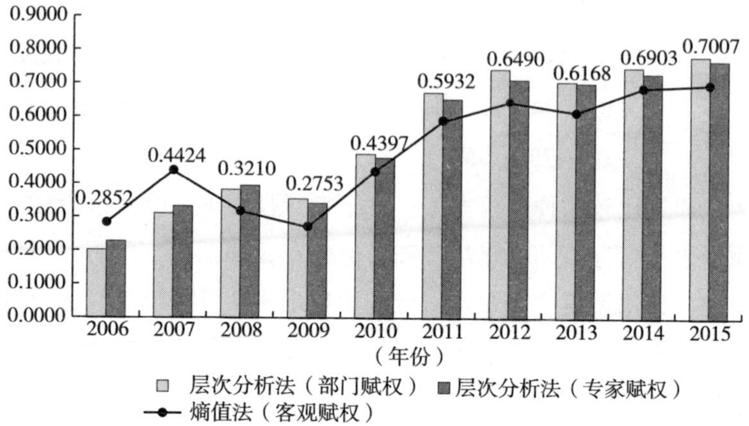

图 6.3　2006—2015 年三组北京市就业质量水平指数值变化及趋势比较

说明：(1) 横坐标设为年份，纵坐标设为就业质量水平指数值。(2) 三组指数值依据三组指标权重计算得到。(3) 在选定期内，采用熵值法得到就业质量水平指数的高低仅表示一个相对水平，而非一个绝对量，也就是说，改变选定期，同一年份的就业质量水平指数会有所不同。

资料来源：根据本课题的计算结果绘制而成。

务于北京市就业决策依据的准确性，最大限度地描述客观事实、避免主观性，后文将以熵值法计算得到的北京市就业质量水平指数值为依据，进行更深入的探讨。

四、北京市就业质量水平变化趋势分析

2006—2015 年，北京市就业质量水平总体呈现“上升趋势的 W 型”变动轨迹，如图 6.3 可见，2006 年北京市就业质量水平只有 0.2852，在经历 2007 年的一个小高点（0.4424）以后，到 2009 年下降至历年的最低点 0.2753，随后快速、大幅攀升，尤其在 2010 年和 2011 年，北京市就业质量水平的提升幅度十分显著，尽管到 2013 年又出现了小幅回落，降至

0.6168，但是从2014年开始再次进入上升区间，2015年攀升至最高值0.7007。进一步对比十项就业质量水平二级评价指标在2015年的分值情况，如图6.4所示，得分最高的前三项指标依次是产均工伤事件发生率（0.1390）、单位从业人数比例（0.1213）和社会保险保护程度（0.0953），而得分最低的是工会会员人数比例（0.0240）。可见，2015年得益于工作安全性、就业稳定性和收入保障性的良好表现，北京市就业质量水平较高。

《北京市"十二五"时期职工发展规划》就提出为职工提供就业有平等机会、收入有同步增长、工作有安全保护、保障有多元平台、参与有充分渠道、职业发展有支撑条件的职业环境。经过五年多来各部门和各单位的共同努力，北京市职工就业质量水平显著提升，尤其是在工作安全性和就业稳定性上取得了长足的进步，如图6.5所示，两个维度的评价指标综合得分最高。其次是劳动力市场和收入保障性的状况良好，两个维度的评价指标综合得分接近，且稳定处于中游水平。最后是劳动关系和谐度得分较低，是需要重视和下一步加强相关工作的领域。

为了更深入分析北京市就业质量水平变化与地区宏观经济形势变化的关系，以地区国内生产总值指数表示地区经济增长水平，比较北京市就业质量水平指数和北京市地区国内生产总值指数同期变化情况，如图6.6所示，发现2006—2008年两个指数值呈现相同的"先增后降"的变化趋势，2007年北京市就业质量水平指数为0.4424；同年，北京市地区国内生产总值指数为114.5，是2006—2015年十年的最高值。然而，从2009年开始，两个指数值的变化趋势出现了明显的背离，北

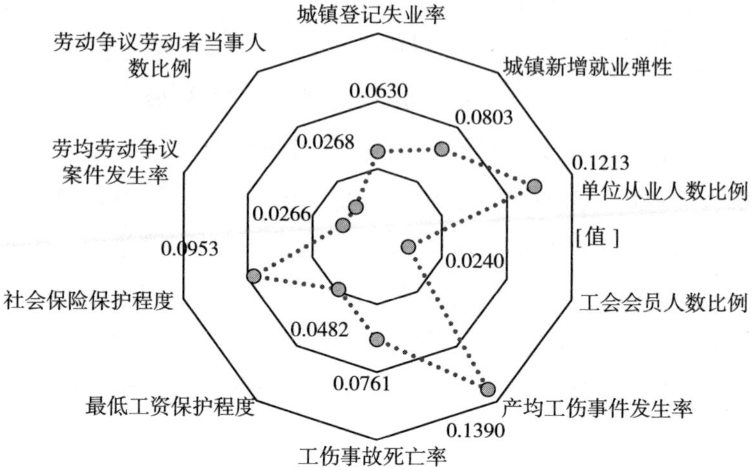

图 6.4　2015 年北京市就业质量水平十个二级评价指标值的比较

资料来源：根据本课题的计算结果绘制而成。

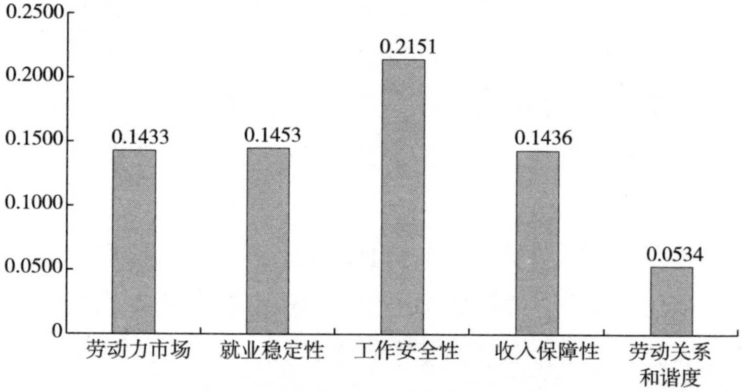

图 6.5　2015 年北京市就业质量水平五个一级评价维度综合得分的比较

资料来源：根据本课题的计算结果绘制而成。

京市就业质量水平指数在 2009 年跌至最低点，而地区生产总值指数则小幅提升；2010 年以后，北京市就业质量水平指数持续、快速提升，而地区生产总值指数则反转进入持续下降区间。2015 年，两个指数分别达到各自的最高值（就业质量水平指数 0.7007）和最低值（地区生产总值指数 106.9）。由此可见，在北京市经济形势较好的时期，经济增长水平对就业质量水平有较好的预测作用，经济增长绩效好，则就业质量水平较高，反之亦然，经济增长绩效不好，则就业质量水平较低。但是，当经济进入新常态，经济增速放缓，经济增长动力不足。那么，经济增长水平对就业质量水平并未表现出预测作用，就业质量水平依旧延续增长趋势，“福利刚性效应”明显。同时，受到一系列促进就业政策的扶持和刺激，就业质量的改善状况好于预期。

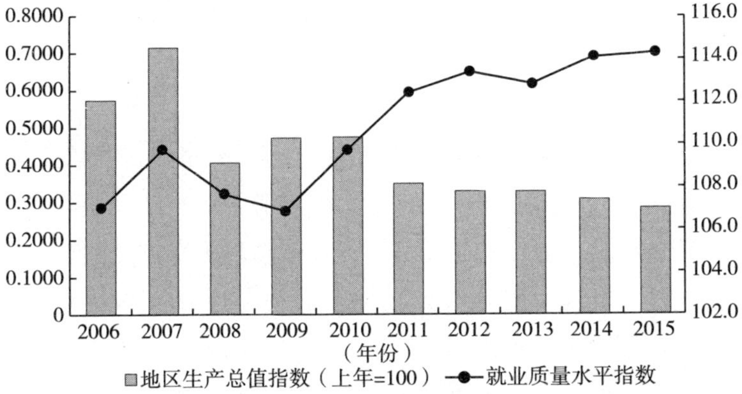

图 6.6　北京市就业质量水平指数值与地区生产总值指数值变化趋势比较

说明：横坐标设为年份，左侧纵坐标为就业质量水平指数值，右侧纵坐标为地区生产总值指数值。

资料来源：根据本课题的计算结果及国家统计局网站公布的数据（http：//www.stats.gov.cn/tjsj/）绘制而成。

第五节　新常态下就业质量的突出问题

近年来，随着北京市职工队伍结构及自身需求日趋多元化，权益受损现象依然有增无减。在经历结构调整的地区，不仅就业机会受到挑战、工资水平依然偏低，就业政策扶持困难群体效率也不高。就业领域的内忧外患，构成了促进地区就业的积极因素与消极因素的对冲和角力，各种矛盾和问题暴露出来。结合对西城、海淀、石景山、朝阳和门头沟等区的调研，综合分析发现有以下三个“质量”问题需引起重视：

一、区域经济增长创造低端劳动力就业机会乏力

2016 年是北京市实施全面深度转型、高端绿色发展战略的突破之年，着眼于构建“高精尖”经济结构，全力促进重大政策落地，培育壮大主导产业，促使服务业高端发展。经济结构调整与转型升级势头明显，岗位创造能力提高。然而，以信息传输、计算机服务和文化体育娱乐业为代表的首都文化娱乐休闲区相关领域提供的就业岗位主要是以年轻人为主，并且对从业者的知识技能水平要求较高，而与主导产业及其对应项目配套的周边商业圈，则基本是以个体经营为主，工作时间长、强度大，就业困难人员缺少就业优势。对于当地失业人员，尤其是近几年沉淀下来的就业困难人员，普遍是文化水平偏低、技能单一，难以在地区经济增长和结构调整所提供的岗位中竞争就业。

2016 年前三季度，B 区城镇新增就业人数 9837 人，比

2014 年同期增加 767 人，同比增长 8.46%，但是就业困难人员的再就业形势依然严峻。据初步统计，在该区现有就业困难人员中，文化程度在大专及以上的仅占 1/4，超过半数的人是高中或中专学历，还有近 4% 的人是小学及以下文化水平；在技术技能上，拥有国家职业资格证书的就业困难人员占比不到 30%，其中主要是具有初级和中级资格人员，两类加总的占比接近 70%。2016 年前三季度，B 区城镇失业人员再就业人数为 4939 人，与 2014 年同期相比，减少 556 人，降幅达 10.12%；就业困难人员就业人数为 3697 人，与 2014 年同期相比，减少 192 人，降幅为 4.94%。

就业困难人员的技能结构与区域经济增长带来的岗位技能结构存在明显错位，在新常态下，这种岗位供求矛盾进一步加剧并越发突出，就业困难人员实现就业的难度加大。

二、工资水平仍然偏低，体面劳动尚需环境改善

就业困难群体是就业工作的主要服务对象，也是经济新常态下最易受到冲击的群体。目前，就业困难人员无论通过何种方式就业，工资收入水平都不高。据北京市 2015 年一项相关调查结果显示，如表 6.6 所示，享受补贴政策用人单位的月人均工资 2484 元、月人均缴纳社会保险 1003 元、月人均福利 191 元，只占 2014 年北京市职工月平均工资的 56.9%。同时，社区公益性就业组织月人均工资只有 2064 元、月人均缴纳社会保险 884 元、月人均福利 208 元，只占全市职工月均工资的 48.8%。从被招用就业困难人员的月工资分布看，有近 80% 的被单位招用人员的月工资介于 2000—2400 元，有超过 17%

的人的工资超过2400元，而被社会公益性组织托底安置人员则全部低于2400元，且有近60%的人的工资不足2000元。此外，灵活就业人员的收入更低。由于主要从事传统社会服务业和存在就业间断现象，该类人员的收入难以保证和提高（罗燕，2013）。

表6.6　北京市被招用就业困难人员工资收入分布情况

工资收入区间	1720—2000元	2000—2400元	2400—2800元	2800—3200元	3200元以上	——
用人单位招用	2.1%	79.3%	11.7%	3.8%	1.7%	1.4%
社会公益性组织招收	59.3%	40.7%	——	——	——	——

资料来源：北京市人力资源和社会保障局。

从C区的情况看，大多数就业困难人员的月工资收入低于全市社会月平均工资，而在三种就业方式中，单位就业人员的月工资收入最高，灵活就业人员的收入最低。该区D街道截至2015年9月底有681名失业人员实现灵活就业，占登记失业人员就业数量的近90%，他们主要从事小时工，如照顾老人、接送小孩等，没有稳定的收入。与之相比，被用人单位招用人员的平均月收入则在2200—2500元，然而只有80名失业人员实现单位就业，仅占登记失业人员就业数量的10%。

随着地区经济下行压力加大，用人单位资金链紧张，进一步提高职工工资水平的动力不足；同时，受投资转移、项目延缓、企业外迁、关停和调整等因素的影响，部分单位用人意愿正在减弱，观望、维持甚至减员的态度比较普遍，扩大就业岗位资源的动力也不足。C 区某国有钢铁企业预计在 2016 年底通过减员增效向社会排放近千名富余人员，其中还包括一部分年龄偏大的人员，这无疑加大了全区城镇登记失业率的调控难度。诸多问题交织叠加，既显著制约了就业困难人员就业质量的提升，又在一定程度上收窄了其实现在用人单位稳定就业的空间。

三、就业政策促进就业困难人员就业的效率不高

目前，尽管北京市促进就业政策已经形成比较完整的体系，表现为以北京市促进就业政策体系为主体、以各区促进就业优惠政策为重要补充，但是由于各项政策的组合效应发挥不足，同时加上政策手段单一，管理方式滞后，导致北京市就业政策扶持各类劳动者尤其是困难群体就业的效率不高。

首先，北京市及各区现行的就业政策（绝大多数还是北京市级就业政策）存在“三类分割”，制约政策合力的集聚和形成：一是城乡分割。当前北京市户籍的农村劳动力无法获得全面的政策帮扶，只能享受鼓励单位招用、职业培训、职业介绍和小额担保贷款等少数就业扶持政策。二是群体分割。就业困难群体、大学毕业生、复退转业军人、随军家属、残疾人、刑满释放和社区矫正人员等均有就业扶持政策，既各自独立又相互交叉，政策覆盖群体、享受范围和帮扶力度各不相同。同时，由于政策资金来源多样，监管体系缺乏共享机制，容易产生同类政策重复享受的问题。三是区域分割。一些区级的就业扶持政策仍以“具有本区户口”作为享受待遇的必要条件，在当今人户分离日趋增多，区域功能定位差异明显，促进就业的资金和岗位资源分布不均的情况下，既不利于调动全市力量，

整合各地资源，也不方便城乡劳动者获得同等的就业帮扶。

其次，绝大部分政策是财税政策，采取直接补贴资金的方式，难免成为部分就业困难人员的逐利目标，容易产生资金风险，较难保证促进就业功效。而与市场机制相适应的就业服务、金融、财税、经济等政策在支持项目、覆盖范围和帮扶力度上相对不足，使经济增长带来的就业机会较难转化为促进稳定就业的有力支撑。据调查，一些区享受灵活就业社会补贴的人数虽然很多，但部分就业困难人员只是将其作为延续社会保险缴费的手段而并未真正就业。

最后，政策管理手段滞后，影响用人单位和个人享受政策的积极性。一方面，就业和社会保障相关信息的共享程度低，政策申请审批多依靠登记和证明材料，程序复杂，审批困难，周期较长，不少用人单位因为手续流程烦琐而不愿意申请。另一方面，多年以来延续下来的政策文件缺乏整体梳理，项目繁多，范围不一，有的先后矛盾，用人单位和就业困难人员都感到“了解难、掌握难、使用难”。某国有客运公司现有职工7000 多名，其中属于就业困难人员的有 400 名，对于相关的岗位补贴和社会保险补贴，均需按人头每月提出申请，大大增加了企业人力资源管理的工作量。某私营餐饮企业现有员工120 多名，累计招用就业困难人员 20 名，为符合申请岗位补贴和社会保险补贴的条件，公司办理了银行卡领取工资的手续，增加了人员管理的成本。按照现行政策规定，用人单位首次为所招用的补贴对象申请岗位补贴和社会保险补贴，应向注册或经营所在地区县人力社保局提交用人单位法定证明材料副本复印件、社会保险登记证及复印件、《用人单位享受岗位补贴和社会保险补贴申请表》、银行出具的含补贴对象申请期内的工资明细表及记账凭证复印件等十多项材料。即使是申请市人力社保局批准的享受期内的岗位补贴和社会保险补贴时，用人单位也必须要至少提交《用人单位享受岗位补贴和社会保险补贴申请表》、银行出具的含补贴对象申请期内的工资明细表及记账凭证复印件等五项材料。

第六节　关于北京市实现高质量就业的建议

在国内外经济环境依然错综复杂，地区经济发展基础尚需进一步巩固的背景下，北京市就业具有“总量矛盾不减，结构性矛盾加剧，失业原因分化，劳动力供给意愿下降”等特点。在全面深化经济体制改革，实施创新驱动发展战略，推进经济结构战略性调整，推动城乡发展一体化的发展背景下，做好“十三五”时期北京市的就业工作，应将“提升就业质量，改善就业环境，促进职工尤其是就业困难人员就业比较充分”作为重要的目标，加强经济增长与解决劳动力就业的联动机制建设，完善并落实好就业扶持政策，加强就业服务和管理，大力规范治理劳动用工行为，改善劳动条件，积极主动化解劳动关系双方的矛盾纠纷，努力消除新常态下就业的“质量”短板，在重点领域和薄弱环节大力改进工作、提升服务质量，促进职工体面劳动、全面发展。

一、大力推动服务业发展，增加低端劳动力就业岗位

深入研究地区经济发展与扩大就业的渠道和办法，评估经济发展对增加就业岗位，特别是对解决低端劳动力就业问题的

影响。提高服务业促进低端劳动力就业效应，运用积极的产业政策，支持批发零售、交通运输等传统服务业的发展。加强对区域就业形势的研判，通过信息系统建设和统计制度完善，开展重大政策和重大项目工程带动就业效果的监测和评估，跟踪重点就业群体，尤其是长期失业人员的就业意愿和就业问题。

二、针对不同就业方式的特点，调整政策扶持对象范围

根据用人单位招用、自谋职业、灵活就业和社会公益性组织招用等实现就业的不同特点，调整对应政策的扶持对象。一是扩大单位招用和自谋职业政策的帮扶范围，重点解决青年失业问题；二是适当缩减灵活就业政策的帮扶范围，在确保年龄偏大、生活困难和身体残疾人员帮扶力度不减的前提下，引导年龄较小、竞争能力较强的人员选择并实现正规就业；三是拓宽社会公益性组织岗位安置途径，开辟公益性岗位灵活就业渠道，提供社会保险补贴，着力解决城乡就业特困群体的就业问题。

三、实现常住地就业失业管理，消除各级各类政策分割

顺应人口流动趋势，在推动以常住地为依托的就业失业管理制度的前提下，将市、区两级就业扶持政策实施范围逐步由户籍地调整为常住地。北京市应统一研究制订特殊支持政策，对充分利用促进就业资源有效解决其他地区就业困难的区县给予一定的补助。不断扩大就业失业管理制度覆盖范围，将需要政策扶持的不同特殊群体纳入统一的管理体制，建立科学的就

业困难认定标准，给予特殊群体有针对性的就业帮扶。

四、加强各项就业政策的衔接与协调，提高政策整体效能

在根据地区经济社会形势发展需要，不断调整和完善促进就业政策的覆盖范围、帮扶对象、扶持手段和资金力度的同时，一要重点增加灵活就业政策与正规就业政策的衔接，鼓励城乡劳动者有非正规就业（灵活就业）向正规就业过渡；二要进一步强化政府“托底”安置政策与市场竞争就业政策的衔接，推动城乡劳动者由依靠政府“救济”向自主择业、就业转变，从而实现更高质量就业。

五、加大就业项目建设投入，提升信息化服务能力

加强街道就业和社会保障服务设施项目建设，在完善职业介绍、职业指导、职业培训、创业指导、就业实习等公共就业服务内容的同时，尽快实现就业与社会保障信息系统互联互通。改善就业援助的服务条件，对就业困难人员特别是长期失业人员提供综合而精准的服务，有针对性地解决失业问题。同时，加强绩效考核，综合评定就业服务工作量和工作成果，并以此作为核发补贴资金的重要依据，促进服务质量提升。

参考文献

[英文论文和图书]

1. Keynes, J. M. , The General Theory Of Employment, Interest And Money. London: Macmillan, 1936.

2. Hicks, J. R. , Mr. Keynes and the 'Classics': A Suggested Interpretation. Econometrica, Vol. 5, No. 2, 1937.

3. Hansen, A. H. , A Guide To Keynes. New York: McGraw Hill, 1953.

4. Friedman, M. , Studies In The Quantity Theory Of Money. Chicago: University Of Chicago Press, 1956.

5. Marquardt, D. W. , Snee, R. D. "Ridge Regression in Practice". American Statistician, Vol. 29, No. 1, 1975, pp. 3 – 20.

6. Kydland, F. E. , and Prescott, E. C. , Time to Build and Aggregate Fluctuations. Econometrica, Vol. 50, No. 6, 1982.

7. Sims, C. A. , Are Forecasting Models Usable for Policy Analysis? . Federal Reserve Bank Of Minneapolis Quarterly Review, Vol. 10, No. 1, 1986.

8. Allen, Clerk, Mcdermed, Why do Pension Reduce Mobility? NBER Working Papers. Feb. 1988, w2509, http://

www. nber. org/papers/w2509.

9. L. Richter. Upgrading Labour Market Information in Developing Countries: Problems, Progress and Prospects. Geneva, International Labour Office, 1989.

10. Bernanke, B. S. and Blinder, A. S. , The Federal Funds Rate and the Channels of Monetary Transmission. American Economic Review, Vol. 82, No. 4, 1992.

11. Katsimbris, G. M. and Miller, S. , The New Keynsesian Economics and the output – inflation trade – off. Applied Economics Letters, Vol. 1988, No. 9, 1996.

12. U. Walwei. Placement as a Public Responsibility and as a Private Service. Berlin, Institute for Employment Research, 1996.

13. A. Dar and I. S. Gill. Evaluating Retraining Programs in OECD Countries: Lessons learned. The World Bank Research Observer, Vol. 13, No. 1, 1998.

14. J. de Koning et al. Deregulation in Placement Services: A Comparative Study for Eight EU Countries. Unpublished Report, Rotterdam, 1998.

15. Edelberg, W. , Eichenbaum, M. and Fisher, J. D. M. , Understanding the effects of a shock to government purchases. Review Of Economic Dynamics, Vol. 2, No. 1, 1998.

16. Faust, J. , The Robustness of Identified VAR Conclusions about Money. Carnegie – Rochester Conference Series On Public Policy, Vol. 49, No. 1, 1998.

17. M. Tixier Essec. Les Outils de Recrutement en Europe: Evolution de Leurs Spécifités. in Humanisme et Entreprise, No.

231, 1998.

18. International Labour Office (ILO for short). The Public Employment Service in Canada. Geneva, 1998.

19. Ramey, V. A. and Shapiro, M. D., Costly Capital Reallocation and the Effects of Government Spending. Carnegie – Rochester Conference Series On Public Policy, Vol. 48, No. 1, 1999.

20. ILO, "Decent work, Report of the Direct General", International Labor Conference, 87th Session, Geneva, 1999. http://www.ilo.org/public/english/standards/relm/ilc/ilc87/rep – i.htm.

21. Thuy Phan, Ellen Hansen and David Price. The Public Employment Service in a Changing Labour Market. Geneva, International Labour Office, 2001.

22. Bloom, Canning Sevilia, The Effect of Health on Economic Growth: Theory and Evidence. NBER Working Paper. Nov. 2001, w8587, http://www.nber.org/papers/w8587.

23. European Foundation, "Work and Employment in Europe: Issues and Challenges," European Foundation paper number 1, 2002.

24. ILO, "Decent Work and the Informal Economy," International Labor Conference, 90th Session, Geneva, 2002.

25. Blanchard, O. J. and Perotti, R., An Empirical Characterization of the Dynamic Effects of Changes in Government Spending and Taxes on Output. Quarterly Journal Of Economics, Vol. 117, No. 4, 2002.

26. Canova, F. and De Nicoló, G., Monetary Disturbances Matter for Business Fluctuations in the G – 7. Journal Of Monetary

Economics, Vol. 49, No. 6, 2002.

27. Ministry of Labor and Social Protection (MoLSP). Evaluation of Active Labor Programs in Macedonia. Skopje. April, 2002.

28. Nicholas Mangozho. Current Practices in Labour Market Information Systems Development For Human Resources Development Planning in Developed, Developing and Transition Economies. Working Paper, No. 13. Geneva, International Labour Office, 2002.

29. World Bank (WB for short). Public Employment Services: Functions and Innovations. The World Bank Employment Policy Primer, No. 3, 2003.

30. Uhlig, H., What are the Effects of Monetary Policy? Results from an Agnostic Identification Procedure. Journal Of Monetary Economics, Vol. 52, No. 2, 2005.

31. Roopali Johri, "Work Values and the Quality of Employment: A Literature Review", Department of Labor, 2005.

32. Oliver Bruttel. Contracting – out and Governance Mechanisms in the Public Employment Service. Discussion Papers 2005. Wissenschaftszentrum Berlin für Sozialforschung (WZB), 2005, ISSN Nr. 1011 – 9523.

33. Ministers, H. "European Foundation for the Improvement of Living and Working Conditions, Annual Review of Working Conditions in the EU". Office of Official Publications of the Ec, 2006, 59 (1): 314 – 315.

34. L. Davoine and C. Ethel. Monitoring Employment Quality in Europe: European Employment Strategy Indicators and Beyond.

Working Paper, N° 66, 2006. http: //hal. archives – ouvertes. fr/docs/00/27/20/15/PDF/monitoring_ employment_ quality_ europe_ 66. pdf.

35. Ellen Hansen. Career Guidance: A Resource Handbook for Low – and Middle – income Countries. Geneva, International Labour Office, 2006.

36. Fredric K. Schroeder, "Workplace Issues and Placement: What is High Quality Employment?" Work, 2007, 29 (4) .

37. Beatson, Mark, "Job 'Quality' and Forms of Employment: Concepts and the UK Statistical Evidence," Invited paper submitted by the Office for National Statistics, UK. Joint ECE – Eurostat – ILO Seminar on Measurement of the Quality of Employment, Geneva, 3 –5 May, 2007.

38. Tangian, A. , "Analysis of the Third European Survey on Working Conditions With Composite Indicators," European Journal of Operational Research, 2007, (181): 468 –499.

39. Canova, F. and Pappa, E. , Price Differentials in Monetary Unions: The Role of Fiscal Shocks. Economic Journal, Vol. 117, No. 520, 2007.

40. Perotti, R. , In Search of the Transmission Mechanism of Fiscal Policy. In Acemoglu, D. , Rogoff, K. and Woodford, M. , (Eds.), NBER Macroeconomics Annual 2007, Vol. 22, Chicago: University Of Chicago Press, 2008.

41. Christopher J. O'Leary and Randall W. Eberts. The Wagner – Peyser Act and U. S. Employment Service: Seventy – Five Years of Matching Job Seekers and Employers. Working Report.

W. E. Upjohn Institute for Employment Research, 2008.

42. Pappa, E., The Effects of Fiscal Shocks on Employment and the Real Wage. International Economic Review, Vol. 50, No. 1, 2009.

43. Mountford, A. and Uhlig, H., What are the Effects of Fiscal Policy Shocks? . Journal Of Applied Econometrics, Vol. 24, No. 6, 2009.

44. Mkandawire, T. Social Policy in a Development Context. Social Policy and Development Programme, Paper No. 7. Geneva: UNRISD, 2009.

45. Nunn, A., T. Bickerstaffe and B. Mitchell. An International Investigation on Performance Management System of Public Employment Service. Department of Work and Pensions Research Report. No. 616, Geneva, International Labour Office, 2009.

46. Arvo Kuddo. Employment Services and Active Labor Market Programs In Eastern European and Central Asian Countries. SP Discussion Paper, No. 0918. Social Protection and Labour, Washington DC, World Bank, 2009.

47. Espen Bratberg, Kjell G. Salvanes, Kjell Vaage, "Has Job Stability Decreased? Population Data from a Small Open Economy," Scandinavian Journal of Economics, 2010, 1 (03): 163 – 183.

48. Altavilla, C. and Ciccarelli, M., Evaluating the effect of monetary policy on unemployment with alternative inflation forecasts. Economic Modelling, Vol. 27, No. 1, 2010.

49. Leeper, E. M., Plante, M. and Traum, N., Dynamics of fiscal financing in the United States. Journal Of Econometrics,

Vol. 156, No. 2, 2010.

50. J. Timo Weishaupt. A Silent Revolution? New Management Ideas and The Reinvention of European Public Employment Services. Socio – Economic Review, 2010, (8): 461 – 486.

51. The Quality Employment Indicators Project of the Canadian Policy Research Net – works, 2010, http: //www. jobquality. ca.

52. UNECE, "Measuring Quality of Employment: Country Pilot Reports," 2010, http: //www. unece. org/publications/oes/STATS_ MeasuringQualityEmploment. E. pdf.

53. United Nations, Measuring the Quality of Employment in the EU – country Pilot Reports, 2010.

54. Woodford, M. , Simple Analytics of the Government Expenditure Multiplier. American Economic Journal: Macroeconomics, Vol. 3, No. 1, 2011.

55. Christiano, L. , Eichenbaum, M. and Rebelo, S. , When is the Government Spending Multiplier Large? . Journal Of Political Economy, Vol. 119, No. 1, 2011.

56. Ramey, V. A. , Identifying Government Spending Shocks: It's all in the Timing. Quarterly Journal Of Economics, Vol. 126, No. 1, 2011.

57. J. Timo Weishaupt. Social Partners and the Governance of Public Employment Services: Trends and Experiences from Western Europe. Working Document, No. 17. Geneva, International Labour Office, 2011.

58. R. Johri. Work Values and the Quality of Employment: A Literature Review. Working Paper. http: //www. dol. govt. nz/

pdfs/lit – review – work – values, pdf, 2011 – 07 – 30.

59. Dan Finn. Sub – Contracting in Public Employment Services: Review of Research Findings and Literature on Recent Trends and Business Models. PES to PES Dialogue, The European Commission Mutual Learning Programme for Public Employment Services, 2011.

60. Auerbach, A. J. and Gorodnichenko, Y., Measuring the Output Responses to Fiscal Policy. American Economic Journal: Economic Policy, Vol. 4, No. 2, 2012.

61. Brückner, M. and Pappa, E., Fiscal Expansions, Unemployment, and Labor Force Participation: Theory and Evidence. International Economic Review, Vol. 53, No. 4, 2012.

62. Berument, M. H., Denaux, Z. and Yalcin, Y., Turkish Monetary Policy and Components of Aggregate Demand: A VAR Analysis with Sign Restrictions Model. Applied Economics, Vol. 44, No. 36, 2012.

63. Corsetti, G., Meier, A. and Müller, G. J., What Determines Government Spending Multipliers?. Economic Policy, Vol. 27, No. 72, 2012.

64. Islas – Camargo, A. and Cortez, W. W., Mexico: What is the Impact of Monetary Policy on Unemployment Rates?. CEPAL Review, No. 107, 2012.

65. Claire McKenna, Rick McHugh and George Wentworth. Getting Real: Time to Re – Invest in the Public Employment Service In a Slow Recovery, Reemployment Must be a National Priority. Briefing Paper. NELP National Employment Law Project, 2012.

66. U. S. Department of Labor. Worker Profiling and Reemployment Service Activity. Washington, DC: Employment and Training Administration, 2012. http://workforcesecurity.doleta.gov/unemploy/profile.asp.

67. International Confederation of Private Employment Agencies (CIETT). The Agency Work Industry Around the World. Economic Report (2012 Edition). http://www.ciett.org/fileadmin/templates/ciett/docs/Stats/Ciett_econ_report_2012_final.pdf.

68. Ghai, D., "Decent Work: Concept and Indicators," International Labor Review, 2013, 2 (34): 113 - 146.

69. Dan Finn. Activating Benefit Systems and Public Employment Services: The UK, Australia, and the Netherlands. Centre for Economic Inclusion Working Report, 2013.

70. Kim H. H., Swanson, N. R. "Forecasting Financial and Macroeconomic Variables Using Data Reduction Methods: New Empirical Evidence", Journal of Econometrics, Vol. 178, No. 1, 2014, pp. 352 - 367.

71. Reher, D. S. "Family Ties in Western Europe: Persistent Contrasts", Population and Development Review, Vol. 24, No. 2, 2014, pp. 203 - 234.

72. Bonnet, F., Figueiredo, B., Standing, G., "A Family of Decent Work Indexes," International Labor Review, 2014, 4 (142): 557 - 562.

73. Bergemann A, A Mertens., "Job Stability Trends, Layoffs, and Transitions to Unemployment: An Empirical Analysis

for West Germany," IZA Discussion Paper No. 1368, 2014.

74. Rodger, John, "Family Policy or Moral Regulations?" Critical Social Policy, Vol. 15, No. 1, 2015, pp. 5 – 25.

75. Anker, "Measuring Decent Work with Statistical Indicators," International Labor Review, 2015, 2 (142): 147 – 178.

76. B. Tal. The European Employment Quality Index. http: //research. cibcwm. pdf, 2015.

77. Gali, J., Monetary Policy, Inflation, And The Business Cycle. Princeton: Princeton University Press, 2015.

78. Ramón P. C. More and Better Jobs: Indicators of Quality of Work. Working Paper, 2016.

79. Bescond, D., Chataignier, A., Mehran, F., "Seven Indicators to Measure De – cent Work: an International Comparison," International Labor Review, 2016, 2 (142): 179 – 212.

80. Bescond, D., Chataignier, A., Mehran, F., "Seven Indicators to Measure De – cent Work: an International Comparison," International Labor Review, 2016, 2 (142): 179 – 212.

81. R. Johri. Work Values and the Quality of Employment. Working Paper. http: //www. dol. nz/pdfs. pdf, 2016.

[中文论文]

1. 杨宜勇．城市化创造就业机会与城市就业空间分析［J］．管理世界，2000（2）：121 – 128.

2. 陈宪．发展城市社区经济的思考［J］．上海经济研究，2000（7）：17 – 23.

3. 费红娟．提高妇女就业质量的根本是发展社会生产力

[J]. 探索与争鸣，2001（2）：30－32.

4. 蔡立辉. 西方国家政府绩效评估的理念及其启示 [J]. 清华大学学报（哲学社会科学版），2003（1）：76－84.

5. 程蹊，尹宁波. 浅析农民工的就业质量与权益保护 [J]. 农业经济，2003（5）：37－38.

6. 李军峰. 就业质量的性别比较分析 [J]. 市场与人口分析，2003（6）：1－7.

7. 张峻峰. 部分国家关于私立职业培训机构的立法实践及对我国的启示 [J]. 中国培训，2003（10）：54－55.

8. 蔡昉，王美艳. 非正规就业与劳动力市场发育——解读中国城镇就业增长 [J]. 经济学动态，2004（2）：24－28.

9. 毛健. 俄罗斯就业促进政策及对我国的启示 [J]. 中国劳动，2004（7）：15－17.

10. 张祖平. 企业年金对人力资本的影响研究 [J]. 现代管理科学，2004（12）：42－44.

11. 刘秀梅，田维明. 我国农村劳动力转移对经济增长的贡献分析 [J]. 管理世界，2005（1）：91－95.

12. 赵立新. 从社会资本视角透视城市农民工就业 [J]. 兰州学刊，2005（2）：258－261.

13. 孟大虎. 拥有专业选择权对大学生就业质量的影响 [J]. 现代大学教育，2005（5）：94－97.

14. 刘素华. 建立我国就业质量量化评价体系的步骤与方法 [J]. 人口与经济，2005（6）：34－38.

15. 刘素华. 就业质量：内涵及其与就业数量的关系 [J]. 内蒙古社会科学（汉文版），2005（9）：125－128.

16. 赖德胜，孟大虎. 专用性人力资本、劳动力转移与区域经济发展［J］. 中国人口科学，2006（1）：60－69.

17. 李文东，时勘. 美国国家标准职业分类系统的发展概况及对我国的启示［J］，中国软科学，2006（2）：82－88.

18. 贾小溪，金野. 公共就业服务当前应注意解决什么问题——对辽宁省公共就业服务体系的调查评析［J］. 中国就业，2006（3）：49－52.

19. 邢春冰. 中国农村非农就业机会的代际流动［J］. 经济研究，2006（9）：103－117.

20. 王岩. 变革中的中国劳动和社会保障管理体制［J］. 社会保障研究，2007（1）：11－17.

21. 郭捷. 论劳动者职业安全权及其法律保护［J］. 法学家，2007（2）：3－9.

22. 涂晓明. 大学毕业生就业满意度影响因素的实证分析［J］. 高教探索，2007（2）：117－119.

23. 柯羽. 高校毕业生就业质量评价指标体系的构建［J］. 中国高教研究，2007（4）：82－85.

24. 赵曼，喻良涛. 就业支出绩效评估体系建构探析［J］. 湖北经济学院学报，2007，5（1）：93－99.

25. 杨河清，李佳. 大学毕业生就业质量评价指标体系的建立与应用［J］. 中国人才，2007（8）：28－29.

26. 袁国敏. 公共就业服务，我们应该如何做——基于辽宁公共就业服务满意度调查的研究［J］. 中国劳动，2007（10）：24－25.

27. 多丽梅. 我国非正规就业者的就业质量分析［J］. 经济视角，2007（10）：47－49.

28. 彭国胜. 青年农民工的就业质量与阶层认同——基于

长沙市的实证调查 [J]. 青年研究, 2008 (1): 18 –26.

29. 胡绍英. 发达国家和地区公共就业服务绩效评估的经验及对我国的启示 [J]. 开发研究, 2008 (1): 156 –160.

30. 翁杰, 周必彧, 韩翼祥. 发达国家就业稳定性的变迁: 原因和问题 [J]. 浙江工业大学学报, 2008 (2): 146 –152.

31. 任可闻. 人力资源和社会保障管理体制的一次重大改革 [J]. 第一资源, 2008 (3): 1 –8.

32. 罗楚亮. 就业稳定性与工资收入差距研究 [J]. 中国人口科学, 2008 (4): 11 –21, 95.

33. 华建敏. 组建人力资源和社会保障部 [J]. 人力资源管理, 2008 (5): 11 –13.

34. 国福丽. 国外劳动领域的质量探讨: 就业质量的相关范畴 [J]. 北京行政学院学报, 2009 (1): 86 –91.

35. 乔明睿, 钱雪亚, 姚先国. 劳动力市场分割、户口与城乡就业差异 [J]. 中国人口科学, 2009 (1): 32 –42.

36. 张迎春. 国际标准职业分类的更新及其对中国的启示 [J]. 中国行政管理, 2009 (1): 105 –107.

37. 郝冉. 我国女性就业的影响因素分析 [J]. 山东社会科学, 2009 (1): 114 –117.

38. 陈明星, 陆大道, 张华. 中国城市化水平的综合测度及其动力因子分析 [J]. 地理学报, 2009 (4): 387 –398.

39. 许先普. 货币政策对居民就业影响实证分析 [J]. 海南金融, 2009 (4).

40. 刘社建. 中印就业比较及启示 [J]. 上海经济研究, 2009 (4): 29 –36.

41. 李实, 杨穗. 中国城市低保政策对收入分配和贫困的影响作用［J］. 中国人口科学, 2009 (5): 19 - 28.

42. 谭璐, 陈志波. 地方高校本科毕业生就业质量评价方法研究及实践［J］. 继续教育研究, 2009 (8): 119 - 121.

43. 李超. 中国财政就业支出绩效评价［D］. 南京: 南京财经大学, 2010.

44. 宋国学. 中国社会体面工作的衡量指标体系研究［J］. 生产力研究, 2010 (1): 150 - 151, 194.

45. 赵宁. 美国公共就业网络服务体系初探［J］. 电子政务, 2010 (5): 11 - 16.

46. 王悦荣. 财政支出视角广东公共服务均等化研究［J］. 宏观经济研究, 2010 (8): 34 - 41.

47. 刘新, 刘星. 地方财政社会保障支出对就业的影响效应——基于一年的面板数据经验［J］. 经济与管理研究, 2010 (10).

48. 李锐. 积极就业政策绩效评估——以小额担保贷款项目为例［J］. 财政研究, 2010 (12): 33 - 34.

49. 李永金, 李栋. 当前职业技能鉴定面临的问题及对策［J］. 劳动保障世界, 2011 (1): 66 - 67.

50. 胡凤霞, 姚先国. 农民工非正规就业选择研究［J］. 人口与经济, 2011 (4): 23 - 28.

51. 秦建国. 就业质量评价指标体系探析［J］. 广东行政学院院报, 2011 (4): 76 - 80.

52. 罗良文, 阚大学. 对外贸易和外商直接投资对中国人力资本存量影响的实证研究——基于岭回归分析法［J］. 世界经济研究, 2011 (4): 31 - 35, 88.

53. 陈光, 袁洪艳. 法国职业培训的特色及借鉴——中华职业教育社赴法考察报告［J］. 中国职业技术教育，2011（4）：75－78.

54. 梁泳梅，李钢，董敏杰．劳动力资源与经济发展的区域错配［J］. 中国人口科学，2011（5）：36－48，111.

55. 袁志刚，解栋栋．中国劳动力错配对TFP的影响分析［J］. 经济研究，2011（7）：4－17.

56. 方焕新，梁程妙，曾杰豪．构建大学生就业质量评价体系［J］. 职业，2011（7）：17－18.

57. 刘燕斌．发达国家公共就业服务绩效评估制度［J］. 中国劳动，2011（9）：31－34.

58. 赖德胜，苏丽锋，孟大虎，李长安．中国各地区就业质量测算与评价［J］. 经济理论与经济管理，2011（11）：88－98.

59. 李伊涵，陈利锋．我国货币政策的社会就业效应［J］. 中国流通经济，2011（12）.

60. 李志更，乔立娜．我国人力资源市场中介服务机构信息监测的特点与发展［J］. 中国行政管理，2011（12）：64－67.

61. 董万好，刘兰娟．财政科教支出对就业及产业结构调整的影响——基于CGE模拟分析［J］. 上海经济研究，2012（2）.

62. 曹茂林．层次分析法确定评价指标权重及Excel计算［J］. 江苏科技信息，2012（2）：39－40.

63. 张抗私，盈帅．性别如何影响就业质量——基于女大学生就业评价指标体系的经验研究［J］. 财经问题研究，2012（3）：83－90.

64. 沈燕．社会保障对人力资本及其经济增长的影响——基于中国 1989—2008 年的数据 [J]. 社会保障研究，2012 (4)：69 – 76.

65. 张文杰．试论社区就业中的职业指导 [J]. 2012，18 (4)：55 – 56.

66. 刘星，文希朵．国外（境外）公共服务标准化建设的经验及对我国的启示 [J]. 第一资源，2012 (6)：160 – 167.

67. 李萍，谌新民．人力资本投资、就业稳定性与产业转型升级——基于东莞市的经验数据 [J]. 学术研究，2012 (9)：80 – 86.

68. 北京市统计局人口和就业统计处．保密与共享如何兼得——从德国就业统计得到的启示 [J]. 数据，2012 (10)：28 – 29.

69. 周伟北，叶岚．就业专项资金管理亟须加强——对 CZ 市就业专项资金管理使用情况的调查分析 [J]. 财政监督，2012 (11)：43 – 45.

70. 曾湘泉．深化对就业质量问题的理论探讨和政策研究 [N]. 中国劳动保障报，2012 – 12 – 22 (003).

71. 朱常有．对中国改进职业安全健康监察的建议 [J]. 劳动保护，2012 (12)：16 – 17.

72. 信长星．努力推动实现更高质量的就业 [J]. 中国人口科学，2012 (12)：2 – 5.

73. 唐美玲．青年农民工的就业质量：与城市青年的比较 [J]. 中州学刊，2013 (1)：77 – 81.

74. 张佃友．发挥市场就业机制下职业指导的作用 [J]. 中国培训，2013 (1)：44 – 45.

75. 赵仁花．如何对“零就业家庭”人员进行职业指导［J］．人力资源管理，2013（2）：156－157.

76. 罗燕．体面劳动实现影响因素的实证研究——来自广州、深圳、中山三地企业微观数据的发现［J］．学术研究，2013（2）：76－81，159－160.

77. 赖德胜，石丹淅．推动实现更高质量的就业：理论探讨与政策建议［J］．第一资源，2013（2）：3－10.

78. 丁越兰，周莉，郭婧．国外体面劳动研究进展及趋势［J］．中国劳动关系学院学报，2013（2）：87－90.

79. 韩丽荣，盛金，高瑜彬．日本政府购买公共服务制度评析［J］．现代日本经济，2013（2）：15－21.

80. 张福新，孔丽艳，王焱．吉林省人社系统专项资金管理使用情况的调研报告［J］．劳动保障世界，2013（4）：25－27.

81. 王阳．我国就业质量分析与对策研究［J］．第一资源，2013（4）．

82. 赖德胜，石丹淅．我国就业质量状况研究：基于问卷数据的分析［J］．中国经济问题，2013（5）：39－48.

83. 张瑶祥．基于三方满意度的高校毕业生就业质量评价研究［J］．中国高教研究，2013（5）：82－86.

84. 田永坡，满子会．就业质量内涵及测量：基于国际对比的研究［J］．第一资源，2013（8）：11－17.

85. 国际劳动保障研究所课题组．人力资源服务业发展战略［J］．中国劳动，2013（11）：4－10.

86. 张海枝．我国公共就业服务均等化水平的统计评价［J］．统计与决策，2013（24）：44－46.

87. 张长浩．社会保障和就业支出对就业与失业影响的研究［D］. 昆明：云南师范大学，2014.

88. 朱火云，丁煜，王翻羽．中国就业质量及地区差异研究［J］. 西北人口，2014（2）：92－97.

89. 石丹淅，赖德胜，李宏兵．新生代农民工就业质量及其影响因素研究［J］. 经济经纬，2014（3）：31－36.

90. 王阳．我国就业质量水平评价研究——兼析实现更高质量就业的政策取向［J］. 经济体制改革，2014（5）：15－19.

91. 连玉君，王闻达，叶汝财．Hausman 检验统计量有效性的 Monte Carlo 模拟分析［J］. 数理统计与管理，2014，44（5）：830－841.

92. 董巍．就业资金绩效评估研究综述［J］. 商场现代化，2014（6）：117－118.

93. 张凯．就业质量的概念内涵及其理论基础［J］. 社会发展研究，2015（1）：86－108，244.

94. 潘琰，毛腾飞．就业质量的组合评价研究［J］. 东南学术，2015（1）：117－125.

95. 郭琦．森的可行能力理论框架下的就业质量研究——基于中国大学毕业生调查数据的比较分析［J］. 云南财经大学学报，2015（6）：143－153.

96. 王阳．当前劳动力市场监管体系的主要问题及建议［J］. 中国工人，2015（8）.

97. 王阳．中国公共就业服务的供给机制——以国外就业服务供给经验为参照［J］. 经济与管理研究，2015（9）：53－59.

98. 王阳. 我国安全生产监管制度实施情况评估［J］. 罗润东，刘文主编. 劳动经济评论，9（1）. 北京：经济科学出版社，2016.

99. 崔松虎，金福子. 公共服务均等化视角下财政支出分担机制设计［J］. 学术界，2016（1）：229－236.

100. 杨晓妹，王有兴. 公共就业支出结构与不同收入群体就业差异调节效应分析［J］. 西安财经学院学报，2016（3）：5－10.

101. 张铭洪，卢晓军，张志远. 财政支出结构的就业效应研究：理论与经验证据［J］. 华东经济管理，2016，30（4）：6－11.

102. 翁仁木. 国外就业质量评价指标体系比较研究［J］. 中国劳动，2016（10）：22－27.

103. 闫里鹏，牟俊霖. 六项主要财政支出的就业效应分析——基于面板固定效应模型的岭回归估计［J］. 生产力研究，2017（3）：1－6＋45＋161.

104. 王阳，张本波. 稳就业需要稳制造［J］. 财经国家周刊，2018（19）.

［中文图书］

1. ［日］植草益. 微观规制经济学［M］. 中国发展出版社，1992：18－45.

2. 余永定，张宇燕，郑秉文. 西方经济学［M］. 北京：经济科学出版社，2002.

3. 范随，艾伦·汉森，戴维·普瑞斯. 变化中的劳动力市场：公共就业服务［M］. 北京：中国劳动社会保障出版社，2002.

4. ［美］罗纳德·J. 奥克森．治理地方公共经济［M］．万鹏飞译．北京：北京大学出版社，2005.

5. 马英娟．政府监管机构研究［M］．北京：北京大学出版社，2007：228－236.

6. 杨宜勇，杨河清，张琪．回顾与展望：中国劳动人事社会保障30年［R］．北京：中国劳动社会保障出版社，2008.

7. 纪宝成，赵彦云．中国创新指数研究［M］．北京：中国人民大学出版社，2008.

8. 曾湘泉等．中国就业战略报告2007：劳动力市场中介与就业促进［R］．北京：中国人民大学出版社，2008.

9. 樊纲，王小鲁，朱恒鹏．中国市场化指数2009［M］．北京：经济科学出版社，2009.

10. ［法］马太·杜甘．国家的比较：为什么比较，如何比较，拿什么比较［M］．文强译．北京：社会科学文献出版社，2010.

11. 袁卫．中国经济发展指数［M］．北京：中国人民大学出版社，2010.

12. 王浦劬，［美］莱斯特·M. 萨拉蒙．政府向社会组织购买公共服务研究——中国与全球经验分析［M］．北京：北京大学出版社，2010.

13. 赖德胜，张琪．中国就业60年［R］．北京：中国劳动社会保障出版社，2010.

14. 李业昆，李春玲．北京市就业服务组织研究［M］．北京：中国大地出版社，2010.

15. 张小健．民生之本——为实现劳动者充分就业而奋斗

[M]. 北京：中国劳动社会保障出版社，2011.

16. 郑慧. 加拿大公共服务改革研究——公共服务供给机制的重构 [M]. 北京：社会科学文献出版社，2011.

17. 赖德胜，孟大虎，李长安. 中国劳动力市场报告 2011 [M]. 北京：北京师范大学出版社，2011.

18. 石国亮，张超，徐子梁. 国外公共服务理论与实践 [M]. 北京：中国言实出版社，2011.

19. 张万宽. 公私伙伴关系治理 [M]. 北京：社会科学文献出版社，2011.

20. 高嵩. 美国社会经济转型时期的就业与培训政策 (1945—1968) [M]. 北京：人民出版社，2011.

21. 王晓初，信长星. 就业促进与职业能力建设 [M]. 北京：中国劳动社会保障出版社，2012.

22. [美] 林德尔·G. 霍尔库姆 (Randall G. Holcombe). 公共经济学：政府在国家经济中的作用 [M]. 顾建光译. 北京：中国人民大学出版社，2012.

23. 王诚. 促进就业为取向的宏观调控政策体系研究 [M]. 北京：中国社会科学出版社，2012.

24. 张康之，石国亮. 国外社区治理自治与合作 [M]. 北京：中国言实出版社，2012.

25. 杨德敏. 就业援助法律机制研究 [M]. 北京：中国法制出版社，2012.

26. 郑晓燕. 中国公共服务供给主体多元发展研究 [M]. 上海：上海人民出版社，2012.

27. 中国就业培训技术指导中心. 中美德公共就业服务比较——公共就业服务课题报告 [R]. 北京：中国劳动社会保

障出版社，2013.

28. 王延中．中国社会保障收入再分配状况调查［R］．北京：社会科学文献出版社，2013.

29. 马超俊，余长河．比较劳动政策［M］．北京：商务印书馆，2013.

30. 吴江．中国人力资源发展报告（2013）［R］．社会科学文献出版社，2013.

31. 严陆根．社区经济学［M］．北京：中国发展出版社，2013.

32. 邸妍．人力资源和社会保障公共服务标准化研究［M］．北京：中国劳动社会保障出版社，2013.

33. 余兴安．中国人力资源发展报告（2014）［R］．北京：社会科学文献出版社，2014.

34. 张丽宾．实现更高质量就业评价体系研究［M］．中国言实出版社，2014.

35. 莫荣．国外就业理论、实践和启示［M］．中国劳动社会保障出版社，2014.

36. 莫荣．中国积极就业政策：形成、发展和完善［M］．北京：社会科学文献出版社，2015.

37. 苏丽锋．中国转型时期就业质量研究［M］．北京：社会科学文献出版社，2015.

38. 余斌，魏加宁等．新形势下完善宏观调控理论与机制研究［M］．北京：中国发展出版社，2016.

39. 人力资源和社会保障部．增进人民福祉，促进人的全面发展：党的十八大以来人力资源社会保障事业改革与发展［R］．北京：中国劳动社会保障出版社，中国人事出版社，2017.

40. 宋晓梧．构建共享型社会：中国社会体制改革 40 年［R］．广州：广东经济出版社，2017.

41. 陆铭，梁文泉．劳动和人力资源经济学：经济体制与公共政策（2 版）［M］．上海：格致出版社，上海人民出版社，2017.

42. 国家发展改革委宏观经济研究院社会发展研究所．民生：中国全面建设小康社会 40 年［M］．北京：人民出版社，2018.

附 录

附件 1：加拿大阿尔伯特省劳动力市场信息产品及其数据来源

加拿大人力资源开发署同该国阿尔伯特省合作开发的劳动力市场信息产品及其数据来源细分，显示了来自众多渠道的劳动力市场信息是如何被组合成用于各种目的的复杂信息产品的。

加拿大阿尔伯特省劳动力市场信息产品及其数据来源

劳动力市场信息产品的分类	数据的来源	数据来源的种类				
		国家统计机构	公共就业服务管理数据	其他政府数据	其他私人数据	劳动力市场信息分析员
职业概况和预测	加拿大职业预测系统/工作岗位前景		√	√	√	
	加拿大统计局：人口普查数据	√				
	工资和薪金调查			√		
	媒体和个人联系					√

续表

劳动力市场信息产品的分类	数据的来源	数据来源的种类				
		国家统计机构	公共就业服务管理数据	其他政府数据	其他私人数据	劳动力市场信息分析员
社区概况	加拿大统计局：人口普查数据	√				
	加拿大环境部：气候数据			√		
	加拿大商业信息：当地雇主数据				√	
	当地收集的城市数据（服务、旅游景点等）			√		
	媒体和个人联系				√	
人力资源概况	加拿大统计局：人口普查数据	√				
产业/行业概况	加拿大统计局：标准产业分类	√				
	加拿大税务局：雇主数据库			√		
	加拿大商业信息：雇主数据库				√	
	国家就业服务系统：工作订单、外劳申请		√			
	当地协会数据（当地收集）				√	
	媒体和个人联系				√	
工资和薪金数据、就业条件	工资和薪金调查	√		√		
	国家就业服务系统		√			
	报纸、专业协会和当地联系人获得的数据					√

续表

劳动力市场信息产品的分类	数据的来源	数据来源的种类				
		国家统计机构	公共就业服务管理数据	其他政府数据	其他私人数据	劳动力市场信息分析员
岗位空缺和就业机会	国家就业服务系统		√			
	报纸和个人同雇主联系获得的数据					√
劳动力市场回顾和趋势	加拿大统计局：劳动力调查	√				
	就业保险汇总数据		√			
	在地方一级的媒体和个人联系获得的数据					√
职业要求	就业保险汇总数据		√			
	个人同当地公司和协会联系获得的数据					√
潜在雇主名单	加拿大商业信息数据库				√	
	产业协会手册				√	
	当地分析员与当地雇主的联系					√
重大项目进展	省级经济发展部门：调查			√		
	同当地开发重大项目的公司的联系					√
关于培训机构的学习者信息	阿尔伯特省政府：网站			√		
其他当地经济发展信息	媒体报道和个人访谈					√

说明：“√”代表对某类数据来源的确认。

资料来源：ILO，1998：Annex 8a；Phan，T，Hansen，E and Price，D，2001：63－65，笔者进行了整理。

附件2：北京市主要就业创业政策的目录

颁布年份	文件名称	文件编号
1996	北京市劳动局关于转发东城区劳动局《关于加强就业服务体系整体功能运作的实施意见》的通知	京劳就发〔1996〕254号
1997	关于做好驻京部队军官随军家属安置工作的通知	
1998	北京市人才市场管理条例	北京市人民代表大会常务委员会公告第102号
	北京市劳动力市场管理条例	北京市人民代表大会常务委员会公告第5号
	北京市人才市场中介服务机构管理办法	北京市人民政府令第13号
2000	北京市职业介绍管理规定	北京市人民政府令第57号
2001	北京市人民政府印发关于完善本市城镇社会保障体系意见的通知	京政发〔2001〕16号
	北京市劳动和社会保障局、北京市财政局关于大龄下岗职工保护性政策有关问题的通知	京劳社就发〔2001〕117号
2002	中共北京市委、北京市人民政府关于贯彻落实中共中央国务院关于进一步做好下岗失业人员再就业工作文件的通知	京发〔2002〕18号
	北京市城镇失业人员自谋职业社会保险费补助办法	京劳社服发〔2002〕50号

续表

颁布年份	文件名称	文件编号
2003	北京市人民政府关于加大政策扶持力度进一步促进失业人员再就业工作的通知	京政发〔2003〕19号
	北京市国家税务局转发《财政部　国家税务总局关于下岗失业人员再就业有关税收政策问题的通知》的通知	京国税发〔2003〕9号
	北京市国家税务局、北京市地方税务局、北京市劳动和社会保障局转发国家税务总局、劳动和社会保障部关于促进下岗失业人员再就业税收政策具体实施意见的通知的通知	京国税发〔2003〕20号
	北京市国家税务局转发财政部、国家税务总局关于下岗失业人员再就业税收政策的补充通知的通知	京国税发〔2003〕199号
	北京市财政局、北京市国家税务局、北京市地方税务局、北京市劳动和社会保障局转发财政部、国家税务总局关于下岗失业人员再就业有关税收政策问题的通知和国家税务总局、劳动和社会保障部关于促进下岗失业人员再就业税收政策具体实施意见的通知	京财税〔2003〕173号
	北京市财政局、北京市地方税务局转发财政部、国家税务总局关于下岗失业人员再就业税收政策问题的补充通知	京财税〔2003〕1321号
	关于印发北京市促进下岗失业人员再就业资金管理办法的通知	京财社〔2003〕454号
	北京市地方税务局关于全面贯彻落实下岗失业人员再就业政策的通知	京地税再〔2003〕550号
	关于建立"4050"就业困难人员再就业援助制度的通知	京劳社就发〔2003〕19号

续表

颁布年份	文件名称	文件编号
2003	关于建立用人单位空岗报告制度的通知	京劳社就发〔2003〕128号
	北京市社区公益性就业组织安置就业困难人员专项补助办法	京劳社服发〔2003〕92号
2004	关于印发《建立促进城市低保就业服务对象就业机制暂行办法实施细则》的通知	京劳社就发〔2004〕187号
	关于加强全市街道（乡镇）劳动保障工作行风建设的意见	京劳社纪发〔2004〕104号
	关于印发《市级财政补助困难区县再就业专项资金管理办法》的通知	京财社〔2004〕1399号
	关于印发《北京市街道（乡镇）社会保障事务所管理办法》的通知	京劳社服发〔2004〕36号
2005	北京市人民政府办公厅转发市人事局市财政局关于《北京市吸引高级人才奖励管理规定》的通知	京政办发〔2005〕18号
	北京市委办公厅、北京市人民政府办公厅关于引导和鼓励高校毕业生面向基层就业的实施意见	京办发〔2005〕32号
	北京市人事局关于印发《北京市吸引高级人才奖励管理规定实施办法》的通知	京人发〔2005〕57号

续表

颁布年份	文件名称	文件编号
2006	北京市人民政府贯彻落实国务院关于进一步加强就业再就业工作文件的通知	京政发〔2006〕4号
	关于印发《鼓励用人单位招用本市农村就业困难人员岗位补贴试行办法》的通知	京劳社就发〔2006〕53号
	关于印发《北京市农村劳动力转移就业管理办法》的通知	京劳社就发〔2006〕86号
	北京市劳动和社会保障局关于印发《用人单位招用失业人员社会保险和岗位补贴办法》的通知	京劳社就发〔2006〕89号
	关于印发《北京市城镇失业人员灵活就业社会保险补贴办法》的通知	京劳社就发〔2006〕160号
	关于印发《北京市鼓励城镇就业困难人员自谋职业（自主创业）社会保险补贴办法》的通知	京劳社服发〔2006〕45号
	关于印发《关于完善小额担保贷款办法促进创业工作的实施意见》的通知	京劳社服发〔2006〕54号
	关于印发《北京市街道、乡镇社会保障事务所评估工作方案》的通知	京劳社服发〔2006〕64号
2007	北京市人民政府关于修改《北京市失业保险规定》的决定	北京市人民政府令第190号
	北京市劳动就业服务企业管理实施办法	北京市人民政府令第200号
	关于促进“零就业家庭”劳动力就业的通知	京劳社就发〔2007〕53号

续表

颁布年份	文件名称	文件编号
2007	关于用人单位招用失业人员享受工资性岗位补贴有关问题的通知	京劳社就发〔2007〕170号
	北京市劳动和社会保障局、北京市人事局、北京市财政局关于促进随军家属就业有关问题的通知	京劳社就发〔2007〕179号
	北京市街道、乡镇社会保障事务工作管理制度	京劳社服发〔2007〕214号
	北京市公共就业服务机构综合性服务场所功能手册	
	北京市财政局、北京市国家税务局、北京市地方税务局转发《财政部国家税务总局关于促进残疾人就业税收优惠政策的通知》	京财税〔2007〕1362号
	关于印发《北京市残疾人就业保障金管理使用暂行办法》的通知	京财社〔2007〕252号
2008	北京市人民政府办公厅转发市劳动保障局关于促进农村劳动力转移就业工作指导意见的通知	京政办发〔2008〕57号
	关于继续执行各项促进就业政策的通知	京劳社就发〔2008〕195号
	关于进一步规范全市社保所劳动保障业务工作台账的通知	京劳社服发〔2008〕235号
2009	北京市人民政府《关于实施稳定就业扩大就业六项措施的通知》	京政发〔2009〕6号
	北京市人民政府关于印发《北京市鼓励海外高层次人才来京创业和工作暂行办法》和《北京市促进留学人员来京创业和工作暂行办法》的通知	京政办发〔2009〕14号

续表

颁布年份	文件名称	文件编号
2009	北京市人民政府办公厅关于做好 2009 年普通高等学校毕业生就业工作的通知	京政办发〔2009〕16 号
	北京市财政局、北京市人力资源和社会保障局关于印发《北京市就业再就业资金管理办法》的通知	京财社〔2009〕703 号
	关于印发《北京市发挥劳动密集型小企业对促进失业人员就业辐射带动作用政府支持政策实施办法》的通知	京财金融〔2009〕735 号
	关于印发《鼓励用人单位招用本市农村就业困难人员的岗位补贴和社会保险补贴办法》的通知	京劳社就发〔2009〕15 号
	关于加强本市农村劳动力转移就业基础管理工作有关问题的通知	京劳社就发〔2009〕48 号
	关于印发《北京市职业培训补贴管理办法》的通知	京人社办发〔2009〕5 号
	关于印发《北京市社区公益性就业组织安置就业特困人员专项补贴管理办法》	京人社办发〔2009〕7 号
	北京市人力资源和社会保障局、北京市财政局关于印发《鼓励职业中介机构开展公共就业服务的职业介绍补贴试行办法》的通知	京人社办发〔2009〕113 号
	关于印发《北京市扶持残疾人自主创业个体就业暂行办法》的通知	京残发〔2009〕25 号
	关于印发《北京市残疾人职业培训补贴暂行办法》的通知	京残发〔2009〕100 号

续表

颁布年份	文件名称	文件编号
2010	关于深入推进选聘高校毕业生到农村工作的意见	京办发〔2010〕23号
	关于印发《北京市“纯农就业家庭”转移就业援助工作意见》的通知	京人社就发〔2010〕97号
	关于印发《促进就业资金监督管理办法(试行)》的通知	京人社就发〔2010〕110号
	关于进一步做好驻京部队随军家属就业安置工作的通知	京人社调发〔2010〕187号
	关于印发《北京市职业培训补贴资金管理办法（试行)》的通知	京人社能发〔2010〕233号
	北京市财政局、《北京市国家税务局、北京市地方税务局转发财政部　国家税务总局关于支持和促进就业有关税收政策的通知》	京财税〔2010〕2961号
	关于印发《北京市妇女创业就业小额担保贷款财政贴息管理办法》的通知	京财金融〔2010〕145号
	北京市财政局、北京市人力资源和社会保障局、中国人民银行营业管理部、北京市妇女联合会关于印发《北京市妇女创业小额担保贷款实施暂行办法》的通知	京财经一〔2010〕889号
2011	北京市人民政府关于进一步加强职业培训工作的意见	京政发〔2011〕33号
	北京市人民政府、北京卫戍区关于落实国务院中央军委文件精神加强退役士兵职业教育和技能培训工作的通知	京政发〔2011〕40号

续表

颁布年份	文件名称	文件编号
2011	北京市人民政府关于进一步做好普通高等学校毕业生就业工作的通知	京政发〔2011〕52 号
	北京市人民政府办公厅转发市人力社保局关于营造创新创业环境推进创业带动就业工作指导意见的通知	京政办发〔2011〕66 号
	北京市财政局、北京市地方税务局转发财政部、国家税务总局关于安置残疾人就业单位城镇土地使用税等政策的通知	京财税〔2011〕157 号
	关于印发《北京市就业失业登记管理暂行办法》的通知	京人社就发〔2011〕79 号
	关于印发《北京市〈就业失业登记证〉管理暂行办法》的通知	京人社就发〔2011〕80 号
	关于城市化建设地区农村劳动力纳入就业失业管理制度有关问题的通知	京人社就发〔2011〕233 号
	关于印发《北京市员工制家政服务企业享受社会保险补贴实施办法》的通知	京人社就发〔2011〕234 号
	关于进一步做好我市军人家属随军工作有关问题的通知	京人社调发〔2011〕216 号
2012	北京市实施《中华人民共和国残疾人保障法》办法	北京市人民代表大会常务委员会公告第 19 号
	北京市就业援助规定	北京市人民代表大会常务委员会公告第 21 号
	北京市人民政府关于进一步支持小型微型企业发展的意见	京政发〔2012〕40 号
	关于开展创业培训工作有关问题的通知	京人社能发〔2012〕34 号

续表

颁布年份	文件名称	文件编号
2012	关于开展员工制家政服务员职业技能培训有关工作的通知	京人社能发〔2012〕35 号
	关于印发《用人单位岗位补贴和社会保险补贴管理办法》的通知	京人社就发〔2012〕308 号
	北京市财政局、北京市人力资源和社会保障局中国人民银行营业管理部关于印发《北京市失业人员从事微利项目小额担保贷款财政贴息管理办法》的通知	京财金融〔2012〕1082 号
	北京市小额担保贷款担保基金管理实施办法	京财经一〔2012〕862 号
	关于印发《北京市用人单位安排残疾人就业岗位补贴和超比例奖励办法》的通知	京残发〔2012〕44 号
	关于印发《北京市扶持集中安置残疾人就业单位实施意见》的通知	京残发〔2012〕48 号
	关于进一步推进市属国有及国有控股企业安排残疾人就业工作的指导意见	京国资发〔2012〕12 号
	北京市退役士兵职业教育和技能培训工作暂行办法	京民安发〔2012〕29 号
2013	关于加强小额担保贷款财政贴息资金管理的通知	财金〔2013〕84 号
	北京市人民政府办公厅印发北京市贯彻落实国务院办公厅关于做好 2013 年全国普通高等学校毕业生就业工作文件实施意见的通知	京政办发〔2013〕28 号
	北京市人力资源和社会保障局关于实施离校未就业高校毕业生就业促进计划的通知	京人社毕发〔2013〕174 号

续表

颁布年份	文件名称	文件编号
2014	北京市人民政府关于加快发展人力资源服务业的意见	京政发〔2014〕31 号
	北京市人民政府办公厅关于做好 2014 年普通高等学校毕业生就业创业工作的实施方案	京政办发〔2014〕45 号
	关于印发《北京市社会公益性就业组织管理试行办法》的通知	京人社就发〔2014〕170 号
	关于贯彻落实《北京市社会公益性就业组织管理试行办法》有关工作的通知	京人社就发〔2014〕182 号
	北京市财政局、北京市国家税务局、北京市地方税务局、北京市民政局转发财政部、国家税务总局、民政部关于调整完善扶持自主就业退役士兵创业就业有关税收政策的通知	京财税〔2014〕1404 号
	北京市财政局、北京市国家税务局、北京市地方税务局、北京市人力资源和社会保障局转发财政部、国家税务总局、人力资源社会保障部关于继续实施支持和促进重点群体创业就业有关税收政策的通知	京财税〔2014〕1763 号
	关于印发《关于进一步加大创业孵化基地扶持力度鼓励创新创业的意见》的通知	京人社服发〔2014〕83 号
	关于印发《北京市职业技能鉴定费及实操材料费收支管理办法》的通知	京人社职鉴发〔2014〕173 号

续表

颁布年份	文件名称	文件编号
2015	关于失业保险支持企业稳定岗位有关问题的通知	京人社就发〔2015〕186号
	关于转发人力资源和社会保障部中央综治办《关于加强专业性劳动争议调解工作的意见》的通知	京人社仲发〔2015〕266号
	关于开展家庭服务业规范化职业化建设的通知	京人社农工发〔2015〕232号
	关于实现创业的毕业年度内高校在校生办理《就业创业证》有关问题的通知	京人社就发〔2015〕220号
	北京市人力资源服务机构2016年组织小型定期招聘会的行政许可通告	京人社发〔2015〕9号
2016	关于开展2016年北京市留学人员回国创业启动支持计划申报工作的通知	京人社调发〔2016〕12号
	关于开展2016年度北京市留学人员科技活动项目择优资助申报工作的通知	京人社调发〔2016〕26号
	关于开展2015年度稳岗补贴申报工作的通知	京人社就发〔2016〕57号
	关于调整北京市2016年最低工资标准的通知	京人社劳发〔2016〕128号
	关于阶段性降低本市用人单位招用社会保险补贴比例的通知	京人社就发〔2016〕141号
	关于发布2016年北京市行业工资指导线的通知	京人社劳发〔2016〕147号
	关于进一步推进创业培训有关工作的通知	京人社能发〔2016〕150号

续表

颁布年份	文件名称	文件编号
2016	关于实施大学生村官和选调生工作并轨的通知	京人社毕发〔2016〕215号
	关于取消招聘会行政许可加强事中事后监管的通知	京人社市场发〔2016〕248号
	关于用人单位招用本市高校毕业生、退役士兵等人员享受岗位补贴、社会保险补贴有关问题的通知	京人社就发〔2016〕264号
2017	关于调整城乡就业制度有关问题的通知	京人社就发〔2017〕32号
	关于印发《京津冀地区拖欠劳动者工资异地投诉办法（试行）》的通知	京人社监发〔2017〕50号
	关于开展2016年度稳岗补贴申报工作的通知	京人社就发〔2017〕63号
	关于深化推进民办职业培训机构审批管理工作的通知	京人社能发〔2017〕26号
	关于支持和鼓励高校、科研机构等事业单位专业技术人员创新创业的实施意见	京人社专技发〔2017〕117号
	关于进一步完善机关事业单位工勤技能人员职业技能培训鉴定工作的通知	京人社专技发〔2017〕118号
	北京市人力资源社会保障局 北京市财政局关于参加失业保险的企业职工享受技能提升补贴有关问题的通知	京人社就发〔2017〕169号
	关于进一步调整城乡就业管理制度有关问题的通知	京人社就发〔2017〕171号

附件3：北京市就业质量水平评价指标重要性的调查问卷

北京市就业质量水平评价指标重要性的调查问卷

尊敬的专家：

您好！

感谢您抽出时间填写此份问卷。我们正在进行北京市社会科学基金项目《北京市就业质量水平评价及完善就业政策研究》（项目编号：15JGB132）的研究工作，鉴于您在就业质量研究或实践工作上的权威地位，我们特邀请您为北京市就业质量水平评价指标的重要性进行比较和评价。您的判断将为我们确定该项指标的权重，提供重要依据。同时，我们承诺，您的观点仅供本项课题研究使用！请您放心作答，并感谢您的支持！

课题组

说明：

1. 以下是就业质量水平各项评价指标的两两比较表，请您在表格中打分，对应分值如下：

分值	1	3	5	7	9	2，4，6，8，
指标A比指标B	同样重要	略重要	较重要	非常重要	绝对重要	介于相邻分值中间
分值	——	1/3	1/5	1/7	1/9	1/2，1/4，1/6，1/8
指标A比指标B	——	略不重要	较不重要	非常不重要	绝对不重要	介于相邻分值之间

2. 纵列指标是指标A，横列指标是指标B。

表1　北京市就业质量水平一级评价指标两两比较表

就业质量状况	1. 劳动力市场就业机会	2. 就业稳定性	3. 工作安全性	4. 收入保障性	5. 劳动关系和谐度
1. 劳动力市场就业机会	——				
2. 就业稳定性		——			
3. 工作安全性			——		
4. 收入保障性				——	
5. 劳动关系和谐度					——

表2　北京市就业质量水平二级评价指标两两比较表

1. 劳动力市场就业机会	城镇登记失业率	城镇新增就业弹性	2. 就业稳定性	单位从业人数比例	工会会员人数比例
城镇登记失业率	——		单位从业人数比例	——	
城镇新增就业弹性		——	工会会员人数比例		——
3. 工作安全性	产均工伤事件发生率	工伤事故死亡率	4. 收入保障性	最低工资保护程度	社会保险保护程度
产均工伤事件发生率	——		最低工资保护程度	——	
工伤事故死亡率		——	社会保险保护程度		——
5. 劳动关系和谐度	劳均劳动争议案件发生率	劳动争议劳动者当事人数比例			
劳均劳动争议案件发生率	——				
劳动争议劳动者当事人数比例		——			

后　记

就业是民生之本，也是安国之策。我国是世界上最大的发展中国家，也是人口最多的国家。改革开放以来，我国政府始终坚持在经济发展中促进就业，在实现充分就业中稳定劳动关系，在国民经济社会发展 5 年规划和年度计划中，都将经济发展、就业增长作为调控目标。

2019 年的《政府工作报告》首次将就业优先政策置于宏观政策层面，强化了国家重视就业、支持就业的导向。这无疑是对就业在国计民生中重点和突出地位的充分肯定。"就业优先政策"由此成为 2019 年以来被社会各界广泛讨论的热词。

作为一名在劳动经济和公共政策交叉领域持续多年跟踪研究的青年学者，我深深地意识到，就业优先政策的提出，不仅仅是经济发展进入新常态、深入推进供给侧结构性改革中，着力解决就业主要矛盾的战略性决策，更是新时代加强社会主义社会建设的题中之义。

就业，牵动着千家万户的生活，关系每个家庭乃至全社会的福祉，是人们实现自我价值、获得全面发展的重要途径。如今，人们对就业的要求不断跃升，从是否拥有一份工作向工作是否稳定、舒心和体面转变。2011 年，美国盖洛普公司的总裁吉姆·克利夫顿（Jim Clifton）在其著作《就业战争即将来临》（*The Coming Jobs War*）中指出，“一份好工作”已经成为全球梦想，在其调查中成为全世界民众第一位的选择，国家或城市的领导人必须专心于为民众创造一份好工作，才能使得他的国家或城市在全球竞争中获胜。为争取一份好工作的“世界战争”已经迫在眉睫。高质量就业的竞争，实际上就是高素质人才队伍的竞争，是高效率经济发展的竞争，是高品质社会生活的竞争。

2018 年是改革开放 40 周年。2019 年是中华人民共和国建国 70 周年。在这两个十分重要的时间节点上，我的第三本学术专著《经济转型与就业优先政策》付梓出版。这部作品是继第二本专著《转型时期中国劳动关系发展问题研究》（中国劳动社会保障出版社，2012 年 11 月）之后，我在劳动科学领域的又一部代表作品，饱含了近七年来我在劳动就业政策研究上的坚持、努力和付出。我非常期待看到这部专著的出版！

感谢一直以来帮助我的中国宏观经济研究院的各位领导和同事！能够在博士研究生学习阶段结束后进入中国宏观经济研究院社会发展研究所工作，是我人生的一大幸事。我得到了提高和进步，学会了站在更加宏观、更加综合、更加开放和更加包容的高度和角度，分析经济发展和社会建设问题。

感谢一直以来关心我的各位师长、同学、朋友和同门兄弟姐妹！因为你们的存在，让我的人生若身处暖流，四季如春，生命流光溢彩，更富有价值。

感谢始终陪伴我左右的父母和家人！我时常在想，如果没有恒久不变的亲情和爱，我可能很难在艰苦、孤独的科研生涯道路上果敢坚定，无畏困难，乐观前行。

中国科学院院士、国家最高科学技术奖获得者王选先生曾说，“身为一名科学家，就要把全部身心都投入他所热爱的科学事业当中，名利要视为身外之物。否则，在你所钟爱的科研领域，就无法取得长足的进步”。同时，王选先生还谆谆告诫青年学子们，“成就理想的事业，离不开恒心、智慧、能力、创新，要体现自我价值，就需要把自己融在‘We（我们）’这个大集体里面。团队、合作同等重要”。感谢前辈老师的教诲，我深受启发，以此教诲与同人、朋友们共勉！

本书的出版得到了中国工人出版社的大力支持，在此表示衷心的感谢！由于时间和水平有限，本书不足乃至谬误之处在所难免，敬请专家及各界同人提出宝贵意见，并就此问题展开讨论，以进一步深化这一领域的研究。

王阳

2019 年 10 月 29 日于国宏大厦